DIE ZUKUNFT DES LUXUS

ERWAN
RAMBOURG

DIE ZUKUNFT DES LUXUS

NEUE KUNDEN, NEUE WERTE – EINE BRANCHE VOR VERÄNDERUNGEN

PLASSEN
VERLAG

Die Originalausgabe erschien unter dem Titel
Future Luxe: What's Ahead For the Business of Luxury
ISBN 978-1-77327-126-2

Copyright der Originalausgabe 2020:
Copyright © 2020 by Erwan Rambourg
Foreword © 2020 by François-Henri Pinault
Original English language publication 2020 by Figure 1 Publishing Inc., Vancouver, Canada.
All rights reserved.

Copyright der deutschen Ausgabe 2022:
© Börsenmedien AG, Kulmbach

2. Auflage 2025

Übersetzung: Egbert Neumüller
Coveridee: Naomi MacDougall
Gestaltung, Satz und Herstellung: Daniela Freitag
Lektorat: Florian Hofmann
Druck: GGP Media GmbH, Pößneck

ISBN 978-3-86470-805-3

Alle Rechte der Verbreitung, auch die des auszugsweisen Nachdrucks,
der fotomechanischen Wiedergabe und der Verwertung durch Datenbanken
oder ähnliche Einrichtungen vorbehalten.

Bibliografische Information der Deutschen Nationalbibliothek:
Die Deutsche Nationalbibliothek verzeichnet diese Publikation in der
Deutschen Nationalbibliografie; detaillierte bibliografische Daten
sind im Internet über <http://dnb.d-nb.de> abrufbar.

Postfach 1449 • 95305 Kulmbach
Tel: +49 9221 9051-0 • Fax: +49 9221 9051-4444
E-Mail: buecher@boersenmedien.de
www.plassen.de
www.facebook.com/plassenbuchverlage
www.instagram.com/plassen_buchverlage

Meinen Kindern Manon, Benjamin und Baptiste.
Mögen sie eine große, glänzende Zukunft haben.

―――――――――――

„Als 14 Jahre alter Junge
war mein Vater derart unwissend,
dass ich die Anwesenheit des
alten Mannes kaum ertragen konnte.
Aber als ich 21 wurde, staunte ich,
wie viel der alte Mann in
sieben Jahren gelernt hatte."

MARK TWAIN ZUGESCHRIEBEN

INHALT

VORWORT **9**
von François-Henri Pinault

VORREDE **11**
Das Luxusleben nach COVID-19

EINFÜHRUNG **15**
Eine große, glänzende Zukunft für den Luxus

TEIL 1 | DIE KÄUFER

1 | Die Zukunft ist weiblich 31
2 | Alles weist nach Osten 53
3 | Die Macht von Jugend, Inklusion und Diversität 81

TEIL 2 | DIE VERKÄUFER

4 | Auf die Größe kommt es an 113
5 | Der stationäre Handel – nicht totzukriegen 147

TEIL 3 | DIE ZUKUNFT

6 | Demokratischer Luxus	175
7 | Der Luxus der Gesundheit	191
8 | Die „Premiumisierung" von allem	211
9 | Verreisen – und ankommen	233
10 | Luxus im Umbruch: Das kommende Jahrzehnt	251

FAZIT

Der neue Luxus	283
Danksagungen	289
21 Prognosen für 2021 und danach	291
Vorstellung einiger Luxusartikel-Unternehmen	297
Anmerkungen	307

VORWORT

China ist allgemein als eine der wichtigsten treibenden Kräfte des nachhaltigen Wachstums im Luxussektor anerkannt. Vor sechs Jahren besaß Erwan Rambourg in seinem Buch „The Bling Dynasty" die Voraussicht, zu verkünden, dabei handele es sich um mehr als einen Trend, nämlich um ein strukturelles und daher dauerhaftes Phänomen. Selbst heute stellt der chinesische Markt trotz der Coronakrise ein beträchtliches langfristiges Wachstumsreservoir dar. Rückblickend hat das zwar nichts an den Bindungen zwischen den wichtigsten Firmen und ihren Heimatländern geändert, aber dadurch hat sich das Gravitationszentrum unseres Sektors verschoben.

In Fortführung dieser Argumentation unterstreicht der Autor zu Recht, dass diese Verlagerung in Richtung Asien nicht die einzige strukturelle Kraft ist, die die Gleichgewichtsverhältnisse innerhalb der Luxusindustrie verändern wird.

In seiner Gesamtheit profitiert dieser Sektor in unterschiedlichem Maße von dem veränderten Konsumverhalten der neuen Generationen, und zwar unabhängig von der Geografie. Der zunächst als kurzlebig betrachtete Appetit der Millennials rund um die Welt auf Luxusprodukte erweist sich als nachhaltiger, als es manche Branchenbeobachter erwartet hatten. Dies ist ein Beleg dafür – sofern einer nötig ist –, dass diese Neigung das Resultat einer grundlegenden Verschiebung innerhalb der Gesellschaft ist, die wiederum dadurch bewirkt wird, dass sich die Lebensweise der jungen Erwachsenen verändert, dass sie mehr Geld willkürlich ausgeben und dass sich Verbraucher neue soziale Identitäten zu eigen machen. Diese Trends werden sich auch über den konjunkturellen Rückgang hinweg fortsetzen, der von COVID-19 ausgelöst wurde.

Zu den Faktoren, die zu dieser neuen Generation von Luxusmarken-Kunden beitragen, gehört auch das Aufkommen der sozialen Netzwerke im breiteren Kontext der digitalen Revolution. Die Bemerkungen des Autors zur „Selfie-Generation" geben eine meiner tiefen Überzeugungen wieder: Der moderne Luxus, bereichert um echte interaktive Kreativität, wird weiterhin den Einzelnen in die Lage versetzen, sich Geltung zu verschaffen und seine einzigartige Persönlichkeit auszudrücken. Erfolgreiche Unternehmen können eine Antwort auf dieses grundlegende Bedürfnis liefern.

Wenn man ein Luxusprodukt erwirbt, geht es immer um weit mehr als um bloßen Konsum. Es geht auch um die Wahl eines Stils, einer Ästhetik, einer Gesinnung. Es bedeutet, dass man Teil einer Tradition wird, die durch eine kreative Vision neu interpretiert und erneuert wird. Es bedeutet, die Werte zu teilen, die mit einer bestimmten Marke verbunden werden. Deshalb müssen Luxusmarken den Erwartungen sowie dem Gefühl der Bindung gerecht werden, das sie hervorrufen. Der moderne Luxus ist mehr denn je ein Luxus, der Verantwortung für die Umwelt und für die Gemeinschaft übernimmt; der nicht zögert, sich an gesellschaftlichen Debatten zu beteiligen, und der Diversität und Inklusion fördert. Alle diese Merkmale spiegeln die Erwartungen der neuen Kundengeneration wider und stellen zusammengenommen die große Herausforderung dar, vor der unser Sektor steht, aber auch eine Chance, Anspruch auf Sinnhaftigkeit zu erheben.

FRANÇOIS-HENRI PINAULT
Verwaltungsrats- und Vorstandsvorsitzender von Kering
Paris im Mai 2020

VORREDE

DAS LUXUSLEBEN NACH COVID-19

Den größten Teil dieses Buches habe ich 2019 geschrieben, also bevor das neue Coronavirus (COVID-19) aufkam und die Welt in eine Pandemie stürzte. Wie Sie sich vorstellen können, habe ich bis Juli 2020 viele Änderungen vorgenommen, weil viele Städte auf der ganzen Welt im Lockdown waren und der Flugverkehr zum Stillstand gekommen war.

Warum sollte man sich Gedanken über das nächste Jahrzehnt des Luxus machen, wenn die halbe Welt unter Einschränkungen und in Angst lebt? Wer kann sich vorstellen, dass die Verbraucher auch nur daran denken, gehobene und scheinbar nutzlose Produkte zu kaufen, wenn sie damit zu tun haben, Alltagsgüter wie Nudeln, Toilettenpapier und Milch zu kaufen? Wer würde auch nur daran denken, eine Rolex-Armbanduhr oder eine Chanel-Handtasche zu kaufen, wenn die Börsen zusammenbrechen, die Arbeitslosigkeit steigt und die Zahl der Todesfälle zunimmt? Wer, der bei Verstand ist, hätte in den Vereinigten Staaten nach dem schockierenden Tod von George Floyd durch polizeiliche Gewalt und nach den Massenprotesten, die darauf folgten – also in einem Land, das mit seiner eigenen Epidemie eklatanter Ungleichbehandlung der Hautfarben konfrontiert ist –, keine Schuldgefühle, wenn er hochpreisige Artikel kauft?

Natürlich sind solche Fragen berechtigt. Ebenso wie wir uns an neue Ausdrücke wie „Superspreader" und „Abflachung der Kurve" sowie an neue Konzepte und Gepflogenheiten wie das Homeoffice gewöhnt haben oder auch an Zoom oder WhatsApp, um einen schönen Abend mit Freunden zu verbringen, genauso wird der Luxussektor lernen, sich zu entwickeln und anzupassen. Die Luxusmarken werden ein neues Vokabular lernen müssen, sie werden neue Regeln beachten und gegenüber dem, was die Umstände bringen mögen, einen offenen Geist bewahren. Henry Kissinger hat einmal gesagt, ein Diamant sei bloß ein Stück Kohle, das den Druck gut ausgehalten hat. Wenn die Luxusmarken ihre Selbstgefälligkeit ablegen, kann sich COVID-19 im Nachhinein durchaus als Katalysator für einen positiven Wandel erweisen, der durch Kreativität, Optimismus und Entschlossenheit ermöglicht wird.

Ich habe mich im Laufe des gesamten Buches bemüht, mir vorzustellen, welche Nachwirkungen das Virus im Luxusbereich haben könnte. Im Prinzip bin ich davon überzeugt, dass der Ausbruch der Pandemie und ihre Auswirkungen auf das Verbraucherverhalten die bestehenden Trends beschleunigen werden.

Manche Folgen der Pandemie sind ziemlich unkompliziert. Die chinesischen Verbraucher sind die wichtigste Komponente des Luxussektors und werden es auch bleiben. Die schnelle Stabilisierung der COVID-19-Infektionen in China im März 2020, nur zwei Monate nach dem Ausbruch, bedeutet, dass die Chinesen als Erste zum Premiumkonsum zurückgekehrt sind. Für sie hat sich die Virusepisode als kurzlebig erwiesen und die Zuversicht ist schnell wieder zurückgekehrt. Der Konsolidierungstrend in der Luxusbranche und die Vorteile, die Größe bietet, werden sich verstärken. Die unabhängigen kleineren Marken werden mehr darunter leiden, dass die Nachfrage im Frühjahr 2020 zum Stillstand kam. Fusionen und Übernahmen sollten durchaus begünstigt werden, denn die größeren Konzerne sammeln weiterhin Marktanteile an.

Manche anderen Konsequenzen des Virus wirken auf den ersten Blick nicht einleuchtend. So mag es beispielsweise vernünftig erscheinen, dass die Luxusverbraucher den Löwenanteil ihrer Käufe online tätigen werden, weil die Quarantänebedingungen die Barriere gegen das Onlineshopping senken. Ich behaupte jedoch, dass der Luxus eine Ausnahme von dieser Regel bilden wird, weil seine Attri-

Vorrede

bute nicht mit dem Prinzip des Social Distancings vereinbar sind. Luxusartikel werden vorwiegend in Geschäften verkauft werden, nicht online – sogar in der Welt nach COVID-19.

Die bedeutendsten langfristigen Auswirkungen hat das Virus auf das Bewusstsein der Verbraucher und auf ihre Werte. Wahrscheinlich steht die Welt vor viel schlimmeren Herausforderungen als COVID-19 – auch wenn sie dieses Gefühl im Jahr 2020 nicht haben mag –, deren offensichtlichste der Klimawandel ist. Ich halte nichts von der Idee, der Luxus werde einer Art „Konsumquarantäne" zum Opfer fallen. COVID-19 hat gewissermaßen auch seine gute Seite und diese wird auf einer Bewegung aufbauen, die in den letzten Jahren bereits Fahrt aufgenommen hat: Die Verbraucher – vor allem die jungen und die weiblichen – werden sich mehr Gedanken über ihre Entscheidungen machen und zunehmend weniger, dafür aber besser kaufen. Wahrscheinlich werden die Luxuskunden mehr Fragen stellen. Die Aspekte Umwelt, Soziales und Unternehmensführung (ESG = Environment, Social, Governance) werden genauer in den Blick genommen, alternative Lieferketten werden entstehen, es könnte sich eine Luxus-Kreislaufwirtschaft entwickeln und die Marken werden dadurch gedeihen, dass sie vertrauenswürdiger werden.

Sie sehen also, dass nicht alles schlecht ist.

ERWAN RAMBOURG
New York im Juli 2020

EINFÜHRUNG

EINE GROSSE, GLÄNZENDE ZUKUNFT FÜR DEN LUXUS

„Ich kann allem widerstehen außer der Versuchung."
OSCAR WILDE

Können Sie sich vorstellen, über Monate auf etwas zu sparen, das die meisten Menschen für vollkommen unnötig halten würden? Vielen Menschen, vielleicht den meisten, erscheint die Nachfrage nach Luxusartikeln völlig irrational. Mechanische Armbanduhren oder luxuriöser Schmuck werden als willkürliche, überflüssige Produkte betrachtet, deren empfundener Wert vollkommen von ihrem Nutzen entkoppelt ist. Prognosen zufolge wird der Umsatz im Handel mit persönlichen Luxusartikeln bis zum Jahr 2025 auf 320 bis 365 Milliarden Euro steigen, wobei der Umsatz mit Luxusartikeln einschließlich Autos, Restaurantbesuchen, Kreuzfahrten und Übernachtungen bereits mehr als 1,3 Billionen Euro beträgt.[1] Wie lassen sich die immense Größe und das anhaltende Wachstum eines „überflüssigen" Sektors erklären?

Ich habe seit 25 Jahren mit der Luxusindustrie zu tun. Zunächst war ich in Paris im Marketing tätig (bei Guerlain und Christian Dior innerhalb des LVMH-Konzerns*, dann bei Cartier, der weltgrößten

---

* Wenn in diesem Buch der Name eines Unternehmens unterstrichen ist, finden Sie weitere Informationen über das betreffende Unternehmen in der „Vorstellung einiger Luxusartikel-Unternehmen" ab Seite 297.

Die Zukunft des Luxus

Marke für gehobenen Schmuck) und ich arbeite seit 15 Jahren bei einer Bank vor allem auf den Gebieten Unternehmensstrategie und Aktienmärkte (und bis heute schauen mich ehemalige Marketingkollegen komisch an, wenn ich ihnen sage, dass ich erleichtert war, als ich vom Marketing zu einer Bank wechselte). Obwohl sich meine Berufstätigkeit von den täglichen Marketing-Herausforderungen zu einer Vogelperspektive auf die Branche verschoben hat, habe ich den fundamentalen Reiz nicht aus dem Blick verloren, der die Nachfrage nach Luxusartikeln speist. Für viele wohlhabende Verbraucher ist Luxus kein bloßer Genuss, sondern eine Kernpriorität, die tiefgreifende Bedürfnisse und Wünsche befriedigt. Luxus hat mit Zugehörigkeit, Kultur und Sinn zu tun.

Ziel dieses Buches ist es hauptsächlich zu erklären, wieso die Luxusbranche trotz der Stockungen der letzten Zeit ein großes Wachstumspotenzial vor sich hat, und einige der Veränderungen vorherzusagen, die mit diesem Wachstum einhergehen werden. Ich werde im Folgenden die konkreten demografischen, strukturellen und kulturellen Faktoren erläutern, die sich in den kommenden zehn Jahren auf die Branche auswirken werden. Es steht wohl fest, dass die Nachfrage nach Luxus langfristig felsenfest bleiben wird und dass sie tief verwurzelt ist. Es mag sein, dass COVID-19 Reisende am Boden festgehalten hat und Verbraucher (zu Recht) veranlasst hat, die unmittelbaren Bedürfnisse kurzfristig über Luxuskäufe zu stellen, aber ich bin überzeugt, dass die kommenden zehn Jahre nach einem grauenvollen Jahr 2020 in Bezug auf den Umsatz mit Luxus eine Neuauflage der „Goldenen Zwanziger" werden könnten. Die Massenluxus-Pyramide (siehe Seite 17) dürfte viele weitere Verbraucher aufnehmen.

Meiner Ansicht nach ist der Konsum von Luxus weniger mit den finanziellen Mitteln korreliert als mit dem Wunsch, der Gesellschaft seine Zugehörigkeit zu beweisen. Anders ausgedrückt ist die Neigung, ein Luxusprodukt zu kaufen, stärker mit psychischen Elementen korreliert als mit dem Gehalt. Wenn man das begriffen hat, über-

Einführung

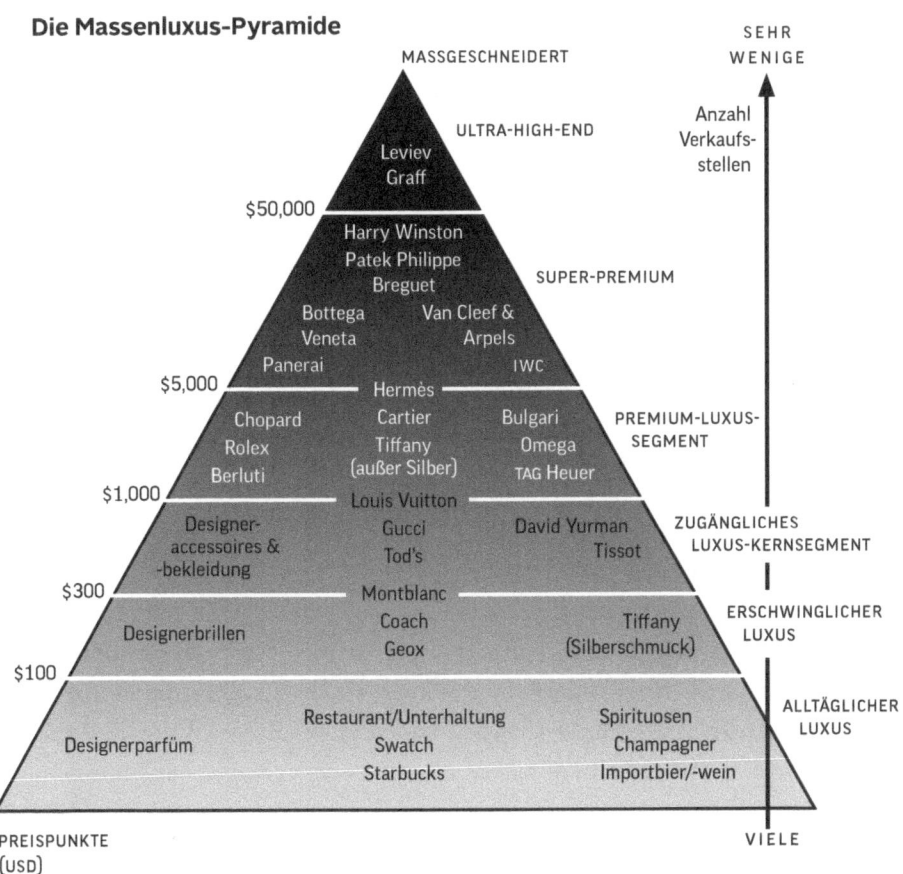

rascht es einen weniger zu hören, dass die Vermögensbildung in den letzten 20 Jahren nicht die hauptsächliche treibende Kraft des Luxuskonsums war. Es stimmt, dass die Entwicklung des globalen Kapitalismus einen gewaltigen Wohlstand geschaffen hat: In vielen Ländern geht die Schere zwischen Arm und Reich gemessen am Gini-Koeffizienten (einem Maß für die Vermögensungleichheit) immer weiter auf, und zumindest auf dem Papier stützen Vermögensunterschiede die Nachfrage nach Luxusgütern. Dabei muss man jedoch bedenken, dass in Japan der Luxus-Absatz Ende der 1990er-Jah-

Die Zukunft des Luxus

re florierte, also in einer Zeit, in der die Wirtschaft derart stagnierte, dass man sie heute als verlorenes Jahrzehnt bezeichnet; ironischerweise hätte man sie auch als Jahrzehnt des Luxus bezeichnen können. Natürlich stimmt auch das, was einer meiner Vorgesetzten bei Cartier gern sagte, der kecke, legendäre Bernard Fornas: „Lieber neureich als nie reich." Aber Wohlstand ist auch nicht alles. Mehr als das Vermögen spielt der psychologische Aspekt, der Wohlfühlfaktor eine Rolle.

Sicherlich befördert die Schaffung von Wohlstand den Luxuskonsum, aber bei diesem Konsum geht es mehr darum, etwas zu beweisen und so zu wirken, als würde man dazugehören, als um den Reichtum an sich. Diese Dynamik lässt sich durch ein scheinbares Gegenbeispiel veranschaulichen: Facebook-Gründer Mark Zuckerberg, der bekanntlich sehr reich ist (während ich dies schreibe, wird sein Vermögen auf 75 Milliarden Dollar geschätzt), ist auch dafür bekannt, dass er jeden Tag ein graues T-Shirt oder einen grauen Hoodie trägt, ein bisschen wie Apple-Gründer Steve Jobs mit seinen Jeans und seinen schwarzen Rollkragenpullis. Es stimmt schon, dass Zuckerbergs T-Shirts aus dem italienischen Hause Brunello Cucinelli kommen, einem seriösen, gehobenen Konfektionsunternehmen für Kunden, die sich auskennen – aber für jemanden, der Nachrichten schaut, sind es einfach graue T-Shirts. Zuckerberg versucht nicht, sich abzuheben und der Welt zu beweisen, dass er es geschafft hat. Vielmehr versucht er das Gegenteil, in dem er uns glauben machen möchte, er sei wie du und ich. Er ist die Antithese des Umgangs von Luxuskonsumenten mit Marken: Sie sind vielleicht nicht märchenhaft reich, aber sie möchten, dass die Gesellschaft sofort weiß, dass sie erfolgreich sind. Jedermann weiß, dass Zuckerberg erfolgreich ist, daher braucht er nicht mir der typischen Luxusattitüde um Anerkennung zu kämpfen. Aber er möchte trotzdem dazugehören.

Wenn man in die Welt des Luxus eintritt, wird man zum Teil der größeren Geschichte. Viele der erfolgreichsten Marken wurden vor Jahrzehnten oder vor Jahrhunderten gegründet. Im Ursprung und in der Geschichte von Marken, in ihren Kundenbeziehungen und da-

Einführung

rin, dass sie den Test der Zeit bestanden haben, liegt Tiefe. Ich finde, die Markenidentität des in Familienbesitz befindlichen Spirituosenkonzerns Rémy Cointreau fasst das ziemlich gut zusammen: „Terroir, Menschen und Zeit." Der Kauf von Luxusartikeln verrät, woher man kommt und welcher Gruppe man angehört, und er bietet einen Anker, einen Bezugspunkt in einer sich stets wandelnden Welt, die Illusion, man sei Teil einer größeren Geschichte.

Da Luxusmarken und kulturelle Meilensteine untrennbar miteinander verbunden sind – Cartier war der Juwelier von Königen, Gucci und Louis Vuitton kleiden Hollywood-Größen ein, Tod's finanziert die Restaurierung des Kolosseums in Rom, Dior veranstaltete im El-Badi-Palast in Marrakesch eine Modenschau –, nimmt man dadurch auch an der Weltkultur und ein kleines bisschen an der Weltgeschichte teil. Nachdem die Kathedrale Notre-Dame de Paris im April 2019 durch einen Brand teilweise zerstört worden war, traten die Eigentümer von LVMH und Kering als größte Spender für den Wiederaufbau des symbolträchtigen Bauwerks auf. Viele Beobachter waren davon überrascht und ein Teil der französischen Presse meinte sogar, dies sei nicht die angemessene Rolle von Luxuskonzernen. Ich bin anderer Meinung. Viele der prominentesten Marken unterstützen mittels Spenden oder Stiftungen Kunst und Kultur: Cartier hat im Jahr 1984 ein Museum für zeitgenössische Kunst namens Fondation Cartier gestiftet. Die erst kürzlich eröffnete Fondation Louis Vuitton ist ein von Frank Gehry gestaltetes Kulturzentrum und Kunstmuseum. Die vom Kering-Gründer (und Vater des derzeitigen CEOs Henri Pinault) François Pinault gegründete Pinault Collection betreibt in Venedig zwei herrliche Kunsträume, den Palazzo Grassi und die Punta della Dogana. Luxusmarken sind natürliche Kunst- und Kulturförderer, weil sie in der Gesellschaft eine ähnliche Funktion haben. Ein leitender Angestellter einer erschwinglichen Luxusmarke erklärte mir das unterdurchschnittliche Wachstum des Unternehmens einmal, indem er bekannte: Wir erfassen den kulturellen Zeitgeist nicht. Die Daseinsberechtigung von Luxusmarken besteht in der Tat darin, den kulturellen Zeitgeist der Gesellschaft zu erfassen und ihn den Verbrauchern zu liefern. Wenn ich über den Sinn von Luxusartikeln nachdenke, komme ich oft auf ein populäres Sprichwort zurück: „Die Menschen mögen vergessen, was man gesagt hat, aber sie werden nie vergessen, welches Gefühl man ihnen vermittelt hat." Die Nützlichkeit von Luxuskonsum umfasst unter anderem, sich in die Gesellschaft einzufügen, sich einfach glücklich, ermächtigt oder vollständig zu fühlen. Das ist machtvoll. Das hat einen Wert. Das trägt zum großen Teil dazu bei, dass Luxusmarken zu Legenden werden. Nicht nur, dass sie vor langer Zeit gegründet wurden. Das nützt beim Geschichtenerzählen und bei der Vermarktung. Es ist eher so, dass – wenn einem ein Elternteil, ein Freund oder eine Freundin, ein Ehepartner, eine Geliebte oder ein Geliebter etwas schenkt oder wenn man sich für etwas belohnt, das man geschafft hat, oder wenn einem einfach danach ist – einem starke Erinnerungen an diese Momente bleiben werden.

In den nächsten Jahrzehnten werden die Umsätze der Luxusindustrie kräftig wachsen. Woher ich das weiß? Ich könnte Ihnen sagen, dass auch nach dem Trauma der Pandemie Zugehörigkeit, Vorankommen und das Prahlen mit Erfolgen wesentlich zur Natur des Menschen gehören werden und dass der Absatz von Luxus immer gesichert sein wird. Ich könnte Ihnen auch sagen, dass der CEO des größten Luxuskonzerns – LVMH – überzeugt ist, dass die Marken der Unternehmensgruppe statistisch gesehen innerhalb eines 10-Jahres-Zeitraums sieben Jahre mit robustem Wachstum erleben, zwei Jahre mit durchwachsenen Trends und ein hartes Jahr durchmachen, meist im Zuge einer Rezession – und dass das letzte harte Jahr 2020 bald hinter uns liegen wird, sodass es losgehen kann.

Da es in diesem Buch um Vorhersagen der Zukunft geht, habe ich den Sprung gewagt und versucht, 21 Veränderungen in der Luxusindustrie vorherzusagen, von denen ich erwarte, dass sie im kommenden Jahrzehnt stattfinden werden. Die erste dieser Prognosen

Einführung

findet sich auf Seite 51 (und falls Sie es nicht abwarten können: Im Anhang „21 Prognosen für 2021 und danach" sind alle Vorhersagen aufgeführt). Sie gründen sich auf bestehende Trends und auf Hochrechnungen. Jedoch wissen wir alle, dass die Entwicklung in der Vergangenheit keine Garantie für künftige Ergebnisse ist, und in diesem Buch geht es nicht nur um den Blick in die Kristallkugel. Es geht auch darum, Ihnen einige greifbare Schlüssel zu liefern, um die Zukunft des Luxus zu verstehen.

Indem man untersucht, weshalb die Luxusumsätze im vergangenen Jahrzehnt so hoch waren, versteht man besser, wie die Dinge heute stehen, und hat festen Boden unter den Füßen, um nützliche Beobachtungen dahingehend anzustellen, wohin uns das nächste Jahrzehnt bringen wird – und inwiefern die Definition von Luxus an sich im Begriff steht, sich zu verändern. Und: Die Ausbreitung von COVID-19 im Jahr 2020 wird zwar zweifellos die Herangehensweise der Verbraucher an Marken verändern, dürfte jedoch eher beschleunigend auf Trends wirken, die sich bereits abzuzeichnen begannen, als eine 180-Grad-Wende zu bewirken.

Der Aufstieg des Luxus: Eine dekadente Dekade

In den letzten zehn Jahren standen drei treibende Kräfte hinter dem Wachstum des Sektors: der wachsende Wohlstand in China, das nachlassende Schuldbewusstsein in den Vereinigten Staaten und die Tatsache, dass die „Selfie-Generation" das Ruder übernahm. Die meisten treibenden Kräfte werden auch in den nächsten zehn Jahren relevant bleiben, aber einige von ihnen werden sich weiterentwickeln. Dadurch wird neu definiert, wer die Verbraucher sind, welche Marken und Konzerne erfolgreich sein werden und wie sie ihre Produkte verkaufen werden.

Erstens hat der chinesische Verbraucher bewiesen, dass er eine unglaubliche Kauflust besitzt. Der größte Wachstumsfaktor der Luxusbranche war in den letzten zehn Jahren die formidable Schaffung von Wohlstand in China. Den chinesischen Verbrauchern ging es im vergangenen Jahrzehnt sowohl psychologisch als auch finanziell viel besser und sie lösten die japanischen Verbraucher als hauptsächliche Luxuskäufer schnell ab. Die tolle Nachricht für die Luxusindustrie ist, dass dies offenbar keine Blase ist. Tatsächlich lassen sozioökonomische Faktoren den Schluss zu, dass das Wachstum der chinesischen Verbraucher fest verwurzelt ist und dass es keinen Grund gibt zu befürchten, dieser Markt könne kollabieren. Rückblickend könnte man den Ausbruch des Coronavirus im Jahr 2020 als kurzfristige Hürde im Rahmen einer eigentlich kontinuierlichen Expansion betrachten; außerdem wurde der chinesische Verbraucher im Frühjahr 2020 zum einzigen für diesen Sektor relevanten Konsumenten, weil der Westen dichtmachte.

Zweitens lässt insbesondere in den Vereinigten Staaten das Schuldbewusstsein nach. Ich bin zwar Franzose (niemand ist vollkommen), aber in den Vereinigten Staaten aufgewachsen, also in einem Land des Wohlstands und der Chancen, in dem man meinen könnte, alle Besitzenden sollten den Luxussektor stützen. Doch überraschenderweise sind die Vereinigten Staaten im Verhältnis zu ihrem Wohlstand gar nicht einmal so offen, vor allem nicht im Vergleich zum chinesischen Luxusmarkt. Historisch gesehen rümpfte man in den Vereinigten Staaten über Luxusartikel die Nase und verband sie mit Schuldbewusstsein, vor allem in den Jahren nach 9/11 und der Finanzkrise der Jahre 2008 und 2009. Gemäß dieser Denkweise ist es zwar in Ordnung, Geld zu verdienen, aber die offensichtliche Zurschaustellung von Wohlstand durch „tragbare" Produkte ist entweder ungebührlich oder ordinär. Ob es nun deprimierende gesellschaftliche Gründe hat (die Medien haben die Bürger des Landes daran gewöhnt, Tod, Zerstörung und Verzweiflung zu sehen) oder eher positive weltanschauliche Gründe (man lebt nur einmal, daher sollte man das Leben genießen), jedenfalls legen die US-amerikanischen Verbraucher ihre Schuldgefühle ab. Luxusprodukte, über die man früher womöglich die Nase rümpfte, haben in den Vereinigten Staaten an Akzeptanz gewonnen, und wahrscheinlich hat die Kombination aus mehr als einem Jahrzehnt starken Wirtschaftswachs-

Einführung

tums, einer Hausse an der Wall Street und der Allgegenwart der sozialen Medien dazu beigetragen, viele neue amerikanische Luxuskonsumenten hervorzubringen. In manchen Regionen, die früher wohlhabend, aber zurückhaltend waren, haben sich Luxusgeschäfte entwickelt, zum Beispiel in Boston, oder – um ein europäisches Beispiel zu nennen – in Deutschland, wo zwar seit Jahrzehnten der Wohlstand wächst, wo es jedoch als gesellschaftliches Tabu galt, ihn zur Schau zu stellen. Diese Dinge ändern sich schnell. Jetzt darf man sich etwas gönnen, das geht in Ordnung. Man braucht deswegen keine Schuldgefühle zu haben. Die Nachwirkungen der Coronakrise werden zwar gewisse Spitzfindigkeiten wiedererwecken, welche Arten von Käufen und Produktgestaltungen als akzeptabel gelten, und dadurch werden viele Designs minimalistisch werden, aber die Vereinigten Staaten sind als Luxusmarkt nach wie vor unterentwickelt.

Drittens stützt die sogenannte Selfie-Generation – technisch betrachtet die Millennials und die Generation Z – die Nachfrage nach Luxus. Nachdem die Smartphones in unser Leben getreten sind und da die meisten jungen Verbraucher stundenlang durch soziale Medien surfen, entwickelte sich schnell eine „Schaut mich an"-Mentalität. Die Feeds von Instagram und Snapchat sind vollgestopft mit Fotos von Verbrauchern, die ihren Followern beweisen wollen, dass es sich lohnt, sich mit ihnen abzugeben. Und diejenigen Verbraucher, die am meisten dazugehören wollen, sind die jüngeren, die nach Anerkennung streben, einen neuen Job suchen oder Mitglied eines Klubs im wörtlichen oder übertragenen Sinne werden wollen.

Manche mögen diese Sehnsucht nach Bestätigung traurig finden, aber sie liegt eben in der Natur des Menschen. Die Aktienmärkte, die Spannungen im Welthandel und der makroökonomische Gegenwind – alles ist im Fluss; aber die Natur des Menschen wird sich wohl kaum ändern. Luxusartikel sind die ultimativen Kaufobjekte für Menschen, die kundtun wollen, dass sie es geschafft haben.

„Bling" neu definiert

Durch meine Arbeit befinde ich mich gewissermaßen an einer kulturellen Kreuzung. Da ich für eine Bank arbeite, verbringe ich Zeit mit Kapitalanlegern, aber auch mit Vertretern von Verbrauchermarken. Dass ich an der Schnittstelle zweier sehr unterschiedlicher Welten stehe, verschafft mir eine wertvolle Perspektive auf deren jeweilige Denkweisen. Führende Vertreter von Luxusfirmen lassen sich gern von ihrem Optimismus davontragen, was erfrischend ist, und ich glaube, man kann viele von ihnen mit Fug und Recht als Träumer bezeichnen. Ohne diese Fähigkeit, zu träumen, wären die Marken dieses Sektors nicht so erfolgreich. Tory Burch hat das einmal so ausgedrückt: „Wenn einem der Traum keine Angst macht, ist er nicht groß genug."[2] Im Gegensatz dazu sind Kapitalanleger, vor allem in den Vereinigten Staaten und in London, häufig ewige Pessimisten, die zwar das Beste hoffen, aber für das Schlimmste vorausplanen. Das Problem daran ist nicht, dass sie eine zynische Meute wären (auch wenn einige zweifellos eine solche darstellen), sondern eher die Tatsache, dass die Risiken der Geldanlage eine gründliche und kritische Herangehensweise erfordern.

Bei der Abwägung dieser Perspektive muss man anerkennen, dass das Risiko, dass dieser Sektor an Relevanz verlieren könnte, zumindest in der Theorie hoch ist. Es kann sein, dass es der Generation Z an Interesse an diesem Sektor mangelt. Es kann sein, dass neue Akteure den Markt betreten und die bestehenden Marken vor sich hertreiben. Es kann sein, dass die chinesischen Verbraucher keine Importmarken mehr kaufen und sich inländischen zuwenden. In der Praxis bin ich hingegen davon überzeugt – und werde in diesem Buch versuchen, auch Sie davon zu überzeugen –, dass ein weiteres Jahrzehnt fabelhaften Wachstums vor der Luxusindustrie liegt, sofern die Marken wissen, wie sie diese Gelegenheit beim Schopf ergreifen können. Für den Fall, dass Sie mir nicht glauben, habe ich in die meisten Kapitel ein Interview mit einem CEO oder einem Experten eingebaut, um zu versuchen, meine Argumente ein bisschen überzeugender darzustellen.

Einführung

Zum Teil wird dieses Wachstum auf einem Bedeutungswandel des Luxus basieren, weg vom Prunk der frühen 2000er-Jahre, der mit kitschigem, grellem, übertriebenem Gepränge verbunden wurde. Der Trend zu knalligen Farben und Logos wird kommen und gehen, aber die Wirklichkeit des künftigen Luxus wird dort liegen, wo sich der Glanz („Bling") in den kleinen Dingen des Alltags äußert, die ihn aufhellen. Luxus wird nicht zwingend zur Schau gestellt, sondern beinhaltet Produkte oder Erlebnisse, die einem Freude bereiten und zur Folge haben, dass man sich besonders fühlt. Dabei dürfte es weniger um Produkte als um Werte und um Sinn gehen.

In dem Bemühen, „Bling" in diesem Buch neu zu definieren, werde ich Sie durch drei verschiedene Teile führen, damit Sie verstehen, wie sich der Luxussektor bis zum Jahr 2030 entwickeln dürfte. Im ersten Teil erkläre ich detailliert, dass sich die Luxuskonsumenten im Laufe des kommenden Jahrzehnts wesentlich verändern werden. Die überwiegend weiblichen, asiatischen und jungen Käufer tragen zunehmend den Absatz von Luxusmarken – und kein Ende ist in Sicht. Der zweite Teil befasst sich mit der Unternehmens- und Einzelhandelslandschaft. Im Luxusbereich ist Größe von beträchtlicher Bedeutung, und die großen Konzerne des Sektors (vor allem LVMH, aber nicht nur) werden immer größer. Was den Einzelhandel angeht, so ist der Onlineverkauf derzeit zwar der am schnellsten wachsende Kanal für den Absatz von Luxusartikeln, aber die Zukunft der Branche wird weiterhin vorwiegend auf physischen Geschäften ruhen. Diese Geschäfte werden in zehn Jahren ganz anders aussehen als heute, jedoch glaube ich nicht, dass es unbedingt weniger sein werden. Der dritte und letzte Teil des Buches erläutert, dass der Wandel der Luxuskonsumenten sowie die Entwicklung der Unternehmens- und Vertriebsstrukturen im Luxusbereich die Definition von Luxus an sich dramatisch verändern werden. Es könnte sein, dass junge, wohlhabende Verbraucher teure Handtaschen verschmähen und sich stattdessen auf Dinge wie Wellness, Reisen und sonstige Erlebnisse oder Kunst konzentrieren. Während diese Sektoren an Bedeutung gewinnen, werden die jüngeren Verbraucher auch die Art und Weise infrage stellen, wie traditionelle Luxusartikel hergestellt werden, und sie werden anspruchsvoller werden. Die Betonung des auffälligen Konsums wird abflauen. Die Themen Umwelt, Soziales, Unternehmensführung und Nachhaltigkeit sind keine bloßen Schlagwörter mehr und könnten die gesamte Industrie umgestalten.

Ein altes dänisches Sprichwort besagt: „Es ist überaus schwierig, Vorhersagen zu treffen, vor allem über die Zukunft." Ich bin indes überzeugt, dass ich genug belastbare Zahlen und Informationen habe, um Sie davon zu überzeugen, dass diese Vorhersagen keine wackeligen Prognosen sind, sondern auf messbaren Trends basieren. Die Natur des Menschen und das Bedürfnis nach Zugehörigkeit sind Konstanten, aber der demografische Wandel, die wachsende Schaffung von Wohlstand und die Trends der Unternehmensstrukturen und des Ausgabeverhaltens – all das wird die Weiterentwicklung des Luxus speisen. Die Disruption wird mit Sicherheit kommen. Auf diejenigen Unternehmen, die sich auf sie einlassen, warten fantastische Gelegenheiten. In dieser Branche ist für Selbstgefälligkeit kein Platz und die Belohnung für Weiterentwicklung kann beträchtlich sein.

TEIL 1

DIE KÄUFER

1
DIE ZUKUNFT IST WEIBLICH

„*Frauen stützen die Hälfte des Himmels.*"
MAO ZEDONG

Der Spruch „Die Zukunft ist weiblich" wurde Anfang der 1970er-Jahre als Slogan der ersten New Yorker Frauenbuchhandlung Labyris geprägt, die in Greenwich Village von lesbischen Feministinnen gegründet wurde.[1] Von diesen radikalen Wurzeln ausgehend ging der Wahlspruch massiv in den Mainstream über: Im Jahr 2015 trug Cara Delevingne, ein britisches Supermodel aus der Millennial-Generation, ein T-Shirt mit dieser Aufschrift und Hillary Clinton verwendete den Slogan in ihrer ersten Rede nach dem Women's March am 21. Januar 2017. Die Popularität dieser Empfindung spricht für ihre breite Relevanz, auch im Luxusbereich. Ich kann mir keine bessere Art denken, die bevorstehende Ausgabewelle zu beschreiben, die man von Konsumentinnen im Luxusbereich erwarten darf.

Wenn Kapitalanleger auf der Suche nach Wachstumspotenzial sind, arbeiten sie häufig auf der makroökonomischen Ebene und treffen Unterscheidungen zwischen entwickelten Märkten (westliche Länder und Japan), die als reif oder gar gesättigt gelten, und Schwellenländern, aufstrebenden Ländern beziehungsweise Emerging Markets (Asien ohne Japan, Lateinamerika, Afrika), die noch Wachstumsspielraum besitzen. Dies verschleiert jedoch die grundlegende Realität, dass Wachstum häufig näher an der Heimat zu finden ist. Meines Erachtens sind Frauen, egal in welchem Land sie leben, der eindrucksvollste aufstrebende Markt für Konsumgüter im Allgemeinen und für Luxusgüter im Besonderen.

Es gibt zwei Gruppen miteinander zusammenhängender Gründe, zu erwarten, dass die Ausgaben von Frauen steigen werden. Die eine hängt prinzipiell mit „Womenomics" zusammen – so heißt ein Buch, das Claire Shipman und Katty Kay im Jahr 2009 veröffentlicht haben, aber auch der damalige japanische Premierminister Shinzo Abe machte den Ausdruck im Jahr 2013 populär, als er forderte, ein Japan zu schaffen, „in dem Frauen glänzen können". Heute wird der Begriff allgemeiner verwendet, um eine für viele Frauen verbesserte wirtschaftliche Realität zu bezeichnen, in der sie im Zusammenhang mit Änderungen der Arbeitsbedingungen, der Bezahlung und des Heiratsverhaltens mehr finanzielle Mittel haben. Die andere Gruppe ist eher das Wecken eines Bewusstseins für Ungerechtigkeiten, vor allem für die Ungleichbehandlung von Männern und Frauen in der Gesellschaft, sowie die zunehmende Bereitschaft, das Wort zu ergreifen und die Welt zu verändern. Und die Frauen werden nicht nur den Markt wachsen lassen, sondern ihre Werte und Vorlieben werden auch den Charakter des Luxus verändern.

Womenomics

In den meisten Ländern geht aus Berichten und Erhebungen hervor, dass Frauen schon jetzt die meisten Ausgabeentscheidungen beeinflussen.[2] Natürlich kaufen Frauen nicht nur Waren und Dienstleistungen für sich selbst, sondern für den gesamten Haushalt einschließlich ihres Ehemanns, ihrer Kinder und möglicherweise älterer Angehöriger. Schon mal einen Mann gesehen, der sich eine Brille oder einen Anzug selbst aussucht? Natürlich schon, aber in den meisten Fällen geht ein Mann in ein Geschäft, probiert etwas an, spricht mit der Verkäuferin und sagt dann: „Vielen Dank. Ich komme demnächst mit meiner Freundin/Frau wieder." Ob die Männer nun wirklich nicht erwachsen geworden sind oder ob sie nur eine

1 | Die Zukunft ist weiblich

zweite Ansicht brauchen, auf jeden Fall vertraut man Frauen als Autoritäten für Geschmack, zusammenpassende Farben und Passform. Über Ehemänner und Partner hinaus beeinflussen Frauen auch einen breiteren Kreis von Freunden und Verwandten.

Die anekdotische Ausgabenkompetenz von Frauen wird auch durch harte Zahlen gestützt. Seit 2015 kontrollieren Frauen den größten Teil des in den Vereinigten Staaten vorhandenen Privatvermögens.[3] Laut Boston Consulting Group wuchs das Privatvermögen der Frauen weltweit vom Jahr 2010 bis zum Jahr 2015 von 34 Billionen US-Dollar auf 51 Billionen Dollar und es wurde erwartet, dass es im Jahr 2020 auf 72 Billionen Dollar steigt, sich also innerhalb eines Jahrzehnts verdoppelt.[4] Aufgrund neuer, verbreiteter Trends dürfte sich dieser Einfluss im kommenden Jahrzehnt noch verstärken: Mehr Frauen arbeiten, sie bekommen höhere Gehälter und brauchen weniger Angehörige zu unterstützen.

Erstens steigt in den Industrieländern die Beschäftigungsquote der Frauen. Besonders gilt dies für Länder, denen der demografische Wind ins Gesicht bläst, wie Japan und Deutschland, wo eine rückläufige arbeitsfähige Bevölkerung dazu führt, dass mehr Frauen erwerbstätig werden. Vor allem in Japan fand im Jahr 2013 der Ausdruck „Womenomics" Eingang in den Wortschatz. Bis vor Kurzem wies Japan bei der Erwerbstätigkeit von Frauen eine ausgeprägte M-Kurve auf: Frauen arbeiteten, bis sie 30 Jahre alt waren, dann schieden sie aus der Erwerbsbevölkerung aus, um zu heiraten und/oder Kinder auf die Welt zu bringen, und nach einigen Jahren begannen sie wieder zu arbeiten (sodass sich eine M-förmige Kurve ergab). Das ist jetzt nicht mehr so ausgeprägt, weil der Staat die Beteiligung von Frauen am Erwerbsleben durch eine Mixtur aus niedrigeren Steuersätzen für verheiratete Frauen, besser organisierten Familienzeiten und besserer Verfügbarkeit von Kinderbetreuung fördert. Im Juni 2019 meldete das japanische Innen- und Kommunikationsministerium die Rekordzahl von 30 Millionen erwerbstätigen Frauen, von denen 90 Prozent in diesem Monat zu arbeiten begonnen hatten.[5] Aufgrund der Kombination aus einer schrumpfenden Bevölkerung und sehr wenig Einwanderung ist die zunehmende Beteiligung der Frauen in Japan sehr willkommen. Aber auch wenn man einen demografisch so extremen Fall wie Japan ausblendet, treten mehr Frauen als Männer ins Erwerbsleben ein. Im Vereinigten Königreich verlaufen die Beschäftigungsquoten gegenläufig, die Zahl der Männer nimmt ab, die der Frauen nimmt zu. In den Vereinigten Staaten gehen die Beschäftigungsquoten durchweg zurück, jedoch verläuft der Rückgang der weiblichen Beschäftigungsquote weitaus gedämpfter als derjenige der männlichen.

Zweitens weisen die Zahlen der OECD in den meisten Ländern zwar immer noch eine breite Gehaltskluft zwischen den Geschlechtern aus, aber so langsam schließt sie sich. Laut dem U.S. Census Bureau betrug der mediane Jahresverdienst von weiblichen Vollzeitkräften knapp über 80 Prozent dessen der Männer – aber es waren 20 Prozentpunkte weniger in den 1980er-Jahren.[6] In vielen Ländern begehen Interessenverbände den internationalen Aktionstag für Entgeltgleichheit zwischen Frauen und Männern – den Equal Pay Day –, der an dem Tag stattfindet, bis zu dem Frauen im Kalenderjahr unentgeltlich arbeiten würden, wenn sie das Gleiche verdienen würden wie Männer im Vorjahr. In den Vereinigten Staaten wurde der Equal Pay Day im Jahr 2019 am Dienstag, dem 2. April, begangen und für das Jahr 2020 wurde er auf dem 31. März vorgezogen. Bei den Wachstumsraten, die seit 1960 zu beobachten sind, als die Aufzeichnungen begannen, wird es bis zum Jahr 2059 dauern, bis die Gleichheit erreicht ist. Das ist sicherlich eine lange Zeit und solche Events lösen das Problem nicht, aber sie steigern das Bewusstsein dafür. Wenn sich die Löhne langsam auf die Gleichheit zubewegen, wachsen Stück für Stück auch die diskretionären Ausgaben der Frauen, und das ist gut für die Luxusausgaben.

Und schließlich verändern sich auch die Familien. Der Anteil der verheirateten Frauen sinkt und das mediane Alter verheirateter Frauen steigt.[7] Sogar in China, wo die Heiratsquote stetig steigt, wird sich Schätzungen der UN zufolge der Trend in den kommenden Jahren umkehren. Die geringere Zahl von Eheschließungen wird zur

Folge haben, dass ein großer Teil des wachsenden weiblichen Einkommenspools für die Frauen selbst ausgegeben wird und nicht für andere. In den Vereinigten Staaten betrug das mediane Alter von Frauen bei der ersten Heirat im Jahr 2018 fast 28 Jahre, nachdem es im Jahr 1958 noch 20 Jahre gewesen waren – zu sehen im Chart auf Seite 36.[8] Auch in China und in Westeuropa ist das Heiratsalter in der jüngeren Vergangenheit stetig gestiegen. Hinzu kommt, dass die Frauen erst später Kinder bekommen: Das Durchschnittsalter einer Erstgebärenden in den Vereinigten Staaten stieg von 21 im Jahr 1972 auf 26 im Jahr 2016, und es steigt weiter.[9] In manchen entwickelten Ländern und in manchen US-Bundesstaaten liegt das Durchschnittsalter Erstgebärender bei über 31 Jahren. Willkommen in der neuen Familie: später geheiratet, weniger Kinder. Das ist eine Realität, die zumindest für den Luxussektor positiv ist, denn dadurch können Frauen Geld für sich selbst statt für den Haushalt, die Kinder und andere Ablenkungen von diesem Sektor ausgeben.

Diese Trends werden dazu beitragen, dass Frauen ihre diskretionären Ausgaben dramatisch steigern werden. Weltweit betrachtet stellen Frauen etwa die Hälfte der arbeitenden Bevölkerung, generieren allerdings nur 37 Prozent des Bruttoinlandsprodukts. In einer bahnbrechenden Studie aus dem Jahr 2015 schätzte das McKinsey Global Institute, dass das BIP, wenn Frauen ebenso sehr an der Wirtschaft teilnähmen wie Männer, bis zum Jahr 2025 um zusätzliche 26 Prozent wachsen würde – das entspricht der Größe der US-amerikanischen und der chinesischen Volkswirtschaften zusammen.[10] Die Studie erklärt die Kluft zwar zum Teil mit der Tatsache, dass Frauen traditionell mehr für die Familie und den Haushalt zuständig sind, sie zeigt aber auch, dass die wirtschaftliche Entwicklung und veränderte Einstellungen zur Gleichberechtigung der Geschlechter in der Gesellschaft den Verlauf des Weges zur ökonomischen Gleichstellung stark beeinflussen.

Teil 1 | Die Käufer

Anteil der Verheirateten unter den 18- bis 34-Jährigen in den Vereinigten Staaten

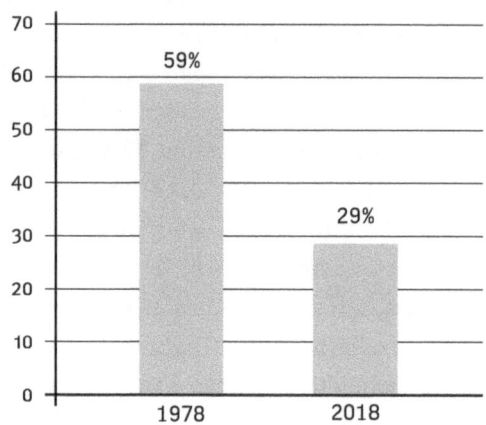

Medianes Alter bei der ersten Heirat in den Vereinigten Staaten

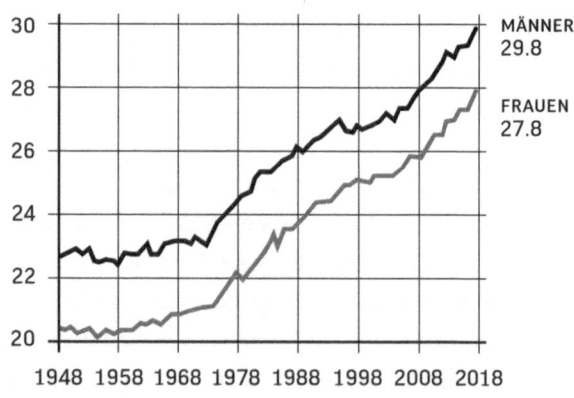

In den Vereinigten Staaten war der Anteil der verheirateten Erwachsenen unter 35 Jahren im Jahr 2018 etwa halb so hoch wie 1978, und das Alter bei der ersten Heirat war sowohl bei den Männern als auch bei den Frauen um rund sechs Jahre gestiegen.

Quellen: „Percent Married Among 18- to 34-Year-Olds: 1978 and 2018", U.S. Census Bureau, 14. November 2018, https://www.census.gov/library/visualizations/2018/comm/percent-married.html; „Median Age at First Marriage: 1890 to Present", U.S. Census Bureau, https://www.census.gov/content/dam/Census/library/visualizations/time-series/demo/families-and-households/ms-2.pdf

Tiefgreifender kultureller Wandel

Die Womenomics wird viel dazu beitragen, die wirtschaftlichen Ungleichheiten zu beheben, aber dabei sind auch weniger quantitative Faktoren am Werk. Die Kultur verändert sich, und dazu trägt auch die MeToo-Bewegung bei. Diese Bewegung wurde 2006 von Tarana Burke gegründet, aber richtig Fahrt nahm sie erst Ende 2017 auf nach den Vorwürfen wegen sexueller Belästigung gegen den Filmmogul Harvey Weinstein (der kürzlich zu 23 Jahren Gefängnis verurteilt wurde), als Alyssa Milano Folgendes twitterte: „Wenn du sexuell belästigt oder angegriffen wurdest, dann schreibe ‚Me too' als Antwort auf diesen Tweet." Zehntausende Frauen antworteten, darunter auch mehrere Stars, was der Bewegung zu internationaler Prominenz verhalf und auch zahllose Industrien außerhalb Hollywoods beeinflusste.

Diese Bewegung warf nicht nur ein Licht auf den frauenfeindlichen Charakter von Teilen der Gesellschaft, sondern sie war auch Teil eines breiter angelegten Erwachens bezüglich der Ermächtigung von Frauen und bezüglich weiblicher Werte. Ob weltweit aktive Bewegungen wie MeToo oder lokale Frauenverbände, eindeutig wächst das kollektive Bewusstsein, das den Frauen nach und nach mehr Mitspracherecht in allen Teilen der Gesellschaft verschaffen und irgendwann auch die wirtschaftlichen Ungerechtigkeiten beseitigen dürfte. Aber das braucht Zeit. Was also können Frauen tun, wenn die Gesellschaft zu langsam ist? Einander gegenseitig unterstützen.

Ein Beispiel ist Luminary. Nach einer langen Laufbahn im Finanzwesen beschloss Cate Luzio, eine Kollaborationsplattform für Frauen zu schaffen, über die Frauen sich entwickeln, vernetzen und beruflich vorankommen können. Luminary wurde Anfang 2018 in Downtown Manhattan in 1.400 Quadratmeter großen Räumlichkeiten (einschließlich einer Bar auf dem Dach mit Glasdach) gegründet, die privat genutzt werden können, zum Arbeiten, für Yoga, Workshops und vieles mehr. Dahinter steht der Gedanke, das Selbstvertrauen der Mitglieder so zu stärken, dass sie die nächsten Schritte unternehmen können, die sie ins Auge gefasst haben, und um ihre

Karriere zu beschleunigen. Die Art der Mitgliedschaft richtet sich nach den Bedürfnissen, zum Beispiel ob frau den Club nur wenig nutzt („side hustle"), ob frau unter 21 ist („Rise-Mitglied") oder eine Vollmitgliedschaft möchte. Von den derzeit 700 Mitgliedschaften entfallen etwa ein Drittel auf Unternehmen, ein Drittel auf Unternehmerinnen und ein Drittel auf Frauen, die etwas Neues aufbauen, die Branche wechseln oder wieder ins Berufsleben eintreten wollen. Auch hat Luzio eine Reihe namens „The Whisper Network" aufgelegt, bei der beim gemeinsamen Essen „Tabuthemen besprochen werden, die dem beruflichen Vorankommen von Frauen im Wege stehen".[11] Bei diesen intimen Mahlzeiten sind schwierige Themen wie zum Beispiel „Wie viel Geld sollte ich verdienen?" oder „Wie kann ich dir helfen?" durchaus akzeptabel.

Das ist nur eines von vielen Beispielen. Es gibt auch The Wing (ein Netzwerk aus Frauenvereinen und Gemeinschaftsräumen), das Crew Network (für Frauen in der gewerblichen Immobilienbranche), das Well Women Network und The Assembly (mit den Schwerpunkten Gesundheit und Lifestyle), The Coven (allgemeine Gemeinschaftsräume und gemeinschaftliche Arbeitsräume in Minneapolis), Chief (ein privates Netzwerk, das weibliche Führungskräfte unterstützt) und viele andere in den Vereinigten Staaten und im Ausland.

Die übliche Denkweise besagt, dass es großartig ist, über das berufliche Fortkommen zu sprechen – was Sheryl Sandberg, die Geschäftsführerin von Facebook, als „sich reinknien" bezeichnen würde –, aber solche Initiativen sollten dabei helfen, von guten Absichten zu konkretem Handeln überzugehen. Die Denkart der Luminary-Gründerin bestand laut unserem letzten Gespräch über dieses Thema darin, dass sie zu ihren Mitgliedern sagt: „Versteckt euch nicht hinter Statistiken. Denkt euch keine Ausreden aus. Macht es einfach!" In Frankreich wurde Ende 2018 eine Gruppe von Unternehmerinnen und Investorinnen namens Sista gegründet, die betont, wie gering die Finanzierungen von Unternehmensgründerinnen sind: Sie erhalten nur zwei Prozent der weltweiten Wagniskapital-

1 | Die Zukunft ist weiblich

Finanzierungen.¹² Sista bemüht sich, die unbewusste Voreingenommenheit aufzudecken, mit dem Ziel, dass im Jahr 2025 rund 50 Prozent der Start-ups von Frauen gegründet oder mitgegründet werden.

Tadashi Yanai, der milliardenschwere Gründer von Fast Retailing (Muttergesellschaft der Bekleidungsmarke Uniqlo, von GU, Theory und vielen anderen), sagte, sein Job eigne sich eigentlich besser für eine Frau, weil Frauen beharrlich und detailorientiert seien und weil sie ein besseres ästhetisches Gefühl hätten, und er wolle, dass eine Frau an seine Stelle trete, wenn er sich zur Ruhe setzt. Mit dieser Denkart steht er nicht allein. Die Koautoren John Gerzema und Michael D'Antonio führten für ihr Buch „The Athena Doctrine: How Women (and the Men Who Think Like Them) Will Rule the Future" Erhebungen in 13 Ländern durch, um ihre Behauptung zu bestätigen, weibliche Führungsqualitäten würden wahrscheinlich schwierige Probleme lösen, eine bessere Welt schaffen und eine blühende Zukunft aufbauen. Jüngste Ereignisse scheinen das zu bestätigen. Im April 2020 wurde in einem *Forbes*-Artikel die Effizienz führender Politiker in Neuseeland, Taiwan, Deutschland, Island und Skandinavien unter der Überschrift beleuchtet: „Was haben die Länder, die am besten auf das Coronavirus reagiert haben, gemeinsam? Führende Politikerinnen."¹³

Gerzema und D'Antonio argumentieren auch, Frauen seien als Konsumentinnen anspruchsvoller, was zu besserem Service führe und allen Konsumenten zugutekomme, weil die höheren Erwartungen die Marken auf Trab halten. Auch sind unter Einkäuferinnen Umwelt- und soziale Überlegungen weiter verbreitet. Aus Umfragen geht hervor, dass mehr als die Hälfte der Verbraucherinnen sehr darum bemüht ist, dass sie und ihre Familien gesund essen, und Recherchen von Insights in Marketing zeigen, dass sich die Mehrheit der Frauen aus der Millennium-Generation ausgiebig erkundigt, bevor sie Kosmetikartikel kauft.¹⁴

Da die weibliche Kaufkraft steigt und ein größerer Teil dieses Konsums für Produkte ausgegeben wird, die für die Frauen selbst bestimmt sind, gewinnen die etwas anderen weiblichen Einkaufsgewohnheiten eine immer größere Bedeutung. Käuferinnen sind eher bereit, online zu shoppen, sie sind geschickter, was Preisvergleiche angeht, und sie lassen sich mit höherer Wahrscheinlichkeit auf das mobile Shopping ein – sodass diese separaten Trends noch mehr zunehmen dürften. Die jüngere Generation ist in dieser Hinsicht aktiver und Frauen aus der Millennium-Generation räumen ein, dass Bekannte, Verwandte, Kolleginnen und Kollegen sowie die sozialen Medien ihren Konsum stärker beeinflussen als Fernsehsendungen, Werbung oder Produktunterstützung durch Prominente.

Was bedeutet all das für die Subsektoren der Luxusindustrie?

Zwar dürften die Käuferinnen die Umsätze aller Premium-Kategorien stützen und steigern, aber einige von Frauen dominierte Kategorien dürften in den kommenden Jahren ein besonders starkes, durch die Vermögensbildung bei Frauen getragenes Wachstum erleben: Schmuck, Kosmetik und Handtaschen.

Weshalb Schmuck wohl glänzen wird

Laut De Beers sind die Millennials (die zwischen 1981 und 1996 Geborenen) zusammen mit der Generation Z (die ab 1997 Geborenen) für zwei Drittel der Gesamtausgaben für Diamantschmuck in den vier Ländern mit dem größten Diamantenkonsum verantwortlich. Der meiste Schmuck ist keine Markenware, viele Länder haben ihre eigenen führenden Marken (beispielsweise in Indien Titan und in China Chow Tai Fook), und in diesem Bereich gibt es nur sehr wenige globale Marken. Lässt man die erschwinglicheren Marken (Swarovski, Pandora) beiseite, sind die großen und für Verbraucher relevanten Marken auf dieser Welt dünn gesät: Tiffany, Cartier, Van Cleef & Arpels und Bulgari sind hier die entscheidenden Namen. Jeder von ihnen hat sich besonders positioniert: Die New Yorker Kult-Schmuckmarke Tiffany (für die LVMH ein Gebot abgegeben hat) ist für seine Schmuckstücke aus Diamanten und Sterlingsilber berühmt und steht in den Beliebtheitsumfragen unter Verbrauchern an der Spitze. Die renommierte französische Marke Cartier (Teil des Richemont-Konzerns), die als „Juwelier von Königen und König der Juweliere" bekannt ist, wird in China bevorzugt. Van Cleef & Arpels (ebenfalls im Besitz von Richemont) ist für seine romantische Femininität sowie für seine Schmuckstücke in Form von Tieren oder in floralem Design bekannt. Bulgari (Teil des LVMH-Konzerns) schließlich ist ein überschwänglicher römischer Schmuckhersteller. Es gibt noch weitere Mitbewerber, aber sie sind entweder kleiner und im Einzelhandel nicht so global vertreten (Harry Winston, Boucheron, Chaumet, Fred, Graff, Buccellati, Chopard, Damiani, David Yurman) oder sie sind keine reinen Schmuckhersteller (Chanel, Louis Vuitton, Christian Dior).

Wie wir gesehen haben, heiraten Frauen später, was das Schmucksegment technisch betrachtet unter Druck setzen sollte, weil darunter der traditionelle Brautschmuck leidet. In Wirklichkeit jedoch kaufen laut der Schmuckberatungsfirma MVI Marketing mehr als 50 Prozent der Frauen Schmuck für sich selbst, entweder um eine berufliche Errungenschaft zu feiern, um sich etwas zu gönnen (braucht man dafür immer einen Anlass?) oder als Geldanlage, die sie an ihre Töchter weitergeben können.[15] Der Chart (siehe Seite 42) zeigt die steigende weltweite Nachfrage nach Schmuck einschließlich Diamantschmuck.

Diese Veränderung der Kaufgewohnheiten von Frauen schlägt sich im „harten" Luxus-Sektor bereits nieder. *Vogue* berichtete kürzlich von der Wandlungsfähigkeit der Perlen-und-Camélia-Kollektion von Chanel, die sich durch Einzelteile dem Anlass anpassen lassen, vom Büro bis zu Glamouröserem für den Abend.[16] Andere Marken haben verspielte Kollektionen aufgelegt, die entweder durch die Farbe überraschen (beispielsweise die Steine von Bulgari) oder durch ihr Design (zum Beispiel die Produktreihe „Clash de Cartier" mit beweglichen Teilen). Anfang 2019 veröffentlichte Real is Rare, Real is a Diamond eine bedeutende Kommunikationsplattform der Diamond Producers Association (DPA), eines Verbands der führen-

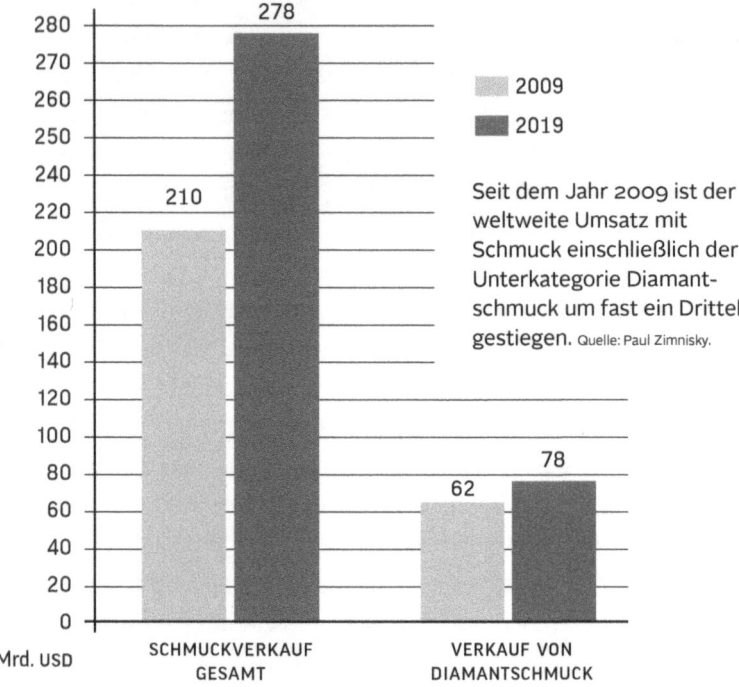

Der Anstieg der weltweiten Schmucknachfrage

Seit dem Jahr 2009 ist der weltweite Umsatz mit Schmuck einschließlich der Unterkategorie Diamantschmuck um fast ein Drittel gestiegen. Quelle: Paul Zimnisky.

den Diamantbergbau-Unternehmen, eine Reihe von Filmen, in denen sich Frauen selbst belohnen. Da der Verband gemerkt hatte, wie dominierend der Kauf für einen selbst geworden war, ließ er alle Filme mit dem Slogan „Von mir für mich" enden, einer aussagekräftigen Botschaft, die Konsumentinnen direkt zu den Produkten locken soll. Vergessen Sie die Ehefrau – im Selbstkauf liegt die Zukunft.

Die Kosmetik wird florieren

In den letzten Jahren sind die Branchen Parfüm, Hautpflege und Make-up dank internationaler Konzerne wie dem amerikanischen Kraftpaket Estée Lauder und dem französischen Konglomerat L'Oréal kräftig gewachsen. Allerdings wuchsen die Kategorien nicht in

1 | Die Zukunft ist weiblich

> **LUXUSARTIKEL – HARD UND SOFT**
>
> „Harte" Luxusartikel sind Uhren, Schmuck und Füller, aber da die Menschen heute kaum noch mit dem Füller schreiben, sind damit vor allem Uhren und Schmuck gemeint. „Weiche" Luxusartikel sind Lederwaren, Bekleidung und Schuhe.

gleichem Maße. Von 2010 bis 2018 wuchs der Make-up-Sektor, während das derzeitige Wachstum offenbar mehr auf der Hautpflege basiert; im Jahr 2020 entwickelte sich die Hautpflege eindeutig besser als der Make-up-Bereich, weil viele Verbraucherinnen und Verbraucher wegen COVID-19 zu Hause blieben. Der Parfümsektor als dritte Säule weist nur geringes Wachstum auf, weil er gesättigt ist (kennen Sie eine Luxusmarke, die kein Parfüm anbietet?) und bei den asiatischen Konsumentinnen und Konsumenten nicht so recht zieht. Neben den diversifizierten Großkonzernen gibt es hier viele Neulinge, die den Markt betreten haben (zum Beispiel Drunk Elephant und Fenty), sowie Onlinekonzepte, die das Interesse der Verbraucherinnen und Verbraucher wecken. Neben den internationalen westlichen Marken erobern hier südkoreanische Unternehmen wie LG H&H und Amorepacific sowie japanische Unternehmen wie Shiseido Anteile am Wachstum. Was den Vertrieb betrifft, so ist der größte Wandel die in den Vereinigten Staaten stattfindende Verschiebung von Kaufhäusern zu Fachgeschäften (zum Beispiel Sephora, Ulta Beauty, Bluemercury) und Markeneinzelhändlern (zum Beispiel Kiehl's, MAC, Atelier Cologne, Dior).

Im Kosmetiksektor ist Kreativität im Überfluss vorhanden, und obwohl manche Kundinnen die tatsächliche technische Wirksamkeit mancher Hautpflegeprodukte infrage stellen, so sind sie doch im Allgemeinen nach wie vor vergleichsweise erschwingliche Luxusartikel. Da sich die Frauen immer mehr auf natürliche, „grüne" Kosmetik konzentrieren, haben viele neue Marken die Bühne betreten, zum Beispiel Herbivore Botanicals („die Zutaten sind so natürlich, dass sie manchmal ausgehen"), Kopari (einer auf Kokosnüsse ausgerichteten Marke, die „unnatürlich von allen naturbelassenen Dingen besessen ist"), die ungiftige Hautpflege von Tata Harper sowie Kora Organics. Dieser Trend ist derart gefestigt, dass der französische Konzern L'Occitane, dem neben der gleichnamigen Marke auch Melvita, Erborian und Elemis gehören, das erklärte Ziel verfolgt, Marktführer der Naturkosmetik zu werden, und sein Hauptaktionär, der Milliardär Reinold Geiger, ist im guten Sinne von Nachhaltigkeit besessen.

Handtaschen: Ein besseres Markenzeichen gibt es nicht
Wenn man sich selbst belohnen will und einen sozialen Status anstrebt, fällt ein Schmuckstück oder eine bestimmte Hautcreme nicht unbedingt auf, aber eine Handtasche? Auf jeden Fall! Im Laufe der Zeit kommen Logos auf Handtaschen in Mode und wieder außer Mode, aber glauben Sie niemals jemandem, der Ihnen sagt, die Logos seien „tot". Jedes Mal, wenn ich diese Behauptung höre, habe ich ein Déjà-vu. Wir haben viele Phasen durchgemacht, in denen Logos in und dann wieder out waren, aber sie sterben nie vollständig. Wenn hoher Stress herrscht und die Verbraucher womöglich Schuldgefühle haben, wenn sie Markenartikel kaufen – wie im Jahr 2020 –, kann es sein, dass die Logos diskreter werden oder vollständig verschwinden. Wenn die Zuversicht groß ist, haben Verbraucherinnen keine bessere Möglichkeit als diese, ihrem Umfeld mitzuteilen, dass sie es geschafft haben. Dies ist zusammen mit dem Preis wahrscheinlich der Grund, weshalb die umsatzstärksten Marken der Luxusindustrie Hersteller von Handtaschen und Accessoires sind. Derzeit sind hier Louis Vuitton, Gucci und Chanel führend. Die Marktanteile können sich zwar im Laufe der Zeit aufgrund von Modetrends oder Führungswechseln verschieben, aber die Kategorie an sich dürfte ein starkes Wachstumssegment bleiben, weil mehr Frauen diesen Bereich betreten und sich selbst belohnen.

INTERVIEW:
So regieren Frauen die Welt des Konsums

Ich werde hier nicht alle diskretionären Subsektoren durchgehen, in denen Frauen den wesentlichen Ausschlag geben werden, denn dafür gibt es unzählige Beispiele. Ein Segment, das nicht unmittelbar einleuchtet, sind Spirituosen, denn historisch wurden sie von Männern für Männer entwickelt. Um dies zu veranschaulichen, überlasse ich das Wort Nicola Nice, der Gründerin und CEO des Gin-Likör-Start-ups Pomp & Whimsy.[17] (Ein Beispiel für die mondänen Produkte von Pomp & Whimsy sehen Sie auf dem Foto auf Seite 49).

ERWAN RAMBOURG: Beschreiben Sie Ihre anfängliche Einschätzung, dass Spirituosen hinsichtlich der Produkte und der Kommunikation eine stark von Männern beherrschte Macho-Branche bleiben würden.

NICOLA NICE: Nachdem ich Soziologie studiert hatte (ich besitze einen Doktorgrad des Imperial College London) und eine Weile Sozialforschung betrieben hatte, verbrachte ich den größten Teil meiner beruflichen Laufbahn auf den Gebieten Verbraucherverhalten und Markenstrategie. Ich habe weltweit in einem breiten Spektrum von Branchen gearbeitet – Mode, Kosmetik und Alkoholika –, mich dabei allerdings stets speziell für die Konsumentin eingesetzt. Als Beraterin großer Spirituosenhersteller frappierte es mich immer wieder, dass Frauen bei der Markenpolitik und der Vermarktung von alkoholischen Getränken offenbar als Verbraucher zweiter Klasse behandelt wurden. Beleg dafür ist die äußerst geringe Zahl erfolgreicher Spirituosenmarken, die aktiv auf Frauen abzielen oder denen die Bedürfnisse von Frauen im Blut liegen.

Luxus-Spirituosen werden schon immer als erstrebenswerte Lifestyle-Marken beworben, aber um eine Sichtweise des Erfolgs herum positioniert, die man nur als verhältnismäßig männlich bezeichnen kann. Wenn man die Augen schließt und sich eine typische Whiskey- oder Wodkawerbung der letzten 20 Jahre vorstellt, beschwört man wahrscheinlich ungefähr folgendes Bild herauf: ein gut gekleideter, erfolgreicher Mann, der von schönen Frauen umgeben ist. Frauen werden als Accessoire des Erfolgs dieses Mannes dargestellt, als Statussymbole, die sein Wohlstand und sein Status mit sich bringen. Somit werden Luxus-Spirituosen den Frauen ebenso präsentiert wie ein Diamantring, ein teures Parfüm oder eine Designerhandtasche – etwas, das einem ein Mann kauft.

Im Gegensatz dazu werden Spirituosen, die an Frauen vermarktet werden, gewöhnlich reduktionistisch beworben und um eine eindimensionale Sichtweise von Weiblichkeit positioniert. Häufig werden Frauen und das weibliche Erleben von oben herab angesprochen. Das zeigt sich an Marken, die sich ausschließlich auf Diäten und Kalorienbewusstsein konzentrieren, die allzu sehr sexualisiert sind oder Frauen zum Trinken als Flucht vor der Langeweile und Eintönigkeit ihres häuslichen Lebens auffordern.

Das ist ja wohl kaum erstrebenswert und nicht das, was man von einer Kategorie erwarten würde, in der es vor allem darum geht, Lifestyle und Luxus zu verkaufen! Kurz gesagt ist für mich klar, dass Frauen von dieser Branche nicht ernst genommen werden, und das ist meiner Meinung nach eine riesige verpasste Chance.

ERWAN RAMBOURG: Sie haben im Jahr 2017 einen Gin-Likör von Frauen für Frauen lanciert. Welche Erkenntnisse über die Spirituosenbranche hatten Sie gewonnen, die Sie zu der Überzeugung brachten, dieses Produkt habe am Markt eine Chance?

NICOLA NICE: Leider gibt es über Frauen als Spirituosentrinkerinnen eine Menge Mythen und Stereotype, die schwer zu erschüttern sind. Zum Beispiel dass Frauen keinen Schnaps mögen würden, nur Wein. Oder dass sie die Marken trinken würden, die Männer ihnen kaufen. Frauen kontrollieren 70 Prozent der Ausgaben der Haushalte für alkoholische Getränke. Nehmen Sie noch die Tatsache hinzu, dass laut Recherchen von Berlin Cameron 83 Prozent der Frauen Produkte von Unternehmen kaufen wollen, die von Frauen gegründet wurden – und schon ergeben sich zahllose Chancen für Spirituosen, die sich um Frauen drehen und die von Frauen für Frauen gemacht sind. Vorsichtig geschätzt glaube ich, dass sich der Markt für Spirituosen für Frauen in den Vereinigten Staaten auf mehr als vier Milliarden Dollar beläuft.

ERWAN RAMBOURG: Inwiefern gehen Frauen an Gelegenheiten zum Trinken anders heran und was sagt das über die Persönlichkeitsunterschiede zwischen den Geschlechtern aus?

NICOLA NICE: Trinken ist eine von Grund auf gesellige und gesellschaftliche Gelegenheit und man könnte durchaus davon ausgehen, dass die Erfahrung des Trinkens universell sein müsste. Aus unseren Recherchen geht allerdings hervor, dass es spezifische Gelegenheiten für Spirituosen gibt, die speziell für Frauen signifikant sind. Bei der Entwicklung von Pomp & Whimsy konzentrierten wir uns auf drei dieser Gelegenheiten:

1. **DER „ICH-MOMENT"**
Das ist der Übergangsmoment, in dem Frauen – ob allein oder mit ihrem Lebensgefährten – aufhören, ihre zahlreichen Rollen zu spielen (Mutter, Ehefrau, Managerin, Fahrerin, Köchin, Teammitglied und so weiter), und wieder ICH werden. Ein Augenblick, in dem die Frau ihre eigene Gastgeberin wird, in sich hineinhorcht und sich auf ihre Gedanken besinnt. Diese introspektive Gelegenheit ist ein klassischer Augenblick für unverdünnte Spirituosen, in dem Verbraucherinnen die Schwere und Raffinesse anstreben, die eine Luxus-Spirituose bieten kann. Derzeit nimmt bei Frauen, die nichts Hochprozentiges trinken, in diesem Moment vermutlich Wein diesen Platz ein.

2. **DIE FEIER DES „MÄDELSABENDS"**
Ich spreche vom Mädelsabend, aber es kann auch ein abendliches Rendezvous sein. Momente, in denen Frauen sich gehen lassen

und ihre Energie hochfahren können. Ein feierlicher Augenblick, der traditionell Champagner, Sekt oder Spirituosen verlangt, die sich gut mit Sekt zu einem Cocktail mixen lassen. Eine ruhigere Variante dieses Augenblicks oder Bedürfnisses wäre ein Brunch am Wochenende.

3. DIE EINLADUNG
Frauen sind von Natur aus Gastgeberinnen und Unterhalterinnen. Ihre regelmäßigen Einladungen können ungezwungene Veranstaltungen wie ein Grillen am Wochenende oder ein abendlicher Literaturkreis unter der Woche sein, aber auch formelle Anlässe wie eine Baby- oder Brautparty. Bei solchen Anlässen sind alkoholische Getränke angesagt, mit denen man einen einfachen Cocktail mixen kann, einen charakteristischen Drink, der den Augenblick definiert und sich problemlos in die Atmosphäre des Anlasses einfügt.

Dazu ist auch zu erwähnen, dass Frauen häufig Cocktails mit geringerem Alkoholgehalt möchten. Ich glaube, dass Frauen mehr darauf achten, die Kontrolle zu behalten, und dass sie im Schnitt verantwortungsvoller trinken.

ERWAN RAMBOURG: Erklären Sie, wieso Spirituosen für Frauen auch für Männer reizvoll sein können und inwiefern Frauen bei den meisten Käufen, die ein Paar oder eine Familie tätigt, die Entscheiderinnen sind.

NICOLA NICE: Ich halte es für eine zu starke Vereinfachung, anzunehmen, weil wir an Innovationen mit einer weiblichen Ausrichtung herangehen, würden wir Alkoholika „gendern" oder Männer ausschließen. Natürlich schlossen wir, als wir P&W kreierten, genauso wenig die Männer aus, wie etwa Marken wie Jack Daniel's oder Johnnie Walker sagen würden, sie schlössen Frauen aus. Natürlich haben wir aus der Produktperspektive ein Getränk kreiert, das offenkundig

1 | Die Zukunft ist weiblich

einen universellen Reiz ausübt, und das wurde durch die Flut von Goldmedaillen und Ratings über 90 vielfach belegt, die wir bei Wettbewerben innerhalb und außerhalb der Branche gewonnen haben, bei denen die Jurys normalerweise gemischt zusammengesetzt sind.

Pomp & Whimsy ist ein preisgekrönter Gin-Likör mit einer Mission, die laut Unternehmensgründerin Nicola Nice darin besteht, „Frauen wieder ihren rechtmäßigen Platz in der Geschichte des Gins und des Cocktails zu verschaffen". Fotonachweis: Mit freundlicher Genehmigung von Pomp & Whimsy

Was Design und Branding angeht, verfolgten wir von Anfang an die Absicht, ein Markenerlebnis zu schaffen, bei dem Frauen sofort erkennen würden, dass es für sie ist, das aber gleichzeitig nicht unbedingt an Männer das Signal senden würde, es sei nicht in Ordnung, wenn auch sie es mögen. Hier das richtige Gleichgewicht zu finden, entpuppte sich im Prozess der Markenentwicklung als die größte Herausforderung. Wir Frauen sind es gewohnt, Marken zu kaufen, die nicht an uns gerichtet sind; vielen Männern ist dieses Konzept hingegen fremd. Aufgrund der Rückmeldungen, die wir von männlichen

Verbrauchern bekommen, sind wir allerdings überzeugt, dass wir mit der Ästhetik unseres Designs dieses Gleichgewicht erzielt haben.

Und schließlich geht es ja nicht nur um den Geschmack und die Verpackung, sondern auch um eine authentische Markenstory. Sie ist wichtig, damit eine Verbindung zu unseren Konsumentinnen und Konsumenten zustande kommt. Pomp & Whimsy ist nicht nur für Frauen gedacht, sondern auch von Frauen gemacht sowie durch Geschichten von Frauen und von der Rolle inspiriert, die Frauen in der Geschichte des Gins und des Cocktails gespielt haben. Unsere Mission als Marke besteht darin, Frauen dazu anzuregen, dass sie ihren rechtmäßigen Platz in dieser Story wieder einnehmen, und wir haben festgestellt, dass dies sowohl Männer als auch Frauen unterstützen können.

ERWAN RAMBOURG: Sind Sie in der Spirituosenbranche auf andere Unternehmerinnen gestoßen und wie kann Ihre Präsenz in der Branche diese verändern?

NICOLA NICE: Das letzte Kapitel der Geschichte, eine Spirituosenfirma für Frauen zu gründen, war die Kontaktaufnahme zu anderen Gründerinnen. Ende 2018 starteten wir unter dem Banner „Women's Cocktail Collective" zusammen mit anderen Unternehmerinnen der Branchen Spirituosen, Wein und Getränke ein Netzwerk. Unsere Mission ist ganz einfach: das Schnapsregal zu diversifizieren. In der Überzeugung, dass die Flut alle Schiffe hebt, verfolgen wir bei der gegenseitigen Förderung unserer Unternehmen einen kooperativen Ansatz, sodass wir den Vertrieben, Einzelhändlern und Verbrauchern einen Mehrwert liefern und gleichzeitig grundsätzlich die Stimmen der Frauen in unserer Branche verstärken. Vor zehn Jahren konnte man die Unternehmerinnen an einer Hand abzählen. Heute haben wir 20 Mitglieder, Tendenz steigend. Belege für unseren Erfolg sind die Innovationen, die auf den Markt gebracht werden, und die Werte, die für Investoren, Einzelhändler und Verbraucher gleichermaßen geschaffen werden.

Fazit

Frauen sind schon jetzt die wichtigsten Entscheidungsträger der Haushalte auf dem ganzen Planeten. Aber dank der größeren finanziellen Autonomie und der höheren Beschäftigungsquoten steht die Kaufkraft der Frauen im Begriff, noch viel größer zu werden. Da Frauen später heiraten und weniger Kinder bekommen, wird ihr höheres verfügbares Einkommen – vor allem in jungen Jahren – auch steigende Ausgaben für Luxus tragen. Während die wirtschaftliche Entwicklung den von Frauen gesteuerten Konsum stützen wird, scheint sich auch der gesellschaftliche Wandel hinsichtlich der Ungleichheit der Geschlechter in letzter Zeit beschleunigt zu haben, und es sind viele Initiativen zur Verbesserung der wirtschaftlichen Stellung von Frauen im Gange. Frauen dürften großen Einfluss auf die Ausgaben für Schmuck, Kosmetik, Handtaschen, Accessoires und vieles mehr haben.

PROGNOSE NR. 1

Da der Absatz von Luxusartikeln im Wesentlichen durch Käufe von Frauen bestimmt wird, wird die begrenzte Anzahl von Frauen im Top-Management in diesem Sektor schnell peinlich – zumindest sollte es so sein. Die Luxusbranche wird schon seit Langem von einer Macho-Kultur bestimmt, obwohl es an weiblichen Talenten in der Branche nicht mangelt. Ich sage voraus, dass in zehn Jahren die meisten Verwaltungsratsmitglieder und mindestens 25 Prozent der CEOs von Luxusmarken weiblich sein werden.

2
ALLES WEIST NACH OSTEN

Die Chancen vervielfachen sich, wenn man sie ergreift.
– SUNZI

Die Länder, die in den kommenden zehn Jahren das größte Wachstumspotenzial besitzen, liegen weit überwiegend in Asien. In Asien werden die Einkommen steil steigen, vor allem im Vergleich zu anderen Schwellenländern und den Industrieländern. Im Jahr 2019 trug China mehr zum globalen Wachstum bei als die Vereinigten Staaten, und Indien trug mehr dazu bei als die Eurozone. Das Jahr 2020 ist, während ich dies schreibe, zwar noch offen, aber die Folgen der Corona-Pandemie werden die Kluft noch verbreitern. Die asiatischen Schwellenländer werden in den nächsten zehn Jahren 55 Prozent des weltweiten Wachstums liefern, und das ist mehr als das Doppelte der gesamten industrialisierten Welt. Im Jahr 2030 dürften diese Märkte in US-Dollar gerechnet mehr als ein Drittel des weltweiten BIPs stellen; derzeit stellen sie etwas mehr als ein Viertel. Über die künftige Richtung der Weltwirtschaft wird in Asien entschieden.

Die asiatischen Verbraucher werden im Luxussektor eine größere Rolle spielen, denn steigende Einkommen wirken sich nicht nur darauf aus, wie viel sie ausgeben, sondern auch darauf, wofür sie ihr Geld ausgeben. Zwar beginnt die erwerbsfähige Bevölkerung in China, Südkorea und Thailand (in der Nachfolge Japans) bereits zu schrumpfen, aber die asiatischen Verbraucher kommen jetzt in das Alter des größten Konsums. Das zunehmende Wachstum wird in ganz Asien eine neue Generation von Verbrauchern aus der Mittelschicht einläuten. Der Anteil der Bevölkerung, der als Mittelschicht definiert ist, dürfte sich im kommenden Jahrzehnt verdoppeln. Im Jahr 2030 wird die asiatische Mittelschicht 3,5 Milliarden Menschen umfassen – ein dramatischer Anstieg gegenüber den 1,4 Milliarden im Jahr 2015 – und 65 Prozent der globalen Mittelschicht stellen.[1] Das bedeutet, dass atemberaubende 88 Prozent der nächsten Milliarde Menschen, die in die Mittelschicht eintreten, Asiaten sein werden! Die höheren Ausgaben werden die Konsumlandschaft verändern, wobei sich die Ausgaben von primären Bedürfnissen wie Nahrung und Behausung hin zu High-End-Produkten und -Dienstleistungen verlagern werden, unter anderem Unterhaltung, Restaurants, Urlaub und Luxusartikel. Insbesondere die Verbraucher der Volks-

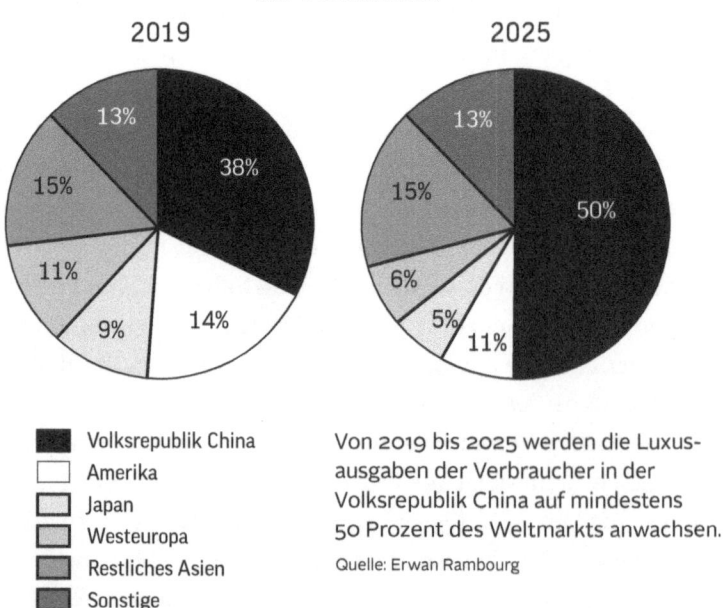

Anteil am weltweiten Luxusmarkt nach Staatsangehörigkeit der Verbraucher

Von 2019 bis 2025 werden die Luxusausgaben der Verbraucher in der Volksrepublik China auf mindestens 50 Prozent des Weltmarkts anwachsen.

Quelle: Erwan Rambourg

republik China werden einen wachsenden Anteil der globalen Ausgaben für Luxus stellen – zu sehen in der obigen Grafik. Einen Überblick über den Wandel der Mittelschicht in China finden Sie in der Tabelle auf Seite 60.

DIE „BLING-DYNASTIE" LEBT!

Die chinesischen Verbraucher haben einen Hang zur Harmonie, die durch Ordnung und Stabilität geprägt ist. Die Tatsache, dass China im Jahr 2018 die Begrenzung der Amtszeit abgeschafft hat, damit Xi Jinping „Präsident auf Lebenszeit" bleiben kann, stieß in der westlichen Presse auf Kritik. Wahrscheinlich beruhigt diese Maßnahme den chinesischen Verbraucher, denn sie beseitigt die Ungewissheit bezüglich der Zukunft und spielt der Stabilität des Landes in die Karten. Kurz vor dem Ausbruch der Corona-Pandemie im Januar 2020 stand das Verbrauchervertrauen in China auf einem 38-Jahres-Hoch.

Trotz einer Verlangsamung Mitte der 2010er-Jahre gibt es viele Gründe, hinsichtlich des Luxuskonsums in Asien im Allgemeinen und der chinesischen Nachfrage im Besonderen optimistisch zu sein. Die meisten, die ich in meinem vorigen Buch „The Bling Dynasty" aufgezählt habe, sind nach wie vor gültig:

- Eine facettenreiche Einkäuferin (im Gegensatz zu der monolithischen japanischen Bürodame von vor 20 Jahren, der die Gesellschaft den unfreundlichen Spitznamen „parasitärer Single" gab)

- Eine konfuzianische Kultur, in der man Beziehungen („guanxi") zu Verwandten, Bekannten und Kollegen entwickeln soll, für die Luxusartikel als Bestätigung gelten

- Die Faszination durch Reisen und der Drang, zu kosmopolitischen Verbrauchern zu werden, anstatt sich mit anderen Chinesen zu vergleichen

- Eine Kultur des Erfolgs und des Vorankommens, die zu Deng Xiaopings Motto passt, es sei „ruhmreich, reich zu werden", das eigentlich einem sozialistischen Regime zu widersprechen scheint, aber inzwischen in China allgemein akzeptiert ist

- Das Fehlen heimischer chinesischer Markenalternativen und mangelndes Vertrauen in Produkte, die von chinesischen Marken hergestellt wurden

Die Gefahr für die westliche Luxusindustrie besteht darin, dass eine neue Generation von Chinesen nach innen blickt und lieber heimische Marken als westliche kauft. Es stimmt zwar, dass die jüngere Generation der Chinesinnen und Chinesen einen relativ neuen Nationalstolz entwickelt hat, der in letzter Zeit noch dadurch einen Schub erhalten hat, dass dort der Ausbruch des Coronavirus im Vergleich zum Rest der Welt schnell eingedämmt wurde, aber das muss hinsichtlich des Luxuskonsums nicht unbedingt ein Problem sein. Bei Smartphones (Huawei statt Apple) und Verbrauchsgütern (heimisches Bier statt Importbier, heimischer Joghurt und so weiter) mag das ein Faktor sein, aber in einigen Premium-Subsektoren sehe ich weiterhin entweder eine klare Vorliebe für Importmarken (man denke an den Erfolg von Nike und Adidas mit ihren Sportartikeln) oder das schlichte Fehlen einer glaubwürdigen heimischen Alternative (bei den meisten Luxusartikeln).

Noch ist die Bedrohung durch chinesische Marken fern, weil es an leistungsfähigen chinesischen Luxusfirmen mangelt und die chinesischen Verbraucher kosmopolitische Gelüste haben. Tatsächlich ist aus verschiedenen Gründen damit zu rechnen, dass die Ausgaben für Luxus in China steigen werden.

2 | Alles weist nach Osten

PROGNOSE NR. 2
Zwar dürften die Glaubwürdigkeit und der Absatz chinesischer Marken in Subsegmenten wie Basiskonsumgütern und Elektronik dramatisch zunehmen, aber ich sage voraus, dass in traditionellen Luxussegmenten wie hochwertigen Lederwaren, Armbanduhren und Schmuck sowie bei Sportartikeln und Kosmetik auch in zehn Jahren noch die westlichen Marken dominieren werden.

Vom Geschenk durch den Mann zur Machtübernahme der Frau
Einer der Gründe steht mit dem Thema in Zusammenhang, das ich im vorigen Kapitel besprochen habe: Frauen. Während der Luxuskonsum in Westeuropa, in den Vereinigten Staaten und in Japan schon lange von Frauen dominiert wird, ist dies in China eine verhältnismäßig neue Entwicklung. Bis vor zehn Jahren war der chinesische Luxusmarkt noch von Männern bestimmt und von Bestechung geprägt. Die größtenteils männlichen Staatsbediensteten nahmen von Zeit zu Zeit eine Uhr im Austausch gegen einen Gefallen entgegen. Dies veranlasste Xi Jinping, der im Jahr 2012 Generalsekretär der Kommunistischen Partei Chinas und 2013 Präsident wurde, in seiner Anfangszeit als „überragender Führer" eine ausgedehnte Kampagne der Korruptionsbekämpfung zu starten. Xi erstellte eine aus acht Punkten bestehende Richtlinie, um klarzustellen, welche Verhaltensweisen als unangemessen betrachtet wurden. Es fanden zwar einige hochrangige Verhaftungen statt, aber die Kampagne richtete sich nicht nur gegen höherrangige Personen, sondern gegen die Korruption auf allen Ebenen. Erklärtes Ziel war es, die „Fliegen und Tiger" loszuwerden.[2]

Was den Luxuskonsum angeht, so führten die staatlichen Maßnahmen zu einem Umsatzeinbruch des Sektors, der sich im Jahr

2015 wieder einpendelte, und zu einer Neuausrichtung von Kategorien, die aus strukturellen Gründen von Männern bestimmt waren, zum Beispiel Armbanduhren und Baijiu, dem mit Abstand meistverkauften Schnaps der Welt (elf Milliarden Liter jährlich), der oft bei schicken Banketten getrunken wird. Als das Verschenken nachließ, wurde China nach und nach zu einem von Frauen bestimmten Luxusmarkt wie alle anderen auch. Heute sind junge, wohlhabende chinesische Konsumentinnen die für diesen Sektor mit Abstand relevanteste Bevölkerungsgruppe.

Steigende Flut
Ein Element, mit dessen Verständnis Investoren Schwierigkeiten haben, ist die Tatsache, dass der Luxussektor eher ein Anwerbungsgeschäft als ein Geschäft mit Wiederholungskäufen ist. Das Umsatzwachstum in China, das bei den größeren Marken der Branche seit 2015 zu beobachten ist, zum Beispiel bei Louis Vuitton, Gucci und Moncler, beruht auf Stückzahlen und nur sehr begrenzt auf dem Produktmix (zum Beispiel dass die Verbraucher teurere Artikel der Marke kaufen würden) oder dem Preis. Im Jahr 2019 erzielte Moncler über 70 Prozent seines Umsatzes durch Erstkäufer. Bei Gucci stammten im selben Jahr mehr als 60 Prozent des Umsatzes von Neukunden der Marke.

Wieso das? Weil trotz der Tatsache, dass die chinesische Nationalität unter den Verbrauchern mit Abstand die dominierendste ist – im Jahr 2019 war sie für 40 Prozent des Umsatzes verantwortlich, im Jahr 2020 für noch mehr (während es im Jahr 2014, als ich „The Bling Dynasty" veröffentlichte, erst ein Drittel gewesen war) –, das Anwerbungspotenzial chinesischer Verbraucher nach wie vor phänomenal ist. Der chinesische Luxus-Absatzmarkt sollte in den kommenden Jahren in einem sehr hohen Tempo expandieren.

AMBITIONIERTER LUXUS

Stellen Sie sich dieses Segment so vor, dass es weder zu erschwinglich noch völlig überkandidelt ist. Auch wenn diese Kategorie zwischen den Stühlen sitzt (zwischen dem gehobenen „absoluten Luxus" und dem „zugänglichen" oder „erschwinglichen" Markt), ist sie wahrscheinlich diejenige, die zumindest bei Handtaschen in den letzten Jahren das größte Wachstum verzeichnete und in der Firmen wie zum Beispiel Louis Vuitton, Gucci und Christian Dior spürbar outperformten. Es ist typisch, dass Verbraucher, deren Vermögen wächst, die erschwinglichen Luxusmarken überspringen und sich gleich auf die ambitionierten Marken stürzen, die ihnen bezüglich des Zugehörigkeitsgefühls mehr bringen.

Im September 2018 hielt das Management von Louis Vuitton in China eine Präsentation vor Analysten ab, wie ich einer bin, und erklärte ihnen, die Zielgruppe der Marke in China bestehe aus 13 Millionen Menschen, aber bislang verkaufe sie nur an 1,3 Millionen. Somit habe die Marke im Grunde bei ihrem Zielpublikum eine Penetrationsrate von rund zehn Prozent. Da stellten sich einige Finanzanalysten wie ich sofort die Frage, wie die Marke ihre Penetrationsrate erhöhen könnte. Rückblickend war das jedoch die falsche Frage. Wichtiger ist die Frage, wie groß dieser aus 13 Millionen Menschen bestehende Absatzmarkt noch werden könnte, und bereits vier Jahre danach lautete die Antwort „24 Millionen". Anders ausgedrückt könnte sich der Umsatz von Louis Vuitton mit chinesischen Verbrauchern ohne Steigerung der Penetrationsrate in vier Jahren fast verdoppeln. Das ist eine atemberaubende Hochrechnung, die allerdings recht gut zu Schätzungen von McKinsey passt, wonach sich die Zahl der wohlhabenden chinesischen Konsumenten (mit einem Jahreseinkommen von mehr als 35.000 Dollar) von 2020 bis 2025 von 18 Millionen auf 38 Millionen mehr als verdoppeln soll.[3]

Wenn man den potenziellen Luxuskonsum ermitteln will, steht man vor dem Problem, dass in China das Vermögen viel maßgeblicher zu sein scheint als das Einkommen – zu sehen am Aufkommen der sogenannten 7-Taschen-Verbraucher, die zusätzlich zu ihrem eigenen Einkommen von einem Vermögen profitieren, das von vier Großeltern und zwei Eltern auf sie gekommen ist. Börsen? Verbrauchervertrauen? Immobilienpreise? Zölle und Welthandel? Natürlich dürfte sich all das auf den Konsum von Luxus auswirken. So mancher wird sich auch fragen, ob sich COVID-19 auf den Wohlstand auswirkt, und das wird es wohl auch tun, wenn man bedenkt, wie schwach Chinas BIP im ersten Quartal 2020 war und dass danach die westlichen Märkte, an die China verkauft, abstürzten. Aber komme, was da wolle, die Zahl der chinesischen Verbraucher, die sich Luxusartikel leisten können, dürfte im nächsten Jahrzehnt dramatisch anwachsen.

Der Wohlstand städtischer Haushalte in Festlandchina

Einstufung der Haushalte nach dem verfügbaren Jahreseinkommen in Renminbi	2010	2018	2030 (Schätzung)
„Mass affluent" (200.000 bis 300.000)	4 (2%)	26 (9%)	162 (45%)
Wohlhabend (300.000 bis 390.000)	1 (0%)	4 (1%)	36 (10%)
„Global affluent" (> 390.000)	3 (1%)	8 (3%)	22 (6%)

└ MILLIONEN (ANTEIL AN DER GESAMTBEVÖLKERUNG) ┘

Chinas Mittelschicht boomt. Der Anteil der städtischen Haushalte mit einem verfügbaren Jahreseinkommen von mehr als 200.000 Renminbi (circa 29.000 Dollar) dürfte von 2010 bis 2030 dramatisch steigen.

Quelle: „China and the World: Inside the Dynamics of a Changing Relationship", McKinsey & Company, https://mckinsey.com/featured-insights/china/china-and-the-world-inside-the-dynamics-of-a-changing-relationship

2 | Alles weist nach Osten

Die Ausgaben kehren heim – H.O.M.E.
Die entscheidende Veränderung seit dem Erscheinen von „The Bling Dynasty" im Jahr 2014 ist die Tatsache, dass die chinesischen Konsumenten Luxusgüter heute zunehmend in China statt im Ausland kaufen. In der Grafik auf Seite 62 ist zu sehen, wie sich der Umsatz von Louis Vuitton bei chinesischen Verbrauchern Hochrechnungen zufolge aufgrund dieses Phänomens verändern wird. Im Jahr 2019 wuchsen die Inlandsreisen in China auf mehr als sechs Milliarden Reisen an und China war eines der fünf Länder, in denen chinesische Verbraucher in jenem Jahr am liebsten Luxusgüter kauften. Im Jahr 2019 stiegen die Ausgaben im Inland doppelt so schnell wie diejenigen im Ausland.

Im Jahr 2019 trugen viele Faktoren dazu bei, dieses Repatriierungsphänomen zu beschleunigen. Eine Kombination aus Währungsschwankungen (ein gegenüber dem US-Dollar schwacher Renminbi) und Zoll- und Handelsspannungen zwischen den Vereinigten Staaten und China führten dazu, dass die Tourismusströme aus China in die Vereinigten Staaten ab dem Frühjahr 2018 allmählich abflauten. Kurzfristig betrachtet war natürlich die Ausbreitung von COVID-19 auf der ganzen Welt für die Chinesen ein starker Anreiz, entweder aufgrund von Vorschriften oder freiwillig zu Hause zu bleiben, weil Gesundheits- und Sicherheitsbefürchtungen schwer auf den Überlegungen potenzieller Reisender lasteten. Unabhängig davon begannen sich die Proteste in Hongkong, die im März 2019 anfingen, Anfang August stark auszuwirken, weil chinesische Reisende Sicherheitsbefürchtungen hatten und entweder in andere Märkte reisten oder zu Hause blieben. Während die Politik, Regulierungen, Währungsschwankungen, Sicherheitsbedrohungen (Terrorismus, Viren und so weiter) und Modetrends den relativen Erfolg verschiedener Reiseziele beeinflussen werden (das bespreche ich in Kapitel 9), legen mehrere fundamentale Gründe nahe, dass reiche Chinesen Luxusprodukte zunehmend im Inland kaufen werden. Das ist kein kurzfristiger Ausschlag, sondern ein langfristiger Trend und eine Bewegung, die dem nicht ganz unähnlich ist, was mit dem Reiseverhalten der Japaner Ende der 1990er-Jahre und Anfang der 2000er-Jahre passierte, als noch die japanischen Verbraucher den Luxussektor dominierten.

PROGNOSE NR. 3

Eine der Auswirkungen von COVID-19 im Jahr 2020 wird darin bestehen, dass sich die Verlagerung des Konsums der chinesischen Verbraucher zurück ins Heimatland beschleunigt. Das Jahr 2020 dürfte sich hinsichtlich des Luxus ein bisschen als Ausnahmejahr erweisen, weil die Chinesen derzeit ungern reisen. Ich glaube trotzdem, dass in zehn Jahren mehr als 75 Prozent der Luxusverkäufe an chinesische Staatsbürger in ihrem Heimatland stattfinden werden.

Umsatz von Louis Vuitton mit chinesischen Verbrauchern im Inland und im Ausland

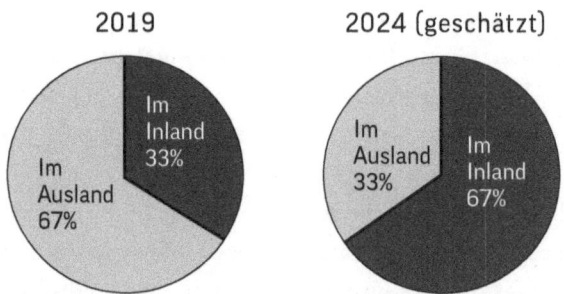

Es ist zu erwarten, dass die chinesischen Verbraucher den Anteil ihrer Käufe bei Louis Vuitton, die im Inland erfolgen, verdoppeln werden.

Quelle: Erwan Rambourg

2 | Alles weist nach Osten

Die Bürger der Volksrepublik China werden aus vier Gründen zu Hause bleiben und ihr Geld im Inland ausgeben:

HARMONISIERUNG – Die Preise ähneln einander mehr als früher, vor allem die von Premiumprodukten. Das hat mit den Währungskursen (Renminbi-Schwäche), mit der Politik der Marken, geringere Preisdifferenzen zwischen den Märkten anzupeilen, und mit Maßnahmen des chinesischen Staates zu tun, um die Einfuhrzölle zu senken. Im Jahr 2019 wurde der allgemeine Mehrwertsteuersatz von 16 auf 13 Prozent gesenkt, um die Konjunktur anzukurbeln. Da sich der Preisaufschlag in China der Mehrwertsteuer annähert und eher dem entspricht, den chinesische Verbraucher im Ausland für Luxusartikel bezahlen, lässt der Anreiz, im Ausland zu shoppen, nach. Im Jahr 2014 kostete es im Durchschnitt 45 Prozent mehr, in Schanghai statt in Mailand oder Paris einzukaufen; heutzutage ist die Preiskluft nur noch halb so groß und wird wahrscheinlich als akzeptabel betrachtet. Einer der Gründe, im Ausland zu kaufen – einen günstigen Preis zu bekommen –, ist auf einmal nicht mehr so relevant.

OMNICHANNEL – Aufgrund der Explosion des E-Commerce und der Einführung von Omnichannel-Strategien ist Einkaufen so leicht wie noch nie. Wenn man nicht auch vorhat, im Ausland zu wandern, Ski zu fahren oder Museen zu besuchen, warum sollte man dann nicht bequem in China einkaufen? Außerdem haben neue Kooperationen eine tektonische Verschiebung der Herangehensweise von Luxusmarken an den E-Commerce in China bewirkt. Früher schienen die Marken Plattformen von Drittanbietern nicht zu trauen. Die meisten Luxusmarken hatten ihre eigenen „.cn"-Websites, ihre eigenen WeChat-mini-Programme (eine „Sub-App" für den Verkauf von Produkten innerhalb von WeChat), und im Allgemeinen hielten sie sich von den E-Commerce-Plattformen mit ihrem hohen Traffic fern. Das ist jetzt nicht mehr der Fall. Inzwischen bleiben nur noch zwei Plattformen (wobei VIPLUX an Relevanz eingebüßt hat), und die westlichen Marken scheinen den chinesischen Betreibern mehr als früher zu vertrauen. Im Prinzip hat man die Wahl zwischen Farfetch von JD.com auf der einen Seite und Net-a-Porter im Tmall Luxury Pavilion von Alibaba. In einem Land wie China, in dem laut McKinsey 75 Prozent der potenziellen Kunden außerhalb der 15 größten Städte wohnen, stehen Unternehmen vor der Herausforderung, genügend stationäre Geschäfte aufzubauen, um sie alle zu erreichen.[4] Der E-Commerce versetzt die Marken in die Lage, eine größere Reichweite zu erzielen, und für die Verbraucher ist er oft bequemer, weil sie Waren kaufen können, egal wo sie gerade sind und auch wann sie wollen.

MONITORING – Überwachung: Seit April 2016 haben die Grenzkontrollen zugenommen und die Gefahr erhöhter Zollsteuern ist gewachsen. Dadurch sind „haitao" (Großeinkäufe seitens Wiederverkäufern) und „daigou" (dass chinesische Touristen im Auftrag Dritter Produkte im Ausland kaufen) zurückgegangen. Dabei funktionieren die Geldstrafen als Abschreckung sehr gut. Infolgedessen haben es die Marken besser unter Kontrolle, an wen sie verkaufen, und die Produkte werden häufiger als früher vor Ort gekauft.

EDUCATION – Sachkenntnis: In der Vergangenheit konnte der durchschnittliche chinesische Tourist nicht sagen, ob der Luxusartikel, den er in der Volksrepublik China kaufte, in Wirklichkeit eine Nachahmung war. Doch nachdem der Tourist gereist ist, kennt er sich besser aus und erkennt den Unterschied zwischen legalen Einzelhändlern und im Lande hergestellten billigen Imitaten. Das dürfte den chinesischen Touristen beim Einkaufen im Inland größeres Selbstvertrauen verschaffen.

Aus allen diesen Gründen bin ich überzeugt, dass sich dieser Trend fortsetzen dürfte. Weltweit wächst der Umsatz mit Luxusgütern um circa sechs Prozent jährlich, und der Umsatz mit chinesischen Konsumenten sollte in den nächsten zehn Jahren etwa doppelt so schnell

2 | Alles weist nach Osten

steigen. Das Beratungsunternehmen Bain & Company schätzt, dass die chinesischen Verbraucher im Jahr 2025 bereits 50 Prozent ihrer Luxuskäufe im heimischen China tätigen werden.[5] Ich glaube, dass diese Verlagerung bereits stattgefunden hat, zum Teil aufgrund der oben genannten Gründe und im Jahr 2020 auch dadurch, dass COVID-19 die Verbraucher gezwungen oder dazu angereizt hat, im Land zu bleiben. Selbst wenn 2021 und die Jahre danach hinsichtlich des Reiseverhaltens wieder eher normale Jahre werden sollten – die Verlagerung hat stattgefunden.

Da die chinesischen Verbraucher mehr im Inland kauften, zog in den Jahren 2018 und 2019 die Profitabilität von Einzelhandelsgeschäften dramatisch an. Früher waren Luxusgeschäfte in China meist leere Vorführräume, in denen sich die Verbraucher umschauten, um dann die Artikel im Ausland zu kaufen. Ich glaube, dass die Luxusunternehmen in China vor dem Durchgreifen gegen die Korruption (etwa in den Jahren 2011 und 2012) hinsichtlich der Profitabilität über dem weltweiten Durchschnitt lagen. So etwas wie die typische Gewinn- und Verlustrechnung des Luxussektors gibt es nicht, weil es zwischen den Subsektoren beziehungsweise den Marken große Unterschiede gibt. Im Allgemeinen waren die Bruttomargen aber höher (weil die Preise viel höher waren) und die Umsatzkosten waren niedriger, was die Notwendigkeit von Investitionen in Infrastruktur (Gemein- und Verwaltungskosten) und Kommunikation mehr als wettmachte. Im Zuge der Kampagne zur Korruptionsbekämpfung erlitt der Luxusabsatz in den Jahren 2014 und 2015 einen Schlag. Die Bruttomargen waren bereits gesunken, weil die Preise weniger von den europäischen entkoppelt waren, und die in der Gewinn- und Verlustrechnung enthaltenen Vertriebs- und Verwaltungskosten litten unter dem kräftigen Schuldenabbau. Jedoch steigt die Profitabilität in China seit Ende 2015 wieder und es ist wahrscheinlich, dass China zusammen mit Japan heute für alle Marken einer der profitabelsten Märkte ist.

Die Aufwendungen für Ladengeschäfte sind in China immer noch moderat, da sich die Personalkosten in Grenzen halten, die Mietkosten meist variabel sind und es den Marken wahrscheinlich gelingt, die Gemein- und Verwaltungskosten ebenso durch Schulden zu decken wie die Kommunikationskosten (auch wenn sie höher sind als im Westen). Die Verkaufsdichte ist insbesondere im Vergleich zu den in den Vereinigten Staaten im Überfluss vorhandenen Verkaufsflächen hoch. Inzwischen verzeichnen die Geschäfte eine gewaltige Zunahme des Kundenverkehrs und der Geschäftsabschlüsse. Verbraucher und Einzelhandelsmanager, mit denen ich gesprochen habe, vertreten eine Auffassung, die man als „1-2-4" bezeichnen könnte: Wenn man in den Vereinigten Staaten eins verkauft, dann verkauft man in Europa zwei und in Asien vier.

Unvorhergesehene Stockungen
Ende 2019 begann sich ein neuartiges Coronavirus namens COVID-19 in der chinesischen Provinz Hubei und deren Hauptstadt Wuhan auszubreiten. In den ersten Januarwochen 2020 flog dieser Ausbruch noch unter dem Radar, aber am 11. März erklärte ihn die Weltgesundheitsorganisation zur Pandemie. Aufgrund der exponentiellen Ausbreitung des Virus stieg die Zahl der Infektionen rapide. Diese Pandemie ist aus mehreren Gründen für den Luxussektor höchst signifikant.

Erstens ist es nicht gut, wenn zu einer Zeit, da die chinesischen Verbraucher für fast 40 Prozent des Absatzes von Luxus verantwortlich sind, die chinesische Wirtschaft drastisch zurückgefahren wird – indem Fabriken und Läden geschlossen werden, die Bewegungsfreiheit eingeschränkt und die nationale Psyche in Mitleidenschaft gezogen wird. Mitte Februar 2020 erlebte die Volksrepublik den Höhepunkt der Ausbreitung, und danach erholte sich die wirtschaftliche Aktivität allmählich wieder. Das Problem daran ist natürlich, dass durch die Ausbreitung des Virus außerhalb von China mehrere Luxusmärkte, die traditionell von chinesischen Auslandsreisen angetrieben werden – zum Beispiel Südkorea, Europa und die Vereinigten Staaten – erste Einbußen erlitten. In den letzten zehn Jahren riet ich Anlegern stets, Luxus-Aktien zu kaufen, weil man damit gezielt

2 | Alles weist nach Osten

auf den Zinseszinscharakter der chinesischen Reisenden setzt. Aber natürlich verschwand dieser Reisende Ende Februar fast vollständig.

Zweitens schien, als die ersten Fälle in der westlichen Welt auftraten, die Ansteckung durch Angst schneller Fuß zu fassen als durch das Virus an sich, und auf der ganzen Welt erlitten die Aktienmärkte schwere Einbußen. Ich bin zwar überzeugt, dass sich heute weniger Luxuskonsumenten nach den Aktienmärkten richten als davor, aber es wird sich eindeutig erweisen, dass diese Vernichtung von Wohlstand dem Konsum von Luxus nicht guttut.

Drittens und letztens beeinträchtigen sowohl die abwartende Haltung der Verbraucher als auch die Ausbreitung der Angst das allgemeine Wirtschaftswachstum. Die US-Regierung senkte am 3. März 2020 die Zinsen um 50 Basispunkte, aber die erste Reaktion erfolgte nach dem Motto „Wir brauchen keine niedrigeren Zinsen, sondern einen Impfstoff", denn die Investoren bezweifelten, dass die niedrigeren Zinsen die beunruhigten Verbraucher wirklich motivieren würden. Am 25. März 2020 unterzeichnete Präsident Donald Trump ein historisches, von beiden Parteien getragenes Konjunkturpaket im Volumen von zwei Billionen US-Dollar, aber auch hier blieb offen, ob dies die vielen Arbeitsplatzverluste auffangen würde, die durch die stockende Konjunktur verursacht wurden. Zwei Monate später sind in den Vereinigten Staaten mehr als 25 Millionen Arbeitsplätze verlorengegangen. Das war der schwerste Rückgang seit Beginn der Aufzeichnungen im Jahr 1939, und die Arbeitslosenquote betrug mehr als 16 Prozent.

Die Coronakrise wirkt sich nennenswert auf die Entwicklung des Luxusumsatzes im Jahr 2020 aus. Die entscheidende Frage, die sich bei Prognosen für das nächste Jahrzehnt stellt, ist indes, ob das Virus den Appetit der chinesischen Verbraucher auf Luxusartikel strukturell beeinträchtigen wird. Alle Manager von Luxusfirmen, mit denen ich seit dem Ausbruch der Pandemie gesprochen habe, glauben das nicht, und ich bin ihrer Meinung. Die Chinesen kehren zwar als Erstes zu den größeren Marken und zu den „Helden"-Produkten zurück, aber die Erholung verläuft zügig. Die Ereignisse waren schmerzhaft, jedoch sollte man sie im Nachhinein als Delle im Rahmen einer anhaltenden Wachstumsphase betrachten. Während der Umsatz mit Luxus nach der Flaute 2020 wieder in die Höhe schnellen dürfte, werden sich wahrscheinlich auch die Werte der Verbraucher verschoben haben. Im März 2020 sagte die Trendforscherin Li Edelkoort voraus, das Virus habe auch seine gute Seite, denn die „Konsumquarantäne" werde die Verbraucher dazu zwingen, Verzicht zu üben, was letztlich zu weniger Müll führen und dem Planeten zugutekommen wird.[6] Zweifellos wird sich ein reflektierterer Konsum Bahn brechen und es dürfte sich die Gewohnheit entwickeln und halten, weniger, aber dafür Besseres und mehr heimische Produkte zu kaufen.

Wie steht es mit dem Potenzial asiatischer Märkte außerhalb der Volksrepublik China?

Vor 20 Jahren waren die Japaner die wichtigsten Luxuskonsumenten, im Jahr 2003 stellten sie mehr als die Hälfte des Umsatzes von Louis Vuitton. Aber aufgrund der alternden Bevölkerung Japans und seiner vorwiegend jungen Konsumentinnen, die nicht ersetzt werden, erscheinen die langfristigen Aussichten nicht positiv. Jedoch gibt es zwei Gründe für kurzfristigen Optimismus. Erstens ist in diesem Land die Erwerbstätigkeit von Frauen dramatisch gestiegen, seit die „Womenomics" von Shinzo Abe eingesetzt hat.[7] Zweitens scheiden die Rentner mit verhältnismäßig viel Geld aus dem Arbeitsleben aus. Diese beiden Tatsachen erklären wahrscheinlich, wieso die Nachfrage nach Luxus in Japan in den Jahren 2018 und 2019 größer war als erwartet.

Die taiwanischen Verbraucher haben anscheinend das Stadium der Reife oder gar der Sättigung erreicht, und das bedeutet, dass dort das Wachstum gedeckelt ist. In Südkorea ist zwar der Markt für Kosmetika sehr gut versorgt, aber ein gewisses Potenzial für Luxus besteht wahrscheinlich immer noch, auch dank des Auftretens männlicher Verbraucher, die zunehmendes Interesse zu zeigen beginnen.

2 | Alles weist nach Osten

Wahrscheinlich ist Südkorea das einzige Land, in dem der von Männern bestimmte Konsum den weiblichen überholen könnte.

Echte Hoffnung für die Luxusbranche besteht in Südostasien. Die vietnamesischen Verbraucher sind bezüglich importierter Spirituosen wie Cognac und Scotch bereits sehr einflussreich und Indonesien kann mit einer dynamischen und jugendlichen Bevölkerung aufwarten. Das Problem daran ist allerdings, dass die Zahlen der gehobenen Mittelschicht in keiner Weise mit den chinesischen zu vergleichen sind, sodass zwar Wachstumspotenzial vorliegen mag, dieses aber noch eine Weile nicht den Ausschlag geben wird.

Die indischen High-End-Verbraucher sind für die Luxusindustrie ein Beispiel für den Sankt Nimmerleinstag, denn nennenswertes Wachstum bleibt in Indien Wunschdenken. Zu den Hindernissen für diesen Sektor zählen unzureichender Wohlstand, Probleme mit den Einfuhrsteuern, ein schlecht organisierter Einzelhandel und der grundsätzliche Geschmack der Verbraucher, der sich mehr auf die inneren Werte von Produkten als auf Marken richtet. Vor 14 Jahren begann ich, einen Bericht mit dem Titel „Big Bang Galore? Can Luxury Make It Big in India?" zu schreiben, aber ich veröffentlichte ihn nie, weil ich dachte, es würde noch etwas dauern, bis sich Investoren dafür interessieren würden. Aber 14 Jahre danach hat sich immer noch nicht viel geändert. Allerdings erscheint nun etwas mehr als ein Hoffnungsschimmer. Ein gewisser Wohlstand in erster Generation (im Gegensatz zu ererbtem Wohlstand) kommt auf, und wahrscheinlich werden seine Inhaber auffallen wollen. Es könnte durchaus sein, dass die indischen Verbraucher gerade dann zur Stützung des Wachstums in diesem Sektor beitragen werden, wenn die Chinesen das Plateau erreichen, und ich erwarte, dass dies in den kommenden zehn Jahren allmählich passieren wird. Warten wir ab, was geschehen wird.

PROGNOSE NR. 4

Noch trägt der indische Verbraucher nur marginal zum gesamten Umsatz mit Luxus bei, aber in der Zukunft wird er einen entscheidenden Beitrag zum Wachstum des Sektors leisten, was eine gewisse Hoffnung weckt, während sich das Wachstum in China ab jetzt bis Ende der 2020er-Jahre nach und nach verlangsamen wird.

INTERVIEW:
Die Aussichten des Luxuskonsums in China

Lassen wir einstweilen Cyrille Vigneron, den CEO von Cartier, über die Aussichten des Luxuskonsums in China sprechen.[8] (Auf Seite 75 ist ein Bild der Kampagne „Clash de Cartier" zu sehen.) Vigneron besitzt eine einzigartige Perspektive: Er wohnte viele Jahre lang in Tokio, wo er den Aufstieg des japanischen Luxuskonsumenten miterlebte, und jetzt führt er ein globales Unternehmen, das auf die chinesischen Verbraucher angewiesen ist.

ERWAN RAMBOURG: Sie haben einen Teil Ihrer beruflichen Laufbahn damit verbracht, Luxusmarken am japanischen Markt zu entwickeln. Wie nehmen Sie die hauptsächlichen Unterschiede zwischen japanischen und chinesischen Luxuskonsumenten wahr? Besteht die Gefahr, dass China wie Japan wird und weniger Wachstum bietet, als viele heute hoffen?

CYRILLE VIGNERON: Im Prinzip ist der chinesische Markt für Luxus viel vielfältiger, als es der japanische Markt je war, und er entwickelt sich in einem viel schnelleren Tempo.

Der Appetit, tragbare Produkte zu kaufen, entwickelte sich in Europa zunächst in den 1970er- und 1980er-Jahren mit europäischen und amerikanischen Kunden, und in den 1980er- und 1990er-Jah-

2 | Alles weist nach Osten

ren wurden die Japaner zum ersten Wachstumstreiber der Luxusindustrie im Inland und im Ausland, wobei sie Geld in Europa, aber auch näher an der Heimat in Asien ausgaben, und dabei spielten Hongkong, Guam und Saipan eine wichtige Rolle. Die japanische Babyboom-Generation war sehr pragmatisch, sie konzentrierte sich darauf, das Land nach dem Zweiten Weltkrieg wieder aufzubauen, und legte dabei eifrig Wert auf Werte wie Bildung, Arbeit und Familie. Die Männer arbeiteten und die Frauen kümmerten sich um die Kinder und ihre Erziehung und Ausbildung. Da die Disziplin und das Arbeitsethos viel Wohlstand hervorbrachten, zog die nachfolgende Generation japanischer Verbraucher wahrhaft Vorteil aus dem großartigen Wirtschaftswachstum des Landes, das mit industriellen Entwicklungen verknüpft war; sie öffnete sich der Welt und widmete sich dem Konsum von Luxus. Es erschien eine junge Generation 25- bis 35-jähriger Frauen, die bis zur Heirat bei ihren Eltern wohnten und ein beträchtliches verfügbares Einkommen besaßen. Von den damals 125 Millionen Einwohnern Japans waren mehr als zehn Prozent sehr wohlhabend und hatten ein Taschengeld von fünf bis zehn Millionen Yen, was heute etwa 50.000 bis 100.000 Euro entspräche, und das bot dem Luxussektor natürlich eine unglaubliche Unterstützung.

Davon abgesehen kamen damals in Japan sehr starke Kaufhäuser auf, die diese neue Käufergeneration begleiteten und Wege fanden, einige importierte Premium-Marken anzulocken, um ihre Umsatzproduktivität zu steigern. Die japanischen Kaufhäuser trugen die Investitionskosten und verlangten umsatzabhängige variable Mieten. Der Provisionssatz war hoch, aber die Einzelhandelspreise waren höher als andernorts auf der Welt. Dies ermöglichte den Marken eine rasante Expansion, auch wenn sie nicht viel Geld hatten. Bald veranlasste die preisliche Kluft zwischen Japan und dem Ausland japanische Verbraucher, sich hauptsächlich in Einkaufsabsicht nach Hongkong aufzumachen und dort „zu shoppen bis zum Umfallen". Der Aktienindex Nikkei 225 überschritt Ende 1989/Anfang 1990 bei fast 40.000 Punkten seinen bisherigen Höhepunkt, was etwa das

Doppelte des derzeitigen Standes war, und gleichzeitig herrschte eine erhebliche Immobilienblase.

Während es beim europäischen Luxuskonsum darum ging, sich abzuheben, ging es beim japanischen Konsum um Anpassung und Zugehörigkeit, ein bisschen so wie heutzutage an der Kinokasse: Wenn andere denselben Film schauen wie man selbst, dann beruhigt einen das; wenn andere die gleiche Handtasche kaufen wie man selbst – das will man so haben. Ein Auto von Mercedes zu besitzen, eine Tasche von Hermès, eine Uhr von Cartier – diese Marken waren hilfreich und wurden von den Stars getragen. Dann wurde diese luxushungrige Generation älter und auf das exzessive Konsumverhalten folgte ein Gefühl der Sättigung, die japanischen Verbraucher traten einen Schritt zurück, reisten nicht mehr so gern ins Ausland, waren nicht mehr so von ihrer beruflichen Laufbahn besessen und hatten allmählich weniger Appetit auf Luxus. Zwar genießt die neue Generation von Japanern Luxusartikel, aber der frenetische Konsum ist abgeflaut.

Nachdem Japan angestrebt hatte, Zugang zu Teilen der westlichen Kultur und Artefakten zu bekommen, war es inzwischen selbst für viele Konsumenten in aller Welt zu einer Quelle der Inspiration geworden, wobei die Attribute Sicherheit, reichhaltige Kultur, begrenzte Umweltverschmutzung und Service immer faszinierender auf Touristen wirkten. Im Jahr 2018 hieß Japan mehr als 30 Millionen Besucher willkommen, dreimal so viele wie im Jahr 2013 und weit mehr als das für 2020 gesetzte Ziel von 20 Millionen, wobei die Chinesen vor den Südkoreanern auf Platz 1 unter den Besuchernationen lagen.

Im Gegensatz zu den japanischen Luxuskonsumenten bilden die chinesischen Luxuskonsumenten keine homogene Klientel. Nach der Öffnung der Wirtschaft unter Deng Xiaoping entwickelte sich der Wohlstand in den Städten der Küstenregionen rasant und brach dem Erscheinen einer sehr großen Zahl von Kunden mit verschiedenartigen Hintergründen Bahn. China ist eigentlich eher ein Kontinent als ein Land mit einem Kaleidoskop von Kulturen. Die Unterschiede zwischen den Bewohnern der High-Tech-Stadt Shenzhen, die einen kosmopolitischen Lebensstil anpeilen, und wohlhabenden Verbrauchern in drittrangigen Städten, die wohl eher auf regionale Auslöser reagieren, sind so groß wie die zwischen den Bewohnern verschiedener Länder. Außerdem kann es beim chinesischen Luxuskonsum im Gegensatz zur japanischen Herangehensweise an den Luxus vorkommen, dass es hinsichtlich gewisser Aspekte um Anpassung geht, hinsichtlich anderer hingegen um Abheben. Das hat zur Folge, dass man an die chinesischen Verbraucher mit wesentlich komplexeren Marketingstrategien herangehen muss. Noch etwas, das den chinesischen Markt schwierig macht, ist die Schnelligkeit des Wandels. Während die treibende Kraft hinter der japanischen Einstellung zum Luxus durch Generationen bestimmt war, werden sich die Veränderungen in China eher innerhalb von zehn Jahren als im Laufe einer ganzen Generation abspielen. Die sozialen Beziehungen und Einstellungen werden sich sehr schnell wandeln. Auch kann die Schaffung von Wohlstand dank des Aufkommens sehr junger Konsumenten in China, der sogenannten 7-Taschen-Verbraucher, sehr schnell stattfinden. Dabei handelt es sich um Menschen, die es in erster Generation zu etwas gebracht haben, womöglich sehr schnell Zugang zu Wohlstand erreicht haben und bereit sein werden, gleich gehobene Artikel zu kaufen, anstatt eine Phase der „Premiumisierung" zu durchlaufen. Ein bisschen wie ein Unternehmer im Silicon Valley, der innerhalb kurzer Zeit viel Geld verdient hat und bereit ist, die besten Marken am oberen Ende der Luxuspyramide zu kaufen, ohne Zeit damit verbracht zu haben, alle verfügbaren Optionen durchzugehen.

ERWAN RAMBOURG: Wie unterscheidet sich der chinesische Verbraucher von anderen Konsumenten Ihrer Marke? Gibt es einen spezifisch chinesischen Geschmack, der Sie veranlassen könnte, bestimmte Produkte zu entwickeln, um diese Konsumenten anzuziehen und zu halten, und welche Bindungen hat die Marke an China?

CYRILLE VIGNERON: In China wurde die Gleichheit der Geschlechter von der Regierung schon sehr frühzeitig gefördert, anders als in Japan, wo die gesellschaftliche Rolle von Frauen und Ehefrauen nach wie vor ganz anders ist. In China sind die sozialen Beziehungen ganz anders, weil die Gleichberechtigung fest verwurzelt ist. Der Hauptunterschied ist, dass die chinesischen Verbraucher wesentlich jünger sind als bei anderen Nationalitäten und dass sie auf einem niedrigeren Einkommensniveau zu kaufen anfangen werden, weil Luxus zu Zwecken der Zugehörigkeit eingesetzt wird. Was die Produkte angeht, die die Chinesen kaufen, so gibt es keine nennenswerten Unterschiede. 85 Prozent der weltweit verkauften Armbanduhren sind rund. In China könnten es noch ein bisschen mehr sein, weil eine eckige Uhr nicht als harmonisch ankommt. Auch geht bei Farben die Vorliebe eher in Richtung Rot (ähnlich wie Kunden aus dem Nahen Osten Grün bevorzugen). Aber letzten Endes wollen die reichen chinesischen Konsumenten kosmopolitisch sein und einen internationalen Geschmack an den Tag legen, keinen spezifisch chinesischen, und deshalb würde ich nicht sagen, dass die Produktvorlieben unglaublich anders sind als diejenigen, die wir bei anderen Nationalitäten beobachten.

Es besteht ein wachsendes Interesse an chinesischen Quellen der Inspiration, an einer echten Aneignung historischer Codes, Designs und Kultur, kein Schnickschnack. So hat beispielsweise Cartier eine Tradition, sich in sehr respektvoller Weise in China Anregungen zu holen, und das ist sicherlich einer der Gründe, weshalb unsere kürzlich abgehaltene Cartier-Ausstellung (Beyond Boundaries) im Palastmuseum mitten in der Verbotenen Stadt von Peking so viel Begeisterung hervorgerufen und so viele Besucher angelockt hat. Die Ausstellung fand im Juni und Juli 2019 statt und sie hieß über 600.000 Besucher willkommen. Jacques Cartier, ein Enkel des Gründers der Marke Cartier, reiste Anfang des 20. Jahrhunderts ausgiebig durch den Nahen Osten, Indien und China. Dabei holte er sich Anregungen aus den Formen von Drachen und Phönixen, außerdem arbeitete er mit Materialien wie alter Jade, und man glaubt, dass seine Beschäftigung mit Korallen zum heuten Cartier-Rot geführt hat, der emblematischen Farbe der Marke. Die Ausstellung Beyond Boundaries ist von China angeregt, aber sie regt wahrscheinlich auch die Chinesen an, dank der Rolle von Schmuck als Machtsymbol und der Anerkennung von Chinas Rolle auf der internationalen Bühne.

Die britische Schauspielerin Kaya Scodelario in der Werbung für Cartiers Schmucklinie Clash de Cartier.

Bildnachweis: Mit freundlicher Genehmigung von Cartier

ERWAN RAMBOURG: Wie gehen Sie in China mit den sozialen Medien und mit dem Onlineverkauf um? Nutzen Sie lokale Botschafter und andere chinaspezifische Aktionen?

CYRILLE VIGNERON: Da haben wir einen weiteren entscheidenden Unterschied zwischen Japan und China. In Japan basierte der Luxus auf einem sehr dichten Netzwerk von mächtigen Kaufhäusern in einer sehr konzentrierten Anzahl von Städten, die größtenteils in den Megalopolen Tokio sowie Osaka-Kobe lagen. Daher entwickelte sich der Luxus-E-Commerce in Japan recht langsam, weil Luxusprodukte verhältnismäßig leicht physisch zugänglich waren. Hingegen ist China geografisch sehr weit ausgedehnt und besitzt keinen so mächtigen Kaufhaus-Fußabdruck auf nationaler Ebene; außerdem ist in manchen größeren Städten, zum Beispiel in Peking, der Verkehr problematisch geworden. Daher muss der E-Commerce hier eine sehr wichtige Rolle spielen, und manche Verbraucher haben direkt den Sprung zum Onlinekauf vollzogen, ohne jemals das Einkaufserlebnis im Kaufhaus gehabt zu haben. Darüber hinaus ist das Onlineangebot in China sehr reichhaltig und vielfältig, denn Plattformen wie WeChat, Alibaba und JD.com bieten eine Bequemlichkeit, die es sonst nirgendwo auf der Welt gibt.

Die Frage ist nicht, ob man diese Plattformen nutzt; sie sind als Grundlage des chinesischen Online-Ökosystems unumgänglich. Es geht eher darum, wie man auf diesen Plattformen ein sicheres und gesundes Umfeld für die Marken schafft. Die WeChat-mini-Programme sind Ergänzungen zum stationären Handel und das Joint Venture, das die Richemont-Gruppe (die Muttergesellschaft von Cartier) mit dem Alibaba-Konzern zur Entwicklung von Net-a-Porter in China geschlossen hat, kann den Umsatz steigern. Beim Onlinehandel in China geht es um Bequemlichkeit, aber man muss auch bedenken, dass der physische Kontakt mit Produkten und das Einkaufserlebnis im Laden von den chinesischen Verbrauchern ebenfalls sehr geschätzt werden.

Was Markenbotschafter angeht, so setzen wir auf der globalen Ebene keine ein. Das gehört nicht zu unserer Unternehmenskultur. Unser Ansatz verlässt sich eher auf Inhalte, und wenn es um Persönlichkeiten geht, so beziehen sie sich konkret auf unsere Marke. So haben wir beispielsweise bei einer Kampagne für unsere Schmucklinie „Juste un Clou" mit Lu Han zusammengearbeitet, dem Gesicht der neuen chinesischen Generation, und eine Kampagne für Panthère haben wir mit dem britischen Rapper Tinie Tempah entwickelt.

2 | Alles weist nach Osten

Solche Darstellungen der Marke sind unerwartet und werden entwickelt, um die Verbraucher zu überraschen und zu erfreuen.

ERWAN RAMBOURG: Wie planen Sie voraus, wo die Chinesen künftig Produkte von Cartier kaufen werden? Und, passend dazu, wie planen Sie Ihre Preisarchitektur nach Märkten und ihre physische Ladenpräsenz in China und im Ausland, in Innenstädten und an Flughäfen?

CYRILLE VIGNERON: Wir haben unsere Preise vor ein paar Jahren harmonisiert, und was den chinesischen Luxuskonsum angeht, so ist er kein Nullsummenspiel. Man kann den chinesischen Konsumenten im Ausland mehr verkaufen und man kann ihnen auch im Inland mehr verkaufen. Die japanischen Verbraucher kauften anfänglich 20 Prozent der Luxusartikel im Inland und 80 Prozent im Ausland. Inzwischen hat sich dieses Verhältnis mehr als umgekehrt, denn fast 90 Prozent der japanischen Luxusausgaben erfolgen jetzt im heimischen Japan. Deshalb ist es nur natürlich, dass andere Länder, zu denen auch China gehört, den gleichen Trend der Lokalisierung des Konsums durchmachen. Mehr als die Hälfte unseres Umsatzes mit chinesischen Verbrauchern findet in der Heimat statt, aber Wachstum ist überall möglich. Wir haben das Ladennetzwerk, das wir heute in China brauchen, um das Wachstum mitzunehmen. Vielleicht brauchen wir in Zukunft ein bisschen größere Geschäfte, und natürlich wird auch der E-Commerce eine größere Rolle spielen. Dem japanischen Beispiel folgend wäre es nicht überraschend, wenn in fünf Jahren 75 Prozent des Geschäfts mit Chinesen auf Verkäufen im chinesischen Inland basieren würden. Die Marken haben sich bezüglich der Preise Mühe gegeben, aber auch die chinesische Regierung war maßgeblich daran beteiligt, dass Verkäufe in China stattfinden, indem sie im April 2019 die Mehrwertsteuer senkte und außerdem gegen grenzüberschreitende Käufe durchgriff.

ERWAN RAMBOURG: Die Chinesen kaufen seit Urzeiten bei einheimischen chinesischen Einzelhändlern Schmuckstücke aus Gold und Jade. Was haben Cartier und andere gehobene westliche Schmuckmarken diesbezüglich zu bieten, und sind sie für andere Gelegenheiten geeignet?

CYRILLE VIGNERON: Ich sehe das eher als Frage des Stils denn als Frage der Nationalität. Die westlichen Marken bieten eine andere Auffassung von Stil und Status, während die heimischen Marken relativ weit von der heutigen offenen Welt entfernt sind; sie sind vom Charakter her sehr lokal. Unsere Marke wird von Verbrauchern auf der ganzen Welt geschätzt und deshalb ist es beim Design stets wichtig, keine Produkte zu entwickeln, die allzu chinesisch aussehen, denn wie gesagt, die wohlhabenden Chinesen sind vor allen Dingen kosmopolitische Verbraucher.

ERWAN RAMBOURG: Wer sind für Cartier die nächsten Chinesen?

CYRILLE VIGNERON: Theoretisch, auf dem Papier, könnte Indien aufgrund seiner Größe das nächste Land werden, das beim Luxus den Ausschlag gibt, denn es dürfte zügig zur drittgrößten Volkswirtschaft der Welt werden, und man könnte schätzen, dass uns 50 bis 100 Millionen zusätzliche Erstkäufer von Luxusartikeln ins Haus stehen. Doch vorläufig sieht die Realität so aus, dass die Kaufkraft in Indien nach wie vor niedrig ist, dass die Einfuhrzölle sehr hoch sind und dass sich der heimische Schmuck bezüglich Geschmack und Gestaltung sehr unterscheidet. Pragmatisch gesehen könnte es sein, dass die nächsten Chinesen in den nächsten zehn Jahren ganz einfach weitere Chinesen sind. Die Aussichten für das Wirtschaftswachstum und die Einkommen sind immer noch sehr gut und es besteht nach wie vor ein beträchtliches Reservoir an Wachstum, das man anzapfen kann. In irgendeinem Stadium könnte der Luxuskonsum in China durchaus ein Plateau erreichen, aber noch sind wir von diesem Tag weit entfernt. Die Bevölkerung Japans entspricht derjenigen der Region Schanghai, und daraus lässt sich schließen, dass der Luxusmarkt Chinas, wenn das Pro-Kopf-BIP weiter steigt, so groß werden könnte wie der japanische Luxusmarkt ganz zu Beginn der 1980er-Jahre. Weitere zehn Jahre soliden Wachstums in China sind definitiv eine Möglichkeit.

Fazit

Sechs Jahre nach dem Erscheinen von „The Bling Dynasty" ist China für den Luxussektor hinsichtlich seines Umsatzbeitrags für alle Marken noch wichtiger geworden. Wir stehen in keiner Weise am Ende der Reise. Ich bin nach wie vor überzeugt, dass Asien den Luxussektor weiterhin kräftig stützen und dass China im kommenden Jahrzehnt der wichtigste Wachstumstreiber bleiben wird. Mit diesem Wachstum werden vier Trends verbunden sein:

1. Die Schaffung von Wohlstand wird den Konsum in der nächsten Generation chinesischer Einkäufer weiterhin antreiben. Die Anzahl der potenziellen Luxuskunden wird sich in den nächsten fünf Jahren annähernd verdoppeln.

2. Die Reisetätigkeit der Chinesen wird von Wohlstand, Vorschriften und der Infrastruktur getragen, wobei der Faktor bleibt, dass man sich seiner Käufe rühmt. Jedoch dürfte der Löwenanteil des Wachstums aus China selbst stammen und es gibt vier gute Gründe, im Inland zu kaufen: Harmonisierung der Preise, schnelle Entwicklung des Omnichannel-Kaufs, die staatliche Überwachung der Verbraucherausgaben und die zunehmende Sachkenntnis, wo man echte Luxusartikel bekommt. Auf kurze Sicht beschleunigt COVID-19 diese Repatriierung des Wachstums ins Heimatland.

3. Nachdem der chinesische Luxusmarkt jahrelang die Margen verwässert hatte, wird er nun zu einem der profitabelsten der Welt.

4. Die Übernahme des Luxus in anderen asiatischen Märkten erreicht entweder eine Obergrenze (Japan, Taiwan), erreicht ein Reifestadium (Südkorea) oder ist vorläufig noch zu schwach, um ins Gewicht zu fallen (Indien, Indonesien).

3
DIE MACHT VON JUGEND, INKLUSION UND DIVERSITÄT

*„Es ist leicht, junge Menschen zu täuschen,
weil sie so schnell Hoffnung fassen."*
– ARISTOTELES

Stellen Sie sich vor, Sie wären eine junge Angestellte in Südkorea, Sie hätten gerade Ihr Studium abgeschlossen und ständen im Begriff, den ersten Tag Ihrer ersten Vollzeitstelle anzutreten. Im Studium waren Sie erfolgreich, aber jetzt wollen Sie der Welt (Ihren Freunden, Bekannten, Eltern, Kollegen) beweisen, dass es sich lohnt, sich mit Ihnen abzugeben, und dass Sie womöglich eine Beförderung verdient haben. Wenn Sie sich ein Bild des Erfolgs vorstellen, sind Sie unweigerlich in einer besseren Position, tatsächlich erfolgreich zu sein. Wenn Sie mit einer Cartier Ballon Bleu am Handgelenk, einer Louis Vuitton Neverfull als Handtasche und mit Stöckelschuhen von Christian Louboutin im Büro erscheinen, sendet dies eine starke Botschaft an Ihre Vorgesetzten und Mitarbeiter: Sie sind bereit, Sie gehören dazu und Sie werden es weit bringen.

Dieses Bedürfnis nach Anerkennung und Integration macht Luxusartikel für alle Altersgruppen attraktiv, aber auf junge Menschen üben sie eine spezielle Anziehungskraft aus. Sie machen einen attraktiver, erhöhen die Sichtbarkeit sowie die Akzeptanz und sie erzeugen ein Gefühl der Hoffnung. Wenn man jung und die Liste der Errungenschaften kurz ist, gibt es keine bessere Möglichkeit, zu sagen „Ich habe es im Leben zu etwas gebracht", als gut auszusehen. Zum Teil läuft das auf körperliche Attraktivität hinaus – davon zeugt das massive Wachstum von Praxen für plastische Chirurgie in Seoul, die bei Südkoreanern und Touristen gleichermaßen beliebt sind –, man kann es aber auch dadurch erreichen, dass man die richtigen Marken trägt.

Ich möchte hier nicht übertrieben zynisch sein. Es geht um nichts anderes als die Natur des Menschen, die so zeitlos ist wie das Zitat von Aristoteles über die Jugend. Dabei ist wichtig, dass diese Bevölkerungsgruppe mit zunehmendem Alter in eine höhere Einkommensgruppe aufrückt und mehr Geld ausgibt. Natürlich dürfte im Laufe der Zeit auch ein Teil des Vermögens aus den Händen der Eltern dieser Generation – ob in Form von Wohnraum oder Geld – an diese Generation weitergegeben werden und den finanziellen Zuwachs verstärken. Deshalb dürften wir noch höhere Ausgaben seitens dieser Gruppe erleben. Aus der heutigen Jugend dieser Welt werden im Laufe des kommenden Jahrzehnts und darüber hinaus die Konsumenten dieser Welt werden, und ihre unterschiedlichen Geschmäcker werden maßgeblich sein.

Da ihre Wirtschaftskraft sowie ihr gesellschaftlicher und kultureller Einfluss wachsen, wird die Jugend von heute bei der Umgestaltung des Luxussektors eine große Rolle spielen. Das wird diese Generation nicht überraschen, aber es stellt einen Wandel dar, wer die hauptsächlichen Käufer in diesem Sektor sind. Als ich im Jahr 2015 in Hongkong ansässig war, erklärten mir Manager aus der Luxusbranche, in den drei vorangegangenen Jahren sei das Durchschnittsalter chinesischer Kunden ihrer Marken im Schnitt jedes Jahr um ein Jahr gesunken! Natürlich kann das nur bis zu einer gewissen Grenze so weitergehen, aber die Kluft zwischen dem Alter der Manager, die die Marken führen, und dem Alter der Endverbraucher ist dramatisch gewachsen. Und daraus ergibt sich natürlich die Notwendigkeit, die Eliten dieser Branche aufzufrischen.

Abgesehen vom Alter an sich wird auch die ethnische und kulturelle Vielfalt auffallender und einflussreicher werden. Legere Kleidung wird sich weiter ausbreiten. Die sozialen Medien werden noch mehr an Bedeutung gewinnen, während die Verbraucher von den Marken Authentizität erwarten. Und die jungen Verbraucher werden Unternehmen bevorzugen, die ihre Werte widerspiegeln – Umweltbewusstsein, ethische Produktion, Inklusion und Respektierung von People of Color sowie anderer historisch marginalisierter Bevölkerungsgruppen. Diese Werte werden die jungen Menschen eisenhart verfechten – und die Marken sind schon wiederholt über modische Fehltritte gestolpert.

PROGNOSE NR. 5

Die Gründer von Kering und LVMH haben einigen ihrer Kinder Führungsverantwortung übertragen. Da der durchschnittliche Luxuskonsument jung ist, sollten auch die Manager jung sein. Nicht alle jungen Manager haben das Format, CEO einer Luxusmarke zu werden wie der 1992 geborene Alexandre Arnault, der Erbe von LVMH-Chef Bernard Arnault, der seit 2017, als er 25 Jahre alt war, Rimowa leitet – aber eine neue Generation steht in den Startlöchern. Es wäre nicht überraschend, wenn Ende der 2020er-Jahre die Marken-CEOs eher zwischen 30 und 50 Jahre alt wären, nicht wie heute älter als 50 Jahre.

Die Demografie der Jugend und der Luxusmarken

Die heutigen „Digital Natives", die auch als Millennials bezeichnet werden, konsumieren anders. Da sie in einer Zeit der rasanten Entwicklung der Informationstechnologie aufgewachsen sind, übernehmen sie mit größerer Wahrscheinlichkeit disruptive Technologien. Im Jahr 2016 stellten die Digital Natives neun Prozent der

Weltbevölkerung und ihr Anteil soll bis zum Jahr 2030 auf 30 Prozent steigen.[1]

In Südkorea, China, Japan und den meisten westlichen Ländern altert die Bevölkerung. In den Vereinigten Staaten und China klettert das mediane Alter auf 38 Jahre, in Südkorea auf 42, in Deutschland auf 46 und in Japan, dem ältesten Land der Welt, auf 48 Jahre. Alle diese Länder haben sehr niedrige Geburtenraten und in Südkorea fällt sie sogar unter 1,0 Kinder pro Frau. In Japan beträgt sie 1,3, in Deutschland 1,6 und in den Vereinigten Staaten 1,8 – überall weniger als die Rate von 2,1, die in Industrieländern notwendig sein soll, um die Bevölkerung stabil zu halten. Dies lässt vermuten, dass sogar in den hochentwickelten Industrieländern die Hoffnung, von der Aristoteles spricht, gewissermaßen geschwunden ist.

In den beiden größten Verbraucherzentren der Welt, also in China und den Vereinigten Staaten, beträgt der Modalwert des Alters (also dasjenige Alter, in dem die größte Zahl der Einwohner ist) 31 Jahre – wobei auch die benachbarten Altersgruppen stark vertreten sind – respektive 26 Jahre. Dabei ist von Bedeutung, dass sich diese Zahl dramatisch ändert, wenn man sie nach Hautfarbe und ethnischer Zugehörigkeit aufschlüsselt: Bei den Hispanics in den Vereinigten Staaten ist das häufigste Alter elf Jahre, bei den Farbigen 27, bei den Asiaten 29 und bei den Weißen 58 Jahre.[2] In den meisten Schwellenländern ist das modale Alter niedriger als in den Industrieländern, in Indien beispielsweise nur zwölf Jahre, wobei die Hälfte der Bevölkerung 27 Jahre alt oder jünger ist. Die nun folgenden Diagramme stellen den Modalwert des Lebensalters in den Vereinigten Staaten und China grafisch dar.

3 | Die Macht von Jugend, Inklusion und Diversität

Modalwert des Alters in den Vereinigten Staaten und in China

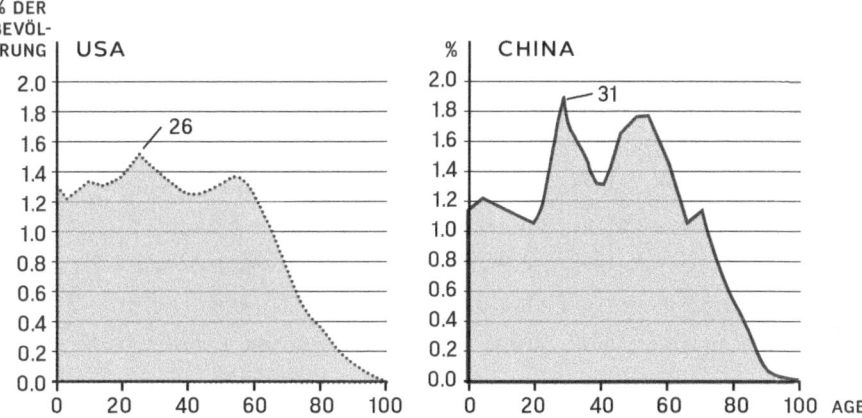

Im Jahr 2019 betrug der Modus des Alters – das Alter, das in der Bevölkerung am häufigsten vertreten ist – in den Vereinigten Staaten 26 Jahre und in China 31 Jahre.

Quelle: „World Population Prospects 2019", United Nations, Department of Economic and Social Affairs, Population Dynamics, n.d., https://population.un.org/wpp/

In China führt die schiere Größe der Bevölkerung dazu, dass selbst bei einer Verlangsamung des Wachstums die Bevölkerung in absoluten Zahlen enorm wachsen wird. In Ländern wie Deutschland und den Vereinigten Staaten wird der Druck, den die niedrigen Geburtenraten auf den Arbeitsmarkt ausüben, durch Zuwanderung gemildert. In Deutschland, dem zweitbeliebtesten Einwanderungsziel der Welt (nach den Vereinigten Staaten) stellen die Einwanderer inzwischen mehr als 15 Prozent der Bevölkerung. Es kann sein, dass die Zuwanderung in zweiter Generation die Nachfrage nach Luxus unterstützt. In den Vereinigten Staaten wird die Zuwanderung weiterhin zum demografischen Wandel beitragen, im Zuge dessen die hispanischen und asiatischen Bevölkerungsanteile wachsen.[3]

Teil 1 | Die Käufer

Und wie wird sich all das auf den Luxussektor auswirken? Nun, zum einen wird der Luxuskonsument auf der ganzen Welt mit noch größerer Wahrscheinlichkeit Asiate oder Hispanic sein.

Wie in „The Bling Dynasty" ausführlich besprochen, wird der Luxusmarkt in den Vereinigten Staaten in hohem Maße von der Kaufneigung hispanischer und asiatischer Amerikaner der zweiten Generation vorangetrieben. Zahlreiche Artikel und Erhebungen von Werbeagenturen und Marketingblogs erklären detailliert, wie man die Zielgruppe der wohlhabenden – und einflussreichen – Latino-Community in den Vereinigten Staaten anspricht. Diese Verbraucher sind gehobene, junge, bikulturelle und enthusiastische Käufer, die im Laufe ihres Lebens signifikant mehr Geld für Premiumwaren und Premiumerlebnisse ausgeben als der durchschnittliche nichthispanische weiße Amerikaner. Im Jahr 2018 belief sich die Kaufkraft der Hispanics in den Vereinigten Staaten auf 1,5 Billionen Dollar – mehr als das BIP Australiens.[4]

Louis Vuitton begriff das schon frühzeitig. Das Unternehmen nahm im Jahr 2003 Jennifer Lopez als Gesicht einer landesweiten Werbekampagne unter Vertrag. Die damals 34-Jährige war sowohl in der Musik- als auch in der Filmindustrie erfolgreich und war das Gesicht der neuen Generation der künftigen US-Verbraucher. Anfang 2020 stand J.Lo im Mittelpunkt einer Versace-Kampagne zum 20. Jahrestag der Grammy-Verleihung 2000, bei der sie ein grünes Versace-Kleid getragen hatte, das dermaßen große Aufmerksamkeit auf sich zog, dass es Google dazu anregte, eine Abbildung davon in seine Suchmaschine aufzunehmen.[5] Dieser Star und mit ihm auch der amerikanisch-hispanische Luxusmarkt behält seine wesentliche Bedeutung.

Der zunehmend vielfältige Charakter des Luxuskonsums ist nicht nur in den Vereinigten Staaten ein Thema, sondern auch eine Angelegenheit der globalen Integration. In Gesprächen mit Luxusmanagern, die für den französischen und deutschen Markt zuständig sind, merke ich schnell, wie wichtig die zweite nordafrikanischstämmige Generation in Frankreich und die zweite türkischstämmige Generation in Deutschland sind. Auch hier leuchtet wieder ein, dass

3 | Die Macht von Jugend, Inklusion und Diversität

Konsumenten, die einer Bevölkerungsgruppe angehören, die in ihrem Land eine ethnische oder kulturelle Minderheit darstellt, nach Wegen suchen, sich in die vorherrschende Gesellschaft einzufügen und sich auch über die Grenzen des Landes hinaus mit einem globalen, kosmopolitischen Lebensstil verbunden zu fühlen.

Wenn Luxusartikel zum Zweck der Zugehörigkeit eingesetzt werden (was vor allem in jungen Jahren üblich ist), neigen die Verbraucher dazu, unabhängig von der Kategorie schnell zum oberen Ende des Spektrums zu springen, also zu begehrteren Marken, weil sie dank dieser von ihresgleichen eine sofortige Bestätigung erhalten. So bekam ich beispielsweise mehrfach von chinesischen Konsumenten zu hören, die absolute französische Luxusmarke Hermès sei „ihr Geld wert". Da diese Marke nicht gerade billig ist, gehe ich davon aus, dass damit gemeint ist, obwohl man für eine Hermès-Handtasche wesentlich mehr Geld hinlegen muss als für Alternativen, sei das, was sie einem in Form von sofortiger Anerkennung verschafft, durchaus das Geld wert.

ABSOLUTER LUXUS

Dieser Begriff, den die Beratungsfirma Bain & Company geprägt hat, bezeichnet die Marken an der Spitze des Sektors. Marken in dieser Position sind unter anderem Hermès bei Handtaschen und Patek Philippe bei Armbanduhren.

Die Ausgabegewohnheiten junger und farbiger Menschen stützen die Luxusindustrie nicht nur hinsichtlich des Wertes ihrer Käufe, sondern auch durch ihren Einfluss auf andere Konsumenten. Warum wollen ältere und weißere Verbraucher ihnen nacheifern? Nun, auch das ist verhältnismäßig klar. Jugend wird mit Positivität und Frische assoziiert und ältere Erwachsene möchten sich gern für immer noch jung halten. Eine der erfolgreichsten französischen Prêt-à-porter-Marken – Comptoir des Cotonniers, im Jahr 2005 von Fast

Retailing, der japanischen Muttergesellschaft von Uniqlo, aufgekauft – führte mehr als 20 Jahre lang eine sehr authentische Mutter-Tochter-Werbekampagne. Dahinter stand natürlich nicht der Gedanke, dass die Tochter die gleichen Kleider kaufen wollen würde wie ihre Mutter. Die Botschaft besagte ausdrücklich, dass die Geschäfte für beide etwas zu bieten haben – und dadurch implizit, dass die Mutter jugendlich genug sei, um im selben Laden einzukaufen wie ihre Tochter. Ich glaube tatsächlich, dass eine solche Kampagne heutzutage Gefahr laufen würde, dass Mütter die gleichen Sachen kaufen wollen würden wie ihre Töchter, um das Gefühl zu haben, immer noch jung zu sein, sodass man in den Geschäften keine so breite Produktpalette mehr anzubieten bräuchte.

In vielen Ländern gelten ethnische und kulturelle Minderheiten häufig als Early Adopters angesagter Trends und sie gehören zu den stärksten Influencern. Einer der größten Aktivposten der Luxusindustrie war in den letzten Jahren zweifellos der US-Rapper Kanye West. Er ist möglicherweise der erste Mann, der Luxusprodukte cool machte und gleichzeitig von der Luxusbranche mit offenen Armen empfangen wurde. Zwar führten Rapper bereits in den 1990er-Jahren Luxusmarken in ihre Texte und in ihre Garderobe ein, aber der Luxussektor war von diesem demografischen Wandel nicht unbedingt angetan. Heute ist das völlig anders. Kanye war am Design mehrerer Yeezy-Schuhe von Adidas beteiligt, die mehrere Tausend Dollar kosten. Seine Zusammenarbeit mit der Marke begann 2016 und läuft nach wie vor gut. Virgil Abloh, Designer von Herrenbekleidung bei Louis Vuitton und ein Freund von West, verstärkt diese Bewegung, indem er sich Anregungen aus der Musikszene, der Rap-Kultur und von der Straße holt. Louis Vuitton verkündete Anfang 2020 eine langfristige Partnerschaft mit der NBA. Vor zehn Jahren hätte das noch für einiges Stirnrunzeln gesorgt, aber heute ist das ganz natürlich.

Der Einfluss solcher Luxuskonsumenten wird in den kommenden zehn Jahren zu mehreren sowohl ästhetischen als auch strukturellen Veränderungen in der Industrie beitragen. Für die Marken besteht die Gefahr, sich dem nicht schnell genug anzupassen und dadurch

3 | Die Macht von Jugend, Inklusion und Diversität

peinliche oder beleidigende Fehlgriffe zu tun – einige Beispiele dafür werden uns gegen Ende des Kapitels begegnen.

Die „Chill"-Haltung

Ich werde oft gefragt, ob die Tendenz zu legerer Kleidung nur eine Modeerscheinung sei. Ich stelle fest, dass Sportartikelanbieter wie Nike, Adidas und Puma immer beliebter werden. Und dass jetzt mehrere Luxusmarken auf ihr Terrain vorstoßen: Gucci, Balenciaga, Prada und Moncler haben sich bei schicken Sneakers einen Ruf erarbeitet, Tory Burch und Celine haben Sportbekleidungs-Sortimente entwickelt. Die deutsche Marke Hugo Boss war früher für formelle Garderobe bekannt, Hemden, Anzüge und schwarze Schuhe. Heute werden ihr Sortiment und ihre Umsätze vorwiegend von legerer Kleidung dominiert. Ich sehe das so, dass Modeerscheinungen keine Jahrzehnte überdauern. Es ist eine Tatsache, dass sich die Menschen lockerer kleiden, und ich glaube nicht, dass dies etwas mit einem bestimmten kurzfristigen Trend zu tun hat.

> **CASUALIZATION**
>
> Dieser Begriff meint hier [seine übliche Bedeutung ist die Umwandlung von festen Beschäftigungsverhältnissen in zeitlich begrenzte, Anmerkung des Übersetzers] die Entwicklung der Luxusgüterbranche in Richtung von Produkten, die entspannter getragen werden. Dieser Trend führt dazu, dass formelle Anzüge und Krawatten keine starken Wachstumsmärkte mehr sind, außerdem zum Aufkommen sportlicher Schuhe (Turnschuhe, in den USA „Sneakers", in Großbritannien „Trainers") und dazu, dass „Athleisure" bei manchen bestehenden Luxusmarken zu einer wichtigen Kategorie geworden ist. Diese Entwicklung wird offenkundig vom Aufstieg der jüngeren Verbraucher vorangetrieben. Manche Medien bezeichnen dieses Phänomen auch als „Sneakerization".

Ich halte das eher für einen Generationenwechsel. Ich begegne Investoren am Anfang ihrer Karriere, die um die 30 Jahre alt sind und auf der Arbeit Trainingsanzug und Sneakers tragen. Natürlich handelt es sich bei den Sneakers nicht um irgendwelche, sondern um die neueste Limited Edition von Nike oder um die hochschaftigen Dior B23 für mehr als 1.000 Dollar, aber es sind Sportschuhe! Sportartikel gelten als bequem und cool, und sobald männliche Verbraucher einmal aufgehört haben, Krawatten zu tragen, und irgendwann auch keine Anzüge mehr anziehen, dann kehren sie meiner Ansicht nach wahrscheinlich nicht mehr dazu zurück. Die jüngere Generation will bei der Arbeit flexibler sein. Die Start-up-Kultur ist zwar ehrgeizig, aber auch locker, und die Verbraucher wollen sich selbst nicht allzu ernst nehmen. Dieser Wandel wird zusätzlich durch die Gewohnheiten unterstützt, die Verbraucher entwickelten, als sie im Jahr 2020 wegen der Coronakrise von zu Hause aus arbeiteten. Der Chill-Faktor dürfte uns also erhalten bleiben.

Die Selfie-Generation

Die jüngere Verbrauchergeneration besteht aus Digital Natives und sie wird weiterhin so ziemlich alles verändern. Die Smartphones sind auf der ganzen Welt allgegenwärtig, wobei es rund eine Milliarde iPhone-Nutzer gibt und viele andere Verbraucher erschwinglichere Marken nutzen, vor allem das von mir sogenannte „China-Quartett" aus Huawei, Xiaomi, Oppo und Vivo. Das hat so manche unerwarteten Folgen, unter anderem angepasste Produkte und in China Gehsteige für SMS schreibende Fußgänger. Haben Sie sich schon einmal gefragt, weshalb die Rucksäcke von Tumi bis Louis Vuitton der letzte Schrei sind? Genau: weil man damit beide Hände frei hat, um das Handy zu bedienen, falls man zum Volk der Kopfhänger gehört. Die in koreanischem Besitz befindliche Marke MCM hat diesen Trend sehr schnell aufgegriffen und sie bezieht den größten Teil ihres Umsatzes aus farbenfrohen, mit Nieten besetzten Rucksäcken, die das Markenlogo tragen.

3 | Die Macht von Jugend, Inklusion und Diversität

Ich hatte schon viele Diskussionen mit Investoren, die überzeugt waren, die jüngere Generation werde sich vom Luxuskonsum abwenden, weil sie andere Interessen habe und ihr Geld beispielsweise für Reisen, Unterhaltung oder allgemein für Erlebnisse ausgebe. Aber das Aufkommen der von manchen Markenberatern sogenannten Selfie-Generation, also junger Menschen auf der ganzen Welt, die sich größtenteils mithilfe von Fotos und Videos von sich selbst mit ihren Freunden in Verbindung setzen, ist ein grundlegender Aktivposten für die Luxusindustrie. Bei dieser ständigen visuellen Darstellung ist es von vorrangiger Bedeutung, wie man aussieht und was man trägt. Die Vorstellung des iPhone 11 im September 2019 erschien in den Augen eines Verbrauchers Mitte 40 (das bin ich!) als verhältnismäßig langweilig, weil das Produkt kaum nützliche Zusatzfunktionen hatte. Aber dass das iPhone 11 Pro über drei Kameras verfügt (Weitwinkel, Ultraweitwinkel und Telephoto) und die Erfindung des Zeitlupe-Selfies beinhaltet (Apple versuchte das anfangs mit dem schrecklichen Wort „Slofie" für „slow-motion selfie" zu vermarkten), motivierte anscheinend viele Verbraucher, ihr bisheriges Apple-Produkt gegen das neue einzutauschen. Die herausgehobene Rolle der Kamera spiegelt die Vorherrschaft der Bilder wider und dies trägt dazu bei, dass sich die Marken im Zentrum des Diskurses halten. Dass die Menschen endlose Stunden vor Displays verbringen, hatte natürlich auch Auswirkungen auf die Anpassung des Online-Contents der Marke, und sie musste – wie wir weiter hinten im Buch noch sehen werden – lernen, mit verschiedenen E-Commerce-Ökosystemen und verschiedenen E-Commerce-Apps zu arbeiten. Das bedeutet auch, da die Verbraucher so problemlos Zugang zu Informationen haben und einer unglaublich großen Zahl von Marken ausgesetzt sind, dass die Marken schlau sein und Möglichkeiten finden müssen, die Aufmerksamkeit der Verbraucher zu wecken, ohne dass diese sich dadurch belästigt fühlen.

Marken müssen authentisch sein

Durch ihren ständigen Kontakt mit sozialen Medien ist die Jugend geschickter und umsichtiger, was die Massenkommunikation angeht. Gelegentlich spielen heftige Auseinandersetzungen in sozialen Medien eine große Rolle dabei, dass sich junge, zuvor gutgläubige Verbraucher die Markenbotschaften etwas genauer anschauen. Ein solcher Skandal war der Betrug mit dem Fyre Festival, das im April und Mai 2017 auf den Bahamas stattfinden sollte. Die Story des Festivals ist derart unglaublich, dass im Jahr 2019 zwei Dokumentationen darüber gedreht wurden. In der Netflix-Doku „Fyre: The Greatest Party That Never Happened" wird beschrieben, wie der Gründer des Festivals (Billy McFarland) und der Rapper und Mitveranstalter Ja Rule Influencern wie Kendall Jenner, Bella Hadid, Emily Ratajkowski und anderen Hunderttausende Dollar dafür bezahlten, Werbung für das Festival zu machen, indem sie Fotos von sich selbst an Stränden und auf Partys posteten. Am Ende kam kein Star zu der Veranstaltung, es wurde keine Musik gespielt, Tausende von Menschen waren auf einer Insel gestrandet und schliefen in provisorischen Zelten anstatt in den schicken Unterkünften, für die sie bezahlt hatten. McFarland bekannte sich des Betrugs schuldig und wurde Ende 2018 zu einer Geldstrafe von 26 Millionen Dollar sowie einer Haftstrafe von sechs Jahren verurteilt.

Debakel wie dieses sind einer der Gründe, weshalb größere Markeninfluencer in den sozialen Medien zwangsläufig ihre Relevanz verlieren und allmählich durch andere ersetzt werden, die zwar weniger Follower haben, dafür aber eine echtere Botschaft zu vermitteln haben. Dieses unglückselige Projekt führte dazu, dass sich einige Influencer bei ihren Followern entschuldigten und dass Instagram inzwischen Regeln eingeführt hat, gemäß denen klargestellt werden muss, wenn Postings von Marken bezahlt wurden. In den Vereinigten Staaten ermahnt die Federal Trade Commission die Influencer und die Marken sehr konsequent, ihre Beziehungen eindeutig offenzulegen, und dies ist ein großer Schritt in Richtung Verbraucherschutz. Die jüngere Generation erwartet radikale Transparenz und es ist interessant zu sehen, wie schnell ein Instagram-Account wie Diet Prada aufsteigt (1,8 Millionen Follower), der Nachahmer, unredliche Produkte und von anderen Marken über das Maß hinaus, dass Nachahmung die höchste Form des Lobes sei, abgekupferte Werbekampagnen aufdeckt. Aus alledem ergibt sich die Wahrnehmung, dass Mikro-Influencer den Marken mehr Wirkung bringen, weil sie sehr engagiert, vertrauenswürdig und zielgerichtet sind und weil die geringere Zahl ihrer Follower vermuten lässt, dass ihre Beziehung echter ist.

Jenseits der Logos: Durch Werte gewinnen

Claude Lévi-Strauss hat einmal geschrieben: „Die Welt hat ohne den Menschen begonnen und sie wird auch ohne ihn enden."[6] Ohne zu deprimierend sein zu wollen, sagen wir einfach, dass es viele gesellschaftliche Themen wie die Kontrolle des Waffenbesitzes in den Vereinigten Staaten, das Umweltbewusstsein oder die globale soziale Wohlfahrt gibt, die als politische Themen behandelt werden, während ich sie für eine grundlegende Spaltung entlang der Kluft zwischen den Generationen halte. Aus ihrem Engagement für ESG-Themen (Environmental, Social and Governance = Umwelt, Soziales und Unternehmensführung) geht eindeutig hervor, dass die Millennials und die Generation Z progressiver sind als die Älteren. Sie sind von Grund auf eine Generation, die eine Zukunft verteidigt, von der sie glaubt, dass ihre Eltern oder die Politiker es nicht geschafft haben, sie zu verteidigen.

Diese Jugendbewegung manifestiert sich auf viele Arten und Weisen, über welche die Medien ausgiebig berichten und die sehr auffällig sind: die großen von Jugendlichen organisierten Demonstrationen, wie beispielsweise der „March For Our Lives" im März 2018 gegen Waffengewalt in den Vereinigten Staaten; die diversen Reden der schwedischen Teenagerin und Umweltaktivistin Greta Thunberg, die von *Time* im Jahr 2019 zur „Person of the Year" gekürt wurde, vor Parlamenten, vor dem Weltwirtschaftsforum in Davos, vor den Vereinten Nationen oder anderswo; die US-Kongressabgeordnete Alexandria Ocasio-Cortez, eine sehr beliebte Politikerin und Aktivistin mit mehr als vier Millionen Instagram-Followern. Sie wird oft AOC genannt und ist die jüngste Frau, die je im US-Kongress saß. Außerdem ist sie Miturheberin und anhaltende Verfechterin des Green New Deal, eines 10-Jahres-Plans zur Bekämpfung des Klimawandels und der wirtschaftlichen Ungleichheit durch Beseitigung von Treibhausgasen aus Stromerzeugung, Verkehr, Produktion und Landwirtschaft sowie einen Umstieg auf 100 Prozent erneuerbare Energien. Der Entwurf wurde schnell von zahlreichen Organisationen und Politikern unterstützt, darunter fast der gesamte demokratische Nominierungsparteitag 2020. Darin zeigt sich der breit angelegte Wille, den Ultrareichen zum gesellschaftlichen Wohl Steuern aufzuerlegen.

Diese Themen sind bereits fest in der Mainstream-Kultur verwurzelt. So gibt es beispielsweise in Schweden inzwischen das Wort „flygskam", das als „Flugscham" auch Eingang in die deutsche Sprache gefunden hat und das peinliche Gefühl oder Schamgefühl bezeichnet, das man wegen der Umweltauswirkungen hat, wenn man fliegt. Es gibt in den sozialen Medien sogar das trendige Hashtag #stayontheground, unter dem die Vorteile des Bahnfahrens gepriesen werden. Ich weiß nicht, ob sich in der Welt nach COVID-19 Menschen, die früher jobbedingt mehr als die Hälfte des Jahres rund um die Welt flogen, immer noch so lautstark äußern werden; hoffentlich werden die meisten – einschließlich meiner Person – maßvoller und umsichtiger sein und ihre Flüge einschränken. Collins Dictionary wählte 2018 „single-use" zum Wort des Jahres, also „Einweg-" oder „für den einmaligen Gebrauch", bezogen auf Kunststoffprodukte, die nach einmaligem Gebrauch weggeworfen werden; im Jahr 2019 wurde es „climate strike", also „Klimastreik", die von Greta Thunberg angeregten und inspirierten Proteste, die Maßnahmen gegen den Klimawandel fordern. In den Vereinigten Staaten führt der Anteil der aufgrund von Fett, Salz und Zucker Übergewichtigen zu Kampagnen für gesündere Essgewohnheiten und zu Initiativen

3 | Die Macht von Jugend, Inklusion und Diversität

wie dem 2003 aufgelegten „Meatless Monday". *The Economist* beging 2019 das Jahr des Veganers. Diese Themen dominieren derzeit eindeutig den Äther – und werden es wohl auch morgen tun.

Die Werte und Ideale dieser jüngeren Generation drehen sich jedoch nicht nur um den öffentlichen Konsum. Aus Umfragen geht hervor, dass sich ihre Angehörigen mehr um sich selbst, um ihre Gesundheit und um Umweltfragen kümmern und dass sich dies in ihren persönlichen Entscheidungen und Konsumentscheidungen niederschlägt. Sie rauchen weniger, trinken weniger Alkohol, treiben mehr Sport und sind mit höherer Wahrscheinlichkeit Vegetarier oder Veganer als andere Altersgruppen, und sie ziehen Elektrofahrzeuge den üblichen Autos vor. Sie sind bereit, mehr für Produkte auszugeben, die als nachhaltig beworben werden, ob nun als biologisch, antibiotikafrei, fair gehandelt oder „cruelty free" [etwa „misshandlungsfrei" oder „ohne Grausamkeit", was sich unter anderem auf Tierschutz und/oder auf Arbeitsbedingungen beziehen kann; Anmerkung des Übersetzers]. Laut McKinsey würden 66 Prozent der Millennials dieser Welt einen Aufschlag für nachhaltige Modemarken bezahlen und 90 Prozent der Generation Z sind überzeugt, dass Bekleidungsmarken Verantwortung dafür tragen, sich Umweltfragen und sozialen Fragen zu widmen.[7]

Und was bedeutet das nun für die Marken? Dafür muss man unbedingt verstehen, dass diese Ansichten auch alle anderen Verbraucher beeinflussen und dass die Folgen dieses Einflusses enorm groß sind. Auf kurze Sicht mögen die heutigen jüngeren Bevölkerungsgruppen ein kleiner Teil der Bevölkerung sein, der sich den Wechsel zu mehr auf ESG ausgerichteten Produkten nicht leisten kann. Zwar haben viele Verbraucher die Absicht, sich nachhaltigere Konsumgewohnheiten anzueignen, aber die entsprechenden Produkte kosten (derzeit noch) mehr, und, wie manche es ausdrücken, leider „verzehrt der Preis die Nachhaltigkeit zum Frühstück". Aber wenn das Interesse an nachhaltigen Produkten wächst, sollten auch die Preise sinken. So geschieht es bei der Lebensmittelkette Whole Foods in den Vereinigten Staaten, seit sie im Jahr 2017 zu einem Teil des

Amazon-Konzerns wurde. Auch sind die amerikanischen Luxuskonsumenten prinzipiell wohlhabender als der durchschnittliche Verbraucher, und im nächsten Jahrzehnt werden die Millennials reicher werden und einen größeren Anteil der konsumierenden Öffentlichkeit stellen. Während sie ein Vermögen erwerben und ihre Ansichten noch mehr in den Mainstream einfließen, wird wohl ein noch viel größerer Teil des Luxusmarkts bereit sein, mehr für Artikel auszugeben, die als umweltfreundlich gelten. Die Erzeuger müssen mehr auf ihre Produktionsprozesse achten und die Versorgungsketten und Einzelhändler müssen sich an den veränderten Geschmack ihrer Kunden anpassen.

Eine der sichtbarsten und am meisten besprochenen Schädigungen der Umwelt ist die Verbreitung von Kunststoffen. Die Datenlage ist geradezu erschreckend: Plastikflaschen sind erst nach 450 Jahren zersetzt. Zehn Prozent aller Abfälle sind Plastik. Das Gewicht der jährlich produzierten Kunststoffe entspricht ungefähr dem gesamten Gewicht der Menschheit. Die Kunststoffproduktion verbraucht so viel Erdöl wie der weltweite Luftverkehr. Und auch eine der verbreitetsten Prognosen ist nach wie vor schockierend: Im Jahr 2050 wird es in den Meeren dem Gewicht nach mehr Plastik als Fische geben.

In der letzten Folge der BBC-Dokumentation „Blue Planet II" wurde diese düstere Sachlage durch Aufnahmen von Albatrossen illustriert, die ihre Küken mit Plastik füttern. Ein Jahr nach ihrer Ausstrahlung ergab eine Umfrage, dass 88 Prozent der Menschen, die sie gesehen hatten, ihren Lebensstil dahingehend geändert hatten, weniger Kunststoffabfälle zu produzieren. In der Sendung hieß es: „Eine neue Ära des Umweltbewusstseins fasst Fuß und die Einstellung gegenüber Einweg-Plastiktüten, Kunststoffstrohhalmen und Kunststoffverpackungen wird nie mehr so sein wie früher."[8] Die Abschaffung von Kunststoff ist gewissermaßen selbst ein Luxus, denn Kunststoff hält in vielen Industrien die Kosten niedrig. So erhöht beispielsweise die Plastikverpackung einer Gurke im Lebensmittelladen die Lebensdauer des Gemüses auf das Viereinhalbfache, von drei Tagen auf 14 Tage. Ihre Abschaffung setzt die Lieferkette unter

Druck und kann zu mehr Lebensmittelabfällen führen. In den Augen vieler Menschen lohnt sich dieser Tausch: Laut den Vereinten Nationen gab es im Jahr 2018 in mindestens 34 Ländern, zu denen Schwellen- und Industrieländer gehörten, in irgendeiner Form Beschränkungen von Plastiktüten. Das erste Land, das eine Steuer auf Plastiktüten einführte, war 1994 Dänemark. Seither geht die EU mit Maßnahmen zur Reduzierung von Plastiktüten voran und hofft, dass es bald in allen europäischen Ländern eine Form von Verbot von oder Gebühr auf Plastiktüten geben wird.

Dieser „Seerutsch" hat viele führende Mode- und Luxusfirmen veranlasst, Initiativen zur Reduzierung der Verwendung von Kunststoffen anzukündigen. L'Oréal, ein führendes Unternehmen der sehr umweltschädlichen Kosmetikindustrie, hat Schritte unternommen, damit alle vom Unternehmen verwendeten Verpackungen bis zum Jahr 2025 wiederaufladbar, wiederauffüllbar, wiederverwertbar oder kompostierbar sein werden. Adidas hat sich mit der Umweltorganisation Parley for the Oceans zusammengetan und bereits im Jahr 2017 über eine Million Paar Schuhe aus sogenanntem „Ocean Plastic" [das nicht, wie der Name suggeriert, aus den Ozeanen stammt, sondern bestenfalls von Stränden, Anmerkung des Übersetzers] verkauft. Die Nylon-Kollektion von Prada wurde auf die Verwendung von 100 Prozent recycelten, aus dem Meer gefischten Kunststoffabfällen umgestellt, und bis 2021 soll die gesamte Nylon-Kollektion der Mailänder Luxusmarke umgestellt sein. Die Reisegepäckhersteller Samsonite und Tumi haben Kollektionen aus Ocean Plastic und anderen wiederverwertbaren Materialien entwickelt. Zwar werden Ocean Plastic und wiederverwertbare Materialien vorläufig nur in bestimmten Paletten oder Kollektionen eingesetzt, aber man könnte sich dafür einsetzen, dass einige Marken solche Initiativen bei ihrem gesamten Produktportfolio umsetzen. Die jüngere Generation würde das zu schätzen wissen.

Der „OK Boomer"-Moment des Luxus

In einem Sektor, dessen Konsumenten neue Werte leben, machen Unternehmen die alten Fehler. Die jüngeren, facettenreicheren Verbraucher verlangen andere Werbestrategien. Botschaften, die früher als originell galten, werden zunehmend als beleidigend gesehen. Dadurch ist eine Landschaft entstanden, durch die sich die Marken nicht sehr effektiv hindurchmanövrieren. Infolgedessen haben in letzter Zeit viele Skandale die Luxusindustrie heimgesucht.

Dolce & Gabbana

D&G ist das Paradebeispiel dafür, wie man sich nicht an die jungen chinesischen Verbraucher wenden sollte. Im November 2018 lancierte die schicke italienische Prêt-à-porter-Marke drei kurze Videos als Werbung für seine bevorstehende Modenschau in Schanghai. In jedem Video kam eine asiatische Frau vor, die angestrengt versuchte, italienisches Essen mit Stäbchen zu essen, während ein Sprecher sie spöttisch anfeuerte. Sofort wurde Empörung laut, denn die Anzeigen wurden so empfunden, dass sie Stereotype bedienten und eklatant herablassend waren. Eine staatliche Zeitung schrieb, die Marke greife die Würde der Chinesen an. Und dann wurde am Tag vor der Modenschau der Gründungspartner Stefano Gabbana dabei ertappt, dass er unangemessene Instagram-Nachrichten über China und die Chinesen versandte. Er behauptete, sein Instagram-Account sei gehackt worden. Die Boykottaufrufe gegen die Marke mehrten sich, für die Schau engagierte chinesische Models sagten ab und die Modenschau fand nicht statt. Chinesische Verbraucher brachten ihre Ware zurück in die Geschäfte. Die Online-Giganten Alibaba und JD.com verkauften die Marke nicht mehr, das Hongkonger Einzelhandelsunternehmen Lane Crawford ebenfalls nicht mehr. Es war zu sehen, dass ehemalige Fans ihre Artikel verbrannten oder in den Müll warfen. Schaufenster wurden mit „Ich war's nicht"-Schildern versehen, die Gabbanas Reaktion auf die Ereignisse verhöhnten. Die Marke D&G, die für gewagte Designs und für politische Unkorrektheit bekannt war, war bei den falschen Verbrauchern zu weit gegangen: bei den jungen Chinesen, die das Wachstum der Branche beherrschen. Heute, zwei Jahre nach dem Ereignis, hat die Marke einige ihrer Flagship-Stores in China geschlossen und eine signifikant schlechtere Umsatzentwicklung verzeichnet als ihre Konkurrenz.

Der D&G-Skandal war zwar der extremste und offensichtlichste Fall unsensibler Maßnahmen von Marken, aber es gibt eine Fülle weiterer Beispiele für Kampagnen oder Produkte, die die Gemüter zunehmend bewusster Konsumenten erhitzt haben. Das gilt auch für einige der größeren, erfolgreicheren Marken des Luxussektors, was zeigt, dass niemand gegen Fehler gefeit ist.

Christian Dior
Ebenfalls im November 2018 startete die im Besitz von LVMH befindliche Couture-Ikone Christian Dior eine Werbekampagne für ihre Cruise-Kollektion 2019, mit der die mexikanische Kultur und insbesondere der Einfluss der „escaramuzas", weiblicher Reitwettbewerbe in Mexiko, zelebriert werden sollte. Als Gesicht der Kampagne wählte das Unternehmen Jennifer Lawrence aus, eine weiße Schauspielerin ohne mexikanische Wurzeln. Außerdem stellten wütende Nutzer sozialer Medien fest, dass die Kampagne nicht einmal in Mexiko gedreht worden war, sondern in Kalifornien. Dior wurde „kulturelle Aneignung" vorgeworfen. Dieser Begriff wird seit den 1980er-Jahren im angelsächsischen Raum zunehmend in der negativen Bedeutung angewendet, dass herrschende Gruppen kulturelle Elemente historisch unterdrückter Kulturen übernehmen.

Diese Form der kulturellen Aneignung ist vor allem bei jüngeren Verbrauchern ein umstrittenes Thema. Die prominente amerikanische Geschäftsfrau Kim Kardashian West lancierte im Juni 2019 eine Shapewear-Marke namens „Kimono". Sie hat keinen japanischen Hintergrund. Sofort bekam sie Gegenwind von ihren vielen Twitter-Fans – mehr als 60 Millionen – und auch vom Bürgermeister von Kyoto, der sich sehr bemühte, die „Kimono-Kultur" von der UNESCO in die Liste des immateriellen Kulturerbes aufnehmen zu lassen. Im August 2019 wurde Kims Marke umbenannt.

Prada

Die im Dezember 2018 aufgelegte Pradamalia-Reihe beinhaltete Figurinen für 550 Euro, die einem Golliwog ähnlich sahen, einer aus dem 19. Jahrhundert stammenden Karikatur schwarzer Menschen. Diese Figurinen in Affengestalt mit übergroßen roten Lippen wurden weithin als rassistisch betrachtet und riefen in den sozialen Medien Empörung hervor. Die Marke entschuldigte sich und nahm sie aus dem Sortiment, dementierte jedoch, dass sie damit auf Blackface Bezug genommen habe, die erstmals um 1830 verwendete Schminkmaskerade, mit der Schwarze karikiert wurden und die heute als rassistisch gilt. Im Februar 2020 kündigte das Top-Management an, es werde im Rahmen der Einigung mit der New Yorker Menschenrechtskommission an Sensibilitätsschulungen teilnehmen und müsse innerhalb von 120 Tagen einen Diversitäts- und Inklusionsbeauftragten ernennen. Schnelle Übernahme von Verantwortung seitens eines Unternehmens!

Gucci

Im Februar 2019 – in den Vereinigten Staaten der „Black History Month" – machte ein schwarzer Sturmhaubenpullover, der schon seit Monaten in den Gucci-Regalen gelegen hatte, in den sozialen Medien negative Furore. Er hatte einen Polokragen, den man so entrollen konnte, dass er das Gesicht des Trägers halb bedeckte, und darin eine Aussparung für den Mund hatte, die breit rot umrandet war, sodass sie ebenfalls an übergroße Lippen erinnerte. In den sozialen Medien wurde der Pullover als direkte Anspielung auf Blackface dargestellt. Gucci war über diesen Fehlgriff eindeutig betrübt, vor allem da die Marke seit Langem als starker Verfechter der ethnischen Diversität galt und der Designer Tom Ford dafür bekannt war, dass er eine größere Modelvielfalt einsetzte als viele andere Vertreter der Branche. Hinterher gab Gucci-Designer Alessandro Michele der *Washington Post* zu Protokoll: „Wenn man an Gucci denkt, denkt man an den Jetset, an Bourgeois, an Rap und an Schwarze. Das ist die Story der Marke. Gucci ist zur Hälfte schwarz."[9] Marco Bizzarri, der

3 | Die Macht von Jugend, Inklusion und Diversität

CEO von Gucci, beschloss, dass die Kreativität nicht eingeschränkt werden sollte, dass es aber interne Mechanismen geben müsse, um sicherzustellen, dass Produkte und Kommunikation nicht als beleidigend empfunden werden. Im Unterschied zu der wenig überzeugenden Reaktion von D&G auf den Patzer in China traf Gucci viele kostspielige, aber notwendige Maßnahmen, um das Problem in bedeutsamer Weise anzugehen. Es stellte einen globalen Direktor für Diversität und Inklusion ein, richtete ein Beratungsgremium ein, dem auch das schwarze Supermodel Naomi Campbell angehörte, es arbeitete mit einem Dozenten für „Mode und Rasse" von der New Yorker Parsons School of Design zusammen und es investierte in soziale Projekte in zehn US-amerikanischen und kanadischen Städten.

Burberry
Im Rahmen seiner zweiten hochkarätigen Kollektion bei Burberry stellte Riccardo Tisci im Februar 2019 Tempest vor. Diese Kollektion war eine Hommage an die Jugend, und der Name bezog sich auf „Kontraste in der britischen Kultur und im britischen Wetter" – eine Anspielung nicht nur auf das meteorologische, sondern auch auf das politische Klima im Vereinigten Königreich nach dem Brexit-Votum. Unter den Anspielungen der Kollektion auf Seefahrt und Knoten befand sich auch ein hellbrauner Hoodie, bei dem vom Hals aus ein Strick in Form einer Schlinge herabhing. Ein Model, dass an der Modenschau teilgenommen hatte, sagte hinterher, sie schäme sich, mitgemacht zu haben. Sie äußerte ihre Empörung über die Marke und ihren Designer in einem Instagram-Post und argumentierte, es sei für eine jugendlich inspirierte Kollektion nicht angemessen, eine Schlinge vorzuführen, vor allem da die Selbstmordrate weltweit steige; außerdem sei „Selbstmord keine Mode".[10]

Alle diese Beispiele zeigen, dass die Jugend und die sozialen Medien den Informationsfluss sehr schnell gemacht haben und dass heute jegliche Mode global ist. Was an einem Ort als angemessen oder als Kleinigkeit gesehen wird, kann an einem anderen Ort als unglaublich unangemessen interpretiert werden. Infolgedessen haben sich die „Leiter Diversität und Inklusion" im Markenbereich stark vermehrt. Für das geplante Markenimage ist das sicherlich eine gute Sache, und vor allem auch dafür, im Management der Marken an sich echte Diversität zu fördern. Auch hier wirkt COVID-19 wieder als Beschleuniger, denn es hat die Wahrnehmung der Verbraucher gesteigert, welche Marken Gutes taten – ob sie Produktionsstätten auf die Herstellung von Handdesinfizierern oder Masken umstellten, Geld an Krankenhäuser oder gemeinnützige Organisationen spendeten oder die Managementgehälter und die Dividenden kürzten – und welche entweder einfach nicht am Diskurs teilnahmen oder nicht vertrauenswürdig wirkten.

Die Veränderungen bei den Luxusverbrauchern scheinen exponentiell gewesen zu sein, während der Wandel seitens der Unternehmen im Vergleich dazu logarithmisch war. Dabei kommt es darauf an, dass Letztere genau darauf achten, was die jungen Menschen wollen, und in ihren Anstrengungen nicht nachlassen.

Als ich dieses Buch abschloss, fanden in den Vereinigten Staaten Massenproteste statt; die Menschen demonstrierten gegen Polizeigewalt und gegen die Ungleichbehandlung der Rassen, nachdem George Floyd und viele andere afroamerikanische Bürger getötet worden waren. Konsumgüterhersteller von Nike bis hin zu Kering begriffen sofort, dass diese Ereignisse für sie ein Weckruf waren, etwas gegen Nachlässigkeit oder frühere Fehltritte zu tun. Frauen sind in den gehobenen Führungspositionen von Luxuskonzernen nur begrenzt vertreten und die Vertretung von Minderheiten ist zum Erbarmen.

INTERVIEW:
Wie man Content für eine neue Generation von Verbrauchern erstellt und sie begeistert

Zu den Marken, die die Aufmerksamkeit einer jüngeren Generation auf sich gezogen und Möglichkeiten gefunden haben, sie ständig hoch zu halten, gehört Moncler (das Foto auf Seite 106 zeigt ein schlagendes Beispiel für die Kreativität der Designs von Moncler). An dieser Stelle erklärt der Mann, der sich im Jahr 2003 über das Geschäftsmodell der Marke hermachte und es neu erfand, was daran so einzigartig ist: Remo Ruffini, der Verwaltungsratsvorsitzende und CEO von Moncler.[11]

ERWAN RAMBOURG: Sie waren sehr erfolgreich damit, ein Oberbekleidungsunternehmen als modisch-progressive Luxusmarke neu zu positionieren. Sie hatten ein klassisches Modell mit zwei Saisons, das für ordentliches Wachstum ausreichte, aber jetzt haben Sie auf ein monatliches Modell umgestellt. Warum brauchten Sie diesen neuen Ansatz, um zu wachsen?

REMO RUFFINI: Ich halte die Marke Moncler für einzigartig. Ich bin in sie verliebt, seit ich ein Kind war. Ich kann mich bis heute daran erinnern, wie stolz ich war, als mir meine Mutter mein erstes Kleidungsstück von Moncler kaufte, das ich trug, wenn ich mit dem Fahrrad in die Schule fuhr.

Als ich im Jahr 2003 Moncler kaufte, hatte ich einen klaren Plan im Kopf. Ich wollte eine globale Marke ohne Filter am Markt und mit hochwertigen Produkten kreieren. Und darauf arbeiten wir seit 15 Jahren hin. Aber um heute erfolgreich und für die Verbraucher relevant zu bleiben, darf man sich nicht auf seinen Lorbeeren ausruhen und einfach nur fantastische Produkte herstellen.

Die Welt wandelt sich so schnell wie noch nie. Die Kunden brauchen Neuheit, Innovation, Erlebnisse und das Gefühl, zu einer Gemeinschaft zu gehören. Die Unternehmen müssen diese Bedürfnisse erkennen und bereit sein, neue Denkweisen zu erkunden. Die Herausforderung besteht darin, flexibel und agil zu sein, dabei jedoch seiner DNA treu zu bleiben.

Vor ein paar Jahren begannen wir uns auszudenken, was wir tun könnten, um uns weiterzuentwickeln und den Zeitgeist zu interpretieren, einen unmittelbaren und regelmäßigen Dialog mit den Konsumenten zu etablieren, mit neuen Kunden zu kommunizieren, insbesondere mit den jüngsten, im Geschäft ständig Neuheiten anzubieten und die Sprache der digitalen Welt wirkungsvoll zu verwenden. Da hatten wir die Idee zu Moncler Genius, einem Ansatz, der gleichzeitig ein Projekt der Kommunikation mit den Digital Natives und ein neues Geschäftsmodell ist, das den Wechsel von einem klassischen 2-Saisons-Modell zur monatlichen Auslieferung von Kollektionen vollzog. Moncler Genius ist eine Plattform der Innovation und der Kreativität. Verschiedene Designer sind aufgerufen, die Identität von Moncler ihrer Vision entsprechend zu interpretieren, und jeder spricht ein anderes Publikum an.

Das Projekt wurde so gestaltet, dass die Marke ins Gespräch kommt, die Geschäfte durch neue und unerwartete Produkte lebendig werden und digitale Technologien als neue Kommunikationsmittel eingesetzt werden. Wir versuchen mit Genius, zahlreiche Kundentypen aus verschiedenen Generationen, verschiedenen Nationalitäten und verschiedenen Kulturen anzusprechen, ihnen alles zu bieten, wonach sie suchen, und dabei gleichzeitig die DNA von Moncler zu bewahren.

Wir sind heute mit dem Zeitalter der Digitalisierung konfrontiert, und ich glaube wirklich, dass Moncler Genius das Unternehmen in seine dritte Entwicklungsphase bringt.

ERWAN RAMBOURG: Durch welche Erkenntnisse über die Konsumenten sind Sie darauf gekommen? Warum werden so häufig Kollektionen herausgebracht? Das ist im Luxussektor einzigartig. Hat Sie ein anderer Sektor dazu inspiriert?

REMO RUFFINI: Was mich auf die Idee zu Genius gebracht hat, war, dass ich die Menschen auf der Straße beobachtet und gesehen habe, wie sich die Welt entwickelt. Ich gewann zunehmend den Eindruck, dass sich die Spielregeln änderten und dass die Ausbreitung des Digitalen die Verhaltensweisen und Wünsche der Menschen beeinflusst.

Man findet in jedem Sektor Unternehmen, die durch ihren Charakter und durch ihre Einzigartigkeit hervorstechen, die den Wech-

3 | Die Macht von Jugend, Inklusion und Diversität

sel der Windrichtung besser interpretieren als andere und die in der Lage sind, über das reine Produktkonzept hinaus auf neue Erlebnisse und Inhalte zuzugehen.

ERWAN RAMBOURG: Welche Einschränkungen gibt es dabei hinsichtlich Produktion und Logistik und stehen Ihre Mitarbeiter unter Druck? Was die positive Seite angeht: Inwiefern verleiht das Ihrem Team Schwung?

REMO RUFFINI: Moncler Genius ist für die gesamte Organisation eine Herausforderung, vor allem für Betrieb und Logistik. Wir sind wirklich froh darüber, wie alle reagiert haben. In den letzten zwei Jahren fanden ständig Veränderungen statt, die auch noch exponentiell waren. Die Umsetzung des Projekts Moncler Genius ist sehr komplex, denn jede Kollektion muss zu einem angekündigten Zeitpunkt weltweit ausgeliefert werden und dabei darf es weder Verzögerungen noch Fehler geben. Alle Abteilungen müssen zusammenarbeiten, vom Design über Kommunikation, Veranstaltungen und Digitales bis hin zur Betriebsabteilung und zur Logistik. Dafür braucht man nicht nur eine effiziente Organisation, sondern auch hochgradig integrierte Teams, die in der Lage sind, funktions- und abteilungsübergreifend zu arbeiten. Dadurch kam auch ein neuer Führungsstil zustande, eher quer durch die Funktionen, weniger hierarchisch und mit einem gemeinsamen Ansatz, der auf Handlungsfähigkeit basiert. Das Ganze wäre ohne eine Menge Flexibilität und Agilität sowie ohne eine Unternehmenskultur der Innovation nicht möglich gewesen. Tatsächlich hat das Projekt intern zu großem Engagement geführt und unser Zusammengehörigkeitsgefühl noch mehr gestärkt.

Ich beurteile den Erfolg der Genius-Kooperationen vor allem danach, ob sie es schaffen, die Marke ins Gespräch zu bringen und auf allen Ebenen Energie zu erzeugen, sowohl in den Geschäften als auch im Unternehmen.

Teil 1 | Die Käufer

Aus der Moncler-Genius-Kollektion Herbst/Winter 2019-2020 von Richard Quinn. Fotonachweis: Mit freundlicher Genehmigung von Moncler

ERWAN RAMBOURG: Werden die Kunden durch Genius anders angeworben? Wie stärkt es Ihr sonstiges Markenkapital? Wie wichtig sind Inhalte und Storytelling, und hätten Sie das auch anders machen können?

REMO RUFFINI: Manche Kunden, die Moncler Genius anzieht, sind Neukunden der Marke, andere sind Bestandskunden, die jetzt noch

3 | Die Macht von Jugend, Inklusion und Diversität

treuer geworden sind. Unsere neue Herausforderung besteht darin, allen diesen Kunden weiterhin etwas Frisches zu bieten und gleichzeitig die neuen zu „echten Moncler-Kunden" zu machen.

Was die Bedeutung des Storytellings angeht – die monatlichen Kollektionen reichen nicht aus, um die Zauberwirkung hervorzubringen. Entscheidend ist, dass es einem gelingt, um die Kollektionen herum eine echte Plattform aus einzigartigen und verlockenden Inhalten aufzubauen. Content, Storytelling und Beteiligung sind wirklich von entscheidender Bedeutung. Moncler Genius beinhaltet monatliche redaktionelle und kommunikative Aktivierungen, bei denen Virtuelles und Reales, Online und Offline ins gleiche Horn stoßen. Jede Kollektion basiert auf einem eigenen redaktionellen 360-Grad-Plan, der ein laufendes Content-Programm etabliert, um über alle Touchpoints (Presse, soziale Medien, In-Store-Aktivierungen, Pop-ups, E-Commerce-Einzelhändler, spezielle Veranstaltungen und so weiter) ein breites Publikum anzusprechen.

Noch ist das Projekt vergleichsweise jung, es hat erst 2018 angefangen, und wir müssen noch sehr viel lernen. Es gibt viele Dinge, die wir noch besser machen können. Wir lernen natürlich aus unseren Erfahrungen. Ich würde zwar nicht sagen, dass wir große Fehler gemacht haben, aber auf jeden Fall können wir manche Dinge anders und besser machen.

ERWAN RAMBOURG: Genius hat Ihnen geholfen, von der Funktionalität (eine Jacke kaufen) zu einem gehobenen Erlebnis überzugehen (einen Status und einen Traum kaufen). Gibt es da Unterschiede bezüglich Alter, Geschlecht oder Nationalität?

REMO RUFFINI: Die heutigen Kunden wollen zunehmend ein Erlebnis genießen statt nur ein Produkt kaufen. Die jüngeren Generationen betrachten Modetrends als Möglichkeiten, sich auszudrücken und sich als Teil einer Gemeinschaft zu fühlen. Sie suchen nach dem Content, den jede Marke generiert, und wählen das, was sie kaufen, auch auf dieser Grundlage aus. Es kommt immer mehr darauf an, dass wir in jedem Augenblick des Einkaufserlebnisses des Kunden sowie über alle unsere Touchpoints unsere Werte kommunizieren und mitteilen.

ERWAN RAMBOURG: Ist das nicht auch gefährlich? Sie können ja wohl nicht noch schneller werden, als jeden Monat etwas anzubieten. Werden andere Marken nachziehen und wie stellen Sie in diesem Fall sicher, dass Sie Ihren Vorsprung behalten?

REMO RUFFINI: Ich glaube, dass jede Marke ihre eigene Identität hat und ihre eigene maßgeschneiderte Strategie braucht. Es geht ja nicht nur darum, monatliche Kollektionen zu haben. Was den Unterschied ausmacht, ist das Erlebnis, das man darum herum aufbaut. Eine weitere Evolution der Strategie von Moncler kann ich für die Zukunft nicht ausschließen. Vielleicht könnten wir Moncler Genius als unser Content-Haus nutzen, aus dem wir neue Formen entwickeln können, vielleicht auf eine Art und Weise, die wir uns noch nicht ausgedacht haben. Ich bin überzeugt, dass dieses Projekt noch viel Potenzial beinhaltet, das wir erkunden können, und dass wir eines der modernsten Unternehmen im Luxusbereich schaffen können.

ERWAN RAMBOURG: Was könnten für Ihr Unternehmen nach einer solchen Transformation des Luxus-Geschäftsmodells weitere Schritte sein? Neue Projekte in Einzelhandel und Vertrieb, Fusionen und Übernahmen – um Best Practices auf andere Unternehmen anzuwenden – oder andere Bereiche?

REMO RUFFINI: Ich betrachte Moncler immer noch als Start-up-Unternehmen. Wir haben immer noch so viele Dinge zu tun, so viele Projekte abzuschließen, und es kommt noch so viel mehr. Als ich das Unternehmen 2003 kaufte, sah ich es so, dass es sich entwickelt und jedes Jahr zu etwas Neuem wird. Wir müssen uns nach wie vor sehr auf Moncler konzentrieren und weiterhin neue Ideen entwickeln.

3 | Die Macht von Jugend, Inklusion und Diversität

Fazit

Luxuskäufer betreten aus vielen Gründen bereits in jungen Jahren die Bühne, aber der Hauptgrund ist die Natur des Menschen und dass man sich einen Platz in der Gesellschaft erkauft. In China, in den Vereinigten Staaten und in den Schwellenländern ist der Modus des Alters der Bevölkerung viel niedriger als in Japan und in Europa. Zwar wird die jugendliche Bevölkerung Asiens anteilsmäßig schrumpfen, aber ihr absolutes Wachstum wird den Sektor stützen. Im Westen werden die demografischen Entwicklungen der Jugend immer vielfältiger. Die junge Generation der Luxuskäufer – von der vor allem zu erwähnen ist, dass sie farbige Menschen beinhaltet – hat auf der ganzen Welt die Luxusbranche verändert und dürfte das auch weiterhin tun, und zwar auf bestimmten Gebieten:

- *Casualization:* Sich entspannter gehoben zu kleiden ist keine Modeerscheinung, sondern ein Generationenwandel.

- *Soziale Medien:* Die weite Verbreitung von Informationen und das Streben nach Authentizität werden die Marken unter Druck setzen, durchdachte, echte Botschaften zu senden.

- *Werte:* Aufgrund der Klimaproteste, des Eingangs von ESG in den Mainstream und einer facettenreichen Generation, die sich Sorgen macht, müssen die Marken Haltung zeigen und sowohl den Planeten als auch kulturelle Unterschiede und Empfindlichkeiten respektieren. Die jüngeren Generationen sind eindeutig zielgerichtet und erwarten von den Unternehmen, bei denen sie kaufen, dass sie „woke" werden.

TEIL 2

DIE VERKÄUFER

4
AUF DIE GRÖSSE KOMMT ES AN

„Wenn ich weiter sehen konnte als andere, so deshalb, weil ich auf den Schultern von Riesen stand."
– ISAAC NEWTON

Es mag vielleicht deprimierend klingen, aber ich glaube, dass unabhängige Akteure des Luxussektors wahrscheinlich verschwinden werden, wenn sie nicht eine gewisse Größe erreichen. Der fundamentale Grund dafür ist, dass der Luxusmarkt derzeit mehr auf Kundenwerbung als auf Wiederholungskäufen basiert: Der größte Teil des Wachstums wird mehr durch die Fähigkeit der Marken vorangetrieben, sich neue Kunden zu verschaffen, als dadurch, an bestehende Verbraucher mehr zu verkaufen. Zwar erleiden viele bedeutende Unternehmen in den Sektoren Ernährung, Kosmetik und Gepäck Disruptionen durch neue Akteure, zu denen auch „Digitally Native Vertical Brands" (DNVBs) zählen, aber der Kernbereich des Luxusgeschäfts wird von den größeren Marken und den größeren Konzernen beherrscht, die sich die restlichen Anteile an diesem Markt nehmen, der wider Erwarten hochgradig zersplittert ist. Natürlich wird für viele Unternehmen das bestehende Kundensegment irgendwann zu einer bedeutenden treibenden Kraft werden, aber im Moment steckt der Sektor mehr oder weniger noch in den Kinderschuhen; unabhängige Marken wie Moncler und auch Giganten wie Gucci beziehen mehr als die Hälfte ihres Umsatzes von Neulingen ihrer Marken.

Die Vergrößerung verschafft einem hinsichtlich vieler Dimensionen enorme Vorteile. Die großen Akteure wissen das, und ihr Streben nach Größe wird sie zu weiterem Wachstum treiben, auch durch Fusionen und Übernahmen, die gewährleisten, dass sie von sehr wenigen Ausnahmen abgesehen den unabhängigen Akteuren weiterhin Marktanteile abnehmen. Während andere Konzerne ihnen nacheifern, werden größere diversifizierte Akteure wie LVMH ihre Macht in der Welt des Luxus nur noch ausbauen.

Enormer Erfolg durch VAST

Beim Luxus kommt es aus vier Gründen auf die Größe an, die sich unter dem Kürzel VAST zusammenfassen lässt, das als englisches Wort auch „enorm", „gewaltig" oder „unermesslich" bedeutet: Voice, Authority, Synergies und Talent – Stimme, Autorität, Synergien und Talent.

VOICE – STIMME: WIE MAN SICH VON DER MASSE ABHEBT
Ich habe zweimal in London gelebt, einmal als 20-jähriger alleinstehender Marketingmanager in meiner ersten Stellung und später dann als dreifacher Vater, der in einer Bank arbeitete. London ist eine wirklich kosmopolitische Stadt mit zahlreichen extrovertierten Menschen und einem seltenen Freiheitssinn. Einer der Orte, die ich immer als symbolisch für den Londoner Geist betrachtete, ist Speaker's Corner im Hyde Park. Das ist zwar nicht die einzige Ecke des Vereinigten Königreichs oder der Welt, in der man seine Meinung frei äußern darf, aber eben die bekannteste. Das Prinzip ist simpel: Jeder, der etwas sagen will, kann dort auftauchen und reden. Dort haben auch Karl Marx, Wladimir Iljitsch Lenin und George Orwell gesprochen, aber jeder kann sich dort hinstellen und sein Recht auf freie Meinungsäußerung ausüben. Der Haken an der Sache? Nun ja, wenn man nicht lustig, bunt, revolutionär, schrill oder faszinierend ist, hören einem wahrscheinlich nicht viele Passanten zu.

4 | Auf die Größe kommt es an

Auch im gerammelt vollen Luxussektor ist es schwer, sich Gehör zu verschaffen. Vor 20 Jahren hatten potenzielle Käufer von Handtaschen vielleicht schon einmal von Louis Vuitton und von Gucci gehört. Wenn man sich heute auf den Markt begibt, um seine erste Handtasche zu kaufen, erscheinen die Möglichkeiten dank des Zugangs zu sozialen Medien, Blogs und Foren endlos. Theoretisch kann man zwischen 60 Marken für Premium-Handtaschen wählen, aber wenn man zum ersten Mal eine kauft, ist man von zwei einfachen Realitäten beeinflusst. Erstens kaufen Sie sich wahrscheinlich eine Handtasche, um sich gut zu fühlen, und damit andere wissen, dass Sie erfolgreich sind. Fühlen Sie sich verlockt, eine unbekannte Marke zu kaufen, wenn Sie dazugehören wollen? Das ist unwahrscheinlich. Zweitens werden Sie von der traditionellen Werbung beeinflusst sein, von der letzten Oscar- oder Golden-Globe-Verleihung, von der unglaublich bombastischen Modenschau, von dem glitzernden, spaßigen Flaggschiffprodukt und natürlich von sozialen Medien wie Instagram. Da sie die nötigen Mittel haben, um große Markenbotschafter sowie Legionen großer und kleiner Influencer einzusetzen, haben Louis Vuitton und Gucci 38 Millionen respektive 40 Millionen Instagram-Follower – mehr als 20-mal so viele wie das unabhängige Schuh- und Lederwarenunternehmen Tod's. All das hat Einfluss darauf, wovon Ihre Freundinnen schwärmen, sodass Sie unweigerlich nur sehr wenige Marken in Betracht ziehen: diejenigen, die den Äther dominieren, am meisten Lärm machen und die neuesten genialen Designer beschäftigen. Und das werden selten die unabhängigen Außenseiter sein – nicht weil es ihnen an Talent fehlen würde, sondern weil ihnen die Mittel fehlen, es bekannt zu machen. Mit der Größe kommen auch die finanziellen Mittel, und diese verstärken die Stimme phänomenal.

Natürlich werden sich Verbraucher, die sich auskennen, zu alternativen, originellen Marken hingezogen fühlen, aber die Mehrheit der Verbraucher, die den Sektor betreten, werden wahrscheinlich die etablierten Marken nehmen, um das Kästchen der Zugehörigkeit abzuhaken. Beim Kauf einer weniger bekannten Marke könnte man

Gefahr laufen, nicht die Rendite (in Form von Status und Anerkennung) der Investition zu maximieren.

Um bei dem Beispiel mit der Handtasche zu bleiben: Meinen Schätzungen zufolge gaben Louis Vuitton und Gucci im Jahr 2017 vier- bis sechsmal so viel für Werbung aus wie Ferragamo, eine in Familienbesitz befindliche Marke aus Florenz, die für Lederwaren und Schuhe bekannt ist. Im darauffolgenden Jahr 2018 waren die Zahlen noch weiter auseinandergelaufen. Alle drei Marken erhöhten im Jahr 2018 ihre Ausgaben, aber Gucci und Louis Vuitton erhöhten sie 15- beziehungsweise 10-mal mehr als Ferragamo. Ihr Werbeaufwand im Verhältnis zu ihrem Umsatz blieb stabil, während derjenige von Ferragamo leicht stieg.

Im Juli 2018 berief Ferragamo eine neue CEO, eine geachtete Branchenveteranin mit 20 Jahren Erfahrung bei Gucci. Wenige Monate nach ihrer Ernennung waren viele Veränderungen in den Bereichen Personal, Produkte, Verkaufsförderung und Einzelhandel umgesetzt worden. Auf einer Reise nach Mailand besuchte ich den Flagship-Store von Ferragamo in der Via Monte Napoleone, einer der kultigsten Luxus-Einkaufsstraßen der Welt. Ich war von den sichtbaren Veränderungen der Marke gründlich beeindruckt: aufregende neue Accessoires, eine neue Raumaufteilung, eine neue Schuhabteilung und noch vieles mehr. Allerdings hatte ich in den sozialen Medien nicht viel gesehen oder in den Nachrichten viel von dem Wandel bei Ferragamo gehört, und daher war es nicht das gewesen, was mich veranlasste, hinzugehen und einen Blick darauf zu werfen. Und da dämmerte mir, dass sich die Marke zwar nach und nach gewandelt und ein verlockenderes Produktsortiment sowie eine reizvollere Ladenaufteilung entwickelt hatte, aber dass sie nur begrenzte Mittel besaß, um die Welt darauf aufmerksam zu machen. Aufgrund der Lautstärke und der Ausgaben größerer Marken ist es unwahrscheinlich, dass Ferragamo die Aufmerksamkeit bekommt, die es sich theoretisch reichlich verdient hat.

Die Größe bedeutet abgesehen von der reinen Werbung noch einen weiteren großen Unterschied. Sie ermöglicht es den Marken, durch aufwendige Veranstaltungen Publicity zu erzeugen oder durch das Engagement von Superstar-Designern ihren PR-Einfluss anzuschieben. Christian Dior veranstaltete im April 2019 für die Cruise-Kollektion eine üppige Modenschau im El-Badi-Palast in Marrakesch. Dieses opulente Schauspiel kostete Millionen Euro und hätte die Profitabilität vieler unabhängiger Konkurrenten ertränkt, aber in den Büchern von LVMH stellten die Millionen bloß einen Rundungsfehler dar. Durch COVID-19 wird diese „Kluft der Stimme" wahrscheinlich noch größer. Zwar senken die größeren Marken ihre Ausgaben, aber im Verhältnis zu ihren kleineren Kollegen haben sie nach wie vor eine phänomenale Durchschlagskraft.

Bei der Macht der Designer geht es nicht nur um die Produkte, die sie entwerfen. Der amerikanische Designer, Künstler und DJ Virgil Abloh, der im Jahr 2020 seinen 40. Geburtstag feierte, trat im Jahr 2009 in die Welt der Mode ein, als er zusammen mit seinem Freund und Kollegen Kanye West ein Praktikum bei Fendi (gehört zum LVMH-Konzern) absolvierte. Er arbeitete mit West an mehreren Projekten, bevor er im Jahr 2013 seine eigene Marke Off-White für gehobene Streetwear gründete. Michael Burke, der CEO von Louis Vuitton, hatte Ablohs Arbeiten seit dessen Zeit bei Fendi verfolgt und bot ihm 2018 eine Stelle als Prêt-à-porter-Designer für Herren bei Louis Vuitton an. Noch heute treten viele Marken wegen Kooperationen an Virgil Abloh heran, insbesondere Nike und Ikea. Er wird von mehr als fünf Millionen Instagram-Accounts verfolgt und damit gehört er zu der sehr begrenzten Zahl der in den sozialen Medien bedeutendsten und einflussreichsten Designer, zusammen mit Donatella Versace (5,3 Millionen Follower), Olivier Rousteing (Balmain, 5 Millionen) und Riccardo Tisci (Burberry, 2,5 Millionen). Natürlich sind diese Zahlen nicht so hoch wie bei einigen Stars, die inzwischen im Modegeschäft tätig sind (Victoria Beckham hat 28 Millionen Follower), oder bei Mode-Bloggern (Chiara Ferragni, die den Blog „The Blonde Salad" gegründet hat, hat inzwischen 20 Millionen Follower) und erst recht bei gewissen prominenten Models, die in der höheren Gesellschaft verkehren (Kylie Jenner, Kendall Jenner, Jennifer Lopez, Beyoncé und Selena Gomez haben jeweils mehr als 100 Millionen Follower). Trotzdem haben manche Designer Prominentenstatus sowie einen gewaltigen Einfluss auf jüngere Verbraucher, und es wird sich als schwierig erweisen, sie einzustellen, wenn man nicht über erhebliche Mittel verfügt.

AUTHORITY – AUTORITÄT: SEI DER FAHRER, NICHT DER FAHRGAST

Der Größenvorteil erstreckt sich weit darüber hinaus, Instagram-Follower anzuhäufen. Dank ihrer Größe und ihrer finanziellen Ressourcen treffen große Marken gewagte Entscheidungen, die für manche kleinere Marken katastrophal sein könnten. Wenn man Teil eines Konzerns oder eine große unabhängige Marke ist und einem die Art nicht gefällt, wie man vertrieben wird, dann ändert man etwas am Vertrieb. Louis Vuitton, Christian Dior, Hermès und Chanel beteiligen sich nicht am gemeinsamen E-Commerce-Vertrieb mehrerer Marken. Warum? Weil sie die Kontrolle behalten und die direkte Beziehung zu ihren Endkunden bewahren wollen, ohne dafür einen Vermittler zu nutzen, bei dem die Gefahr besteht, dass er diese Beziehung entrechtet. Größere Akteure haben auf ihren eigenen Websites und auf ihren WeChat-mini-Programmen in China genügend hochwertigen Traffic. Kleinere Akteure müssen wahrscheinlich auf Plattformen von Drittanbietern zurückgreifen, um Traffic und Abschlüsse zu bekommen, und nehmen dabei die Gefahr in Kauf, die damit verbunden ist, die direkte Beziehung zu ihren Endkunden zu kappen, sowie die Gefahr, dass ihre Marke mit geringerer Qualität präsentiert wird.

Manager der Branche erwähnen oft auch die Größenvorteile im Machtgleichgewicht bei Immobilien. Falls das Motto des Einzelhandels „Lage, Lage und nochmals Lage" immer noch relevant ist, dann haben die größeren Marken und Konzerne eindeutig einen entscheidenden Wettbewerbsvorteil. Ob in Einkaufszentren oder freistehend an einer Straße – diese Marken entscheiden, wo sie sein wollen. Werden sie nicht zufriedengestellt, lehnen sie das Angebot des Betreibers

4 | Auf die Größe kommt es an

einfach ab. Große Marken können die Betreiber unter Druck setzen, ihnen die besten Lagen zu geben, und in manchen Fällen zahlen sie auch niedrigere Mieten als die meisten anderen. Zudem verhelfen große Marken dem Einkaufszentrum zu Glaubwürdigkeit und Laufkundschaft. Oder sie lehnen ohne gravierende Folgen ab.

Wenn man die Größe und die Gewinne hat und vielleicht auch noch ein Familienunternehmen ist, hat man die Zeit auf seiner Seite. Der langjährige CEO Yves Carcelle leitete Louis Vuitton von 1990 bis 2012 und war als ganz großer Reisender bekannt. Er besuchte alle Orte, von denen er dachte, Louis Vuitton sollte dort präsent sein, dann lehnte er suboptimale Standorte ab und sagte den Betreibern, er habe Zeit. Er hat mir einmal eine Geschichte über Aruba erzählt, eine Insel in der niederländischsprachigen Karibik, auf der er die bestmögliche Lage für die Marke haben wollte. Er musste zehn Jahre lang durchhalten, aber schließlich bekam er die Bestlage in der Renaissance Mall in Oranjestad. Wenn man als kleiner unabhängiger Akteur versucht, sich einen Namen zu machen, welche Autorität hat man dann, um Einfluss auf seine Standorte zu nehmen?

Autorität und finanzielle Mittel können auch dazu führen, dass man Immobilien kauft, wenn ein Standort längerfristig sinnvoll ist. Hermès kaufte im Jahr 2001 seinen rund 6.000 Quadratmeter großen Flagship-Store in dem eleganten Tokioter Einkaufsviertel Ginza, im Jahr 2002 dann vier Geschäfte in Hongkong (alle im Jahr 2018 für das Dreieinhalbfache wieder verkauft) und im Jahr 2009 das Asprey-Gebäude in der Londoner New Bond Street. Letzteres beherbergt immer noch den Londoner Schmuck- und Haushaltswarenhersteller Asprey. Die Medien dachten, Hermès habe das Gebäude als Vorspiel zu einer Übernahme von Asprey gekauft, aber das ist nicht geschehen. Es sieht so aus, als hätte Hermès einfach eine gute Gelegenheit in einer Spitzenlage wahrgenommen, die es nicht einmal um seines Namens willen nutzt. Das ist der Luxus, den Größe bietet!

Aus diesem Grund besetzen Apple, Louis Vuitton und Gucci fast schon systematisch die besten Lagen von Einkaufszentren. Ebenfalls deshalb gelingt es manchen kleineren Marken, die zu Großkonzernen gehören, sich gute Lagen zu verschaffen. So gelang es beispielsweise Celine, einer 75 Jahre alten Prêt-à-porter- und Luxus-Lederwarenmarke, die seit 1996 zur LVMH-Gruppe gehört, im Jahr 2018, den Stardesigner Hedi Slimane einzustellen, und es legte kürzlich Herrenbekleidung auf. Was die Immobilien angeht, so waren sowohl der Ruf der Marke als auch das Gewicht von LVMH maßgeblich für den Zugriff auf Schlüssellagen.

Da der Luxusmarkt nach wie vor stark zersplittert ist, sind die Feuerkraft von Marken wie Louis Vuitton oder Gucci in der Werbung und den sozialen Medien und ihre Fähigkeit, die Schlacht um Immobilien in Einkaufszentren und Einkaufsstraßen zu gewinnen, zentrale Unterscheidungsmerkmale gegenüber Akteuren, die nur ein Fünftel oder ein Zehntel ihres Umsatzes erzielen. Als im Sommer 2019 die Demonstrationen in Hongkong begannen, den Touristenzustrom aus China und die Luxusverkäufe in der Stadt zu beeinträchtigen, waren Prada und Tod's darauf aus, Geschäfte zu schließen. LVMH hingegen war darauf aus, Mieten auszuhandeln und die Gelegenheit zu nutzen, um bessere Lagen zu bekommen. Der Einfluss und die Autorität, die einem Größe verschafft, sind schwer zu ersetzen.

SYNERGIES – SYNERGIEN: MEHR ALS DIE SUMME DER EINZELNEN TEILE

Größe kann die Wirksamkeit datenorientierter Bemühungen verbessern, ein Polster für kostspielige Umstellungen bieten und eine breitere Basis an Kompetenz und Innovation darstellen. Wenn ein Konzern mehrere Marken besitzt, hat er sozusagen einen Spiegel. Wenn sich eine Marke auf einem bestimmten Gebiet hervortut (Digitales, Einzelhandel, Schulung, Kundenbetreuung und so weiter), können die anderen davon lernen. Die Möglichkeit, Taktiken in kleineren Umgebungen zu testen, bevor man sie in der gesamten Unternehmensgruppe einführt, kann sehr machtvoll sein.

In letzter Zeit spricht die Luxusindustrie viel über „Analytics". Neu entwickelte Technologien und Onlinedienste können kleinen Mar-

4 | Auf die Größe kommt es an

ken dazu verhelfen, in Verbrauchsgütersektoren wie Kosmetik oder Bier disruptiv zu sein, denn diese Branchen werden im Wesentlichen vom Großhandel bestimmt, sodass es auf die Stückzahlen ankommt und die Strukturkosten gering sein können (keine Mieten, kein Ladenpersonal). Im Luxussektor scheint es jedoch so zu sein, dass die technologische Revolution die großen Konzerne begünstigt, die in Datenanalysen, künstliche Intelligenz, CRM-Systeme, Online-Concierge-Dienste und andere Dinge investieren können, um Neukunden anzulocken und die Bestandskunden bei Laune zu halten. Kleine unabhängige Unternehmen haben weder den Kundenstamm noch den Datenzugang, der es ihnen ermöglichen würde, ihren Kunden fehlerlose Dienste zu leisten oder ihre Bedürfnisse vorwegzunehmen.

Anfang Februar 2020 gab das börsennotierte Unternehmen Canada Goose eine Gewinnwarnung heraus und erklärte, COVID-19 sei daran schuld, dass die Gewinne in dem Geschäftsjahr, das im März 2020 endete, stagniert hätten, nachdem zuvor ein Wachstum von mindestens 25 Prozent vorhergesagt worden war. Im Grunde hätten die chinesischen Verbraucher von einem Tag auf den anderen aufgehört, Produkte zu kaufen. Als ich jedoch das Führungsteam fragte, welcher Anteil am Einzelhandelsumsatz an den großen Märkten des Unternehmens in Kanada und den Vereinigten Staaten chinesischen Verbrauchern zuzuschreiben sei, konnte es mir nur eine grob geratene Schätzung angeben. Dabei ist es nicht so, als wäre das Team nicht bereit gewesen, genauere Angaben zu machen, sondern so, dass es kein CRM-System hat, um solche Angaben zu quantifizieren.

Konzerne, die mehrere Marken beinhalten, verwerten ihre Daten besser. Dass Richemont kürzlich den Online-Einzelhändler Yoox Net-a-Porter (YNAP) übernommen hat, könnte bei den Marken von Richemont (Cartier und anderen) bedeutende Veränderungen auslösen, denn damit bietet sich jetzt die Gelegenheit, die Kompetenz von YNAP im digitalen Bereich und im E-Commerce auf alle Marken von Richemont anzuwenden.

Ein konkretes Beispiel für Synergien in der Produktion ist die Gründung von Thélios im Jahr 2017 unter dem Dach von LVMH.

Diese Abteilung wurde zusammen mit dem Brillenspezialisten Marcolin eingerichtet, um Brillen für viele Marken von LVMH zu entwerfen, herzustellen und zu vertreiben sowie Effizienzen zu schaffen, die die Kosten senken und die Margen erhöhen. Der LVMH-Konkurrent Kering hatte 2014 mit der Gründung von Kering Eyewear, das inzwischen für 15 Marken produziert, als Erster diesen Schachzug gemacht. Die meisten davon gehören zum Konzern, zum Beispiel Gucci, Saint Laurent und Alexander McQueen, aber es sind auch ein paar externe Partner darunter, zum Beispiel Cartier, Montblanc und Courrèges.

TALENT: DIE GRÖSSTEN BEKOMMEN DIE BEGABTESTEN

Und schließlich hilft einem Größe, die besten Leute anzuziehen. Die Vielfalt an Produkten und Positionen, die bei einer großen Marke oder in einem großen Konzern zu finden sind, bewirkt, dass eine bestimmte Marke, wenn sie außerordentliche Manager beschäftigt, diese vielleicht zu Leitern anderer im Portfolio enthaltener Marken aufsteigen lässt. Diese Fülle von Möglichkeiten bietet größeren Unternehmensgruppen oder Marken einen Vorteil bei der Anwerbung, beim Halten und bei der Beförderung von Talenten.

Man vergleiche einmal die Laufbahnen bei Prada und bei LVMH miteinander. Miuccia Prada ist Chefdesignerin des Konzerns, Gründerin und Leiterin der Schwestermarke Miu Miu (nach ihrem Spitznamen als Kind benannt) und die derzeitige kreative Inspiration der gleichnamigen Marke Prada, die ihr Großvater im Jahr 1913 gegründet hat. Ihr Ehemann Patrizio Bertelli ist der CEO des Konzerns und ihr Sohn Lorenzo Bertelli – bekannt als Fahrer der Rallye-Weltmeisterschaft – wurde kürzlich innerhalb des Unternehmens zum Leiter Marketing und Kommunikation befördert. Wenn man in der Managementstruktur von Prada weit oben steht, wie groß sind dann die Chancen, eines Tages CEO zu werden? Richtig: fast gleich null. Natürlich stehen die Chancen, der nächste CEO von LVMH zu werden, ähnlich schlecht, aber wenn man bei irgendeiner Marke von LVMH die Nummer 2 und damit erfolgreich ist, dann hat man Chancen, CEO einer der 26 anderen Marken des Konzerns zu werden.

Es gibt eine Fülle von Beispielen für großartige Karrieren in den großen Konzernen. Anthony Ledru ist zweifellos einer der aufgehenden Sterne bei LVMH. Nach mehr als zehn Jahren bei Cartier in Vertrieb und Einzelhandel USA wurde Anthony Vertriebsvorstand beim Juwelierhaus Harry Winston und dann Senior Vice President in der Nordamerika-Sparte von Tiffany. Und dann bot ihm LVMH an, die Leitung der Marke Louis Vuitton in den Vereinigten Staaten zu übernehmen. Nachdem er dort eine zweijährige phänomenale Erfolgsbilanz vorgelegt hatte, wurde er in Paris Vorstand (Executive Vice President) für die weltweiten Handelsaktivitäten von Louis Vuitton und so im Grunde zum Chef der internationalen Sparte der größten Luxusmarke des Planeten. Bei Kering und allgemein im Luxussektor schauen viele zu Marco Bizzarri auf, und das nicht nur, weil er baumlang ist, sondern auch weil er ein goldenes Händchen für Luxusmarken zu haben scheint. Die Arbeit in einem diversifizierten Konzern ermöglichte es ihm, von der Leitung von Stella McCartney (seit 2005) im Jahr 2009 zu Bottega Veneta und Anfang 2015 zum Kraftpaket Gucci zu wechseln.

Im Luxus-Haifischbecken:
Florieren dank Fusionen und Übernahmen

Die Luxusindustrie wird von Familien beherrscht (zum Beispiel von den Familien, die LVMH, Kering, Richemont, die Swatch Group, Hermès und Chanel kontrollieren) und ihre Konkurrenten sind gezwungen, langfristig zu denken, andernfalls wird ihr Konkurrenzkampf hart. Denjenigen Luxusunternehmen, die Größenvorteile haben wollen (und wer will das nicht?), stehen nur wenige Wege dorthin offen. Sie können dadurch Wachstum anstreben, dass sie die Umsätze ihrer bestehenden Marken steigern, dass sie von Grund auf neue Marken entwickeln oder indem sie den schnellsten Weg beschreiten: Fusionen und Übernahmen (M&A = Mergers and Acquisitions). In der Geschichte des Luxussektors wimmelt es nur so vor M&A, seit Louis Vuitton im Jahr 1987 mit Moët Hennessy fusionierte, das seinerseits bereits im Jahr 1971 aus der Fusion des führenden Champagnerherstellers Moët & Chandon mit dem führenden Cognac-Hersteller Hennessy hervorgegangen war. Dadurch entstand der LVMH-Konzern, der 73 Marken besitzt, kürzlich den größten Deal aller Zeiten in diesem Sektor abgeschlossen hat (die Übernah-

Fusionen und Übernahmen der letzten Jahre im Luxussektor

Übernehmer	Übernahmeziel	Jahr	Kategorie	Übernahme in %	EV*	Umsatz	EV/Umsatz
LVMH	Tiffany	2019	Schmuck	100	16,2 Mrd. USD	4,424 Mrd. USD	3,7
LVMH	Belmond	2018	Gastgewerbe	100	3,2 Mrd. USD	639 Mio. USD	5,6
LVMH	Christian Dior	2017	Mode	100	6,5 Mrd. EUR	2,13 Mrd. EUR	3,0
LVMH	RIMOWA	2016	Gepäck	80	640 Mio. EUR	400 Mio. EUR	1,6
Richemont	Buccellati	2019	Schmuck	100	250 Mio. EUR	50 Mio. EUR	5,0
Richemont	Watchfinder	2018	Gebrauchtwaren	100	229 Mio. EUR	130 Mio. EUR	1,8
Richemont	YNAP	2018	Online	49	2,4 Mrd. EUR	2,3 Mrd. EUR	2,1
Capri	Versace	2018	Mode	100	2,1 Mrd. USD	850 Mio. USD	2,5
Capri	Jimmy Choo	2017	Schuhe	100	1,35 Mrd. USD	470 Mio. USD	2,9
Tapestry	Kate Spade	2017	Mode	100	2,4 Mrd. USD	1,35 Mrd. USD	1,8

*Enterprise Value, ein Maß für den Gesamtwert eines Unternehme einschließlich Schulden und Bargeldbesta

Die größten Haie fressen weiterhin die Konkurrenz auf.
Quellen: Diverse Unternehmensunterlagen und Presseartikel.

me von Tiffany Ende 2019 für 16,2 Milliarden US-Dollar) und mit Abstand der größte diversifizierte Luxuskonzern ist – jedoch nicht der einzige. Die Tabelle auf Seite 124 zeigt Beispiele für M&A der jüngeren Vergangenheit von LVMH und anderen Luxuskonzernen.

M&A schlägt sich sofort in Größe nieder und somit erhalten die Größenvorteile, die ich oben beschrieben habe, durch neue Marken, die zu bestehenden Konzernen hinzukommen, einen Schub, und dabei vor allem die Vorteile durch Synergien. Bei M&A muss es allerdings nicht immer um Marken gehen. Es kann auch um den Vertrieb gehen, um Produktionsstandorte, um eine bestimmte Software, um Know-how oder Technologie. Eine der Folgen von COVID-19 besteht darin, dass manche Zulieferer der Luxusindustrie in eine prekäre Finanzlage geraten können und dass dies dazu führen könnte, dass sie in die Marken integriert werden, die sie beliefern, um so Arbeitsplätze und Know-how zu erhalten. Luxus strebt nach Kontrolle, und diese Kontrolle ermöglicht Preissetzungsmacht. Das heißt, wenn eine Marke, die die Möglichkeit hat, ihr gesamtes Ökosystem zu kontrollieren, dies auch tun sollte. So war beispielsweise vor über 15 Jahren, als ich bei Cartier arbeitete, die Hälfte der Schmuckproduktion ausgelagert. Nach mehreren Übernahmen erfolgt sie heute weit überwiegend im eigenen Hause und das brachte viel in puncto Qualitätskontrolle und Produktivitätssteigerung. Wichtig ist auch, dass dies die Ertragsmarge der Marke angeschoben hat.

Die Größenvorteile sind Grund genug für die Überzeugung, dass M&A in diesem Sektor weiterhin florieren wird und dass daran die meisten Marken auf die eine oder andere Weise beteiligt sein werden. Aber für diese Prognose sprechen noch weitere Faktoren, unter anderem Cashflow, Absicherung und Menschen.

Cashflow

Vor zehn Jahren nutzten Luxusmarken ihre Fähigkeit, Ladengeschäfte zu eröffnen, um ihren Umsatz zu erhöhen. Heutzutage haben die meisten größeren Marken die Geschäfte, die sie brauchen, in den Städten, in denen sie sie brauchen. Sie können zwar manche Standorte erweitern oder verbessern, aber das Investitions-Umsatz-Verhältnis ist sehr schnell gesunken. Bis zum Beginn der Krise im Jahr 2020 war der Sektor hochprofitabel und aufgrund dieses Fehlens von Investitionsdruck in den Geschäften sowie der Tatsache, dass auch die digitalen Investitionen beherrschbar bleiben, wird sich der Cashflow nach COVID-19 so schnell anhäufen, dass viele Bilanzen des Sektors zu wenig schuldenlastig wirken könnten. Bei den in diesem Sektor tätigen Familien ist es nicht Brauch, den Aktionären in Form von Aktienrückkäufen oder Sonderdividenden etwas zurückzugeben. Dies steht im Gegensatz zu vielen börsennotierten Gesellschaften, die nicht in Familienbesitz sind. Man denke an Apple: Der Bargeldbestand des Unternehmens beträgt mehr als zehn Prozent seiner Marktkapitalisierung und es hat sich verpflichtet, den Aktionären den gesamten Bestand im Laufe der Zeit zurückzugeben. Auch Luxuskonzerne sprechen manchmal davon, möglicherweise ein bisschen Cash zurückzugeben, und der Gerechtigkeit halber ist zu erwähnen, dass es bei LVMH und bei Kering bereits kleine Rückkaufprogramme gegeben hat, aber häufiger verwenden sie ihre Liquidität oder eine gewisse Menge Schulden, um neue Marken zu kaufen.

Absicherung

Ein ziemlich einfacher Grund, der für M&A in diesem Sektor spricht, ist der alte Spruch, man solle nicht alle Eier in den gleichen Korb legen. Wenn ein Konzern 80 oder 100 Prozent seines Gewinns aus einer Marke bezieht, was passiert dann, wenn diese Marke ins Stocken gerät? Um einen Vergleich aus der Geldanlage zu verwenden: Aktienanleger dürften nachts ruhiger schlafen, wenn sie ein Portfolio mit 30 Aktien besitzen, als wenn sie ihren Verdienst in eine einzige Aktie investiert haben. Somit entspricht es dem gesunden Menschenverstand, dass man als Familie, die ihr Vermögen langfristig verwaltet, sein Luxusportfolio diversifiziert.

4 | Auf die Größe kommt es an

Burberry ist ein Unternehmen mit nur einer Marke, das an der London Stock Exchange notiert. Im Jahr 2017 hieß diese unabhängige Marke ihren neuen CEO willkommen, der prompt klarstellte, dass die Finanzkennzahlen jahrelang seitwärts laufen würden: Die Marke müsse neu aufgestellt werden und dies bedeute, zu reinvestieren, die Märkte zu bereinigen und den Umsatz nicht auszuweiten. Die zwei Jahre mit stagnierenden Margen, die dieser Schachzug mit sich brachte, waren nur dank der Größe von Burberry möglich.

Im Gegensatz dazu machte der Gepäckhersteller Rimowa eine große Rückstellung durch, als er 2016 von LVMH übernommen wurde. Die Margen gingen gegen null, aber dank der Größe von LVMH war das auf Konzernebene nicht einmal sichtbar. Außerdem waren, als Rimowa zu einem Teil eines Luxusimperiums wurde, wahrscheinlich auch seine Werbekosten viel niedriger, weil die Marke von den LVMH-Preisen profitierte. In den drei Jahren nach der Übernahme war das Unternehmen unglaublich sichtbar, dank eines neuen Einzelhandel-Fußabdrucks, zahlreicher Kooperationen mit Künstlern, massenhaft Werbung und eines aktiven Instagram-Feeds. Zuvor war das Unternehmen fast eine Nischenmarke gewesen, nun war es beinahe unumgänglich.

Menschen

Allgemein ausgedrückt kaufen Unternehmen deshalb Marken, weil sie von den langfristigen Wachstumsaussichten des Übernahmeziels überzeugt sind (theoretisch müssten kleinere Unternehmen schneller wachsen als größere). Entscheidend für diese Überzeugung ist, dass der Käufer meint, er sei in der Lage, bessere Arbeit zu leisten als das bisherige Führungsteam. Anders gesagt werden nach Übernahmen Manager ausgetauscht. Innerhalb des LVMH-Konzerns versetzte das frische Blut bei Bulgari und Rimowa nach ihren Übernahmen (2011 und 2016) beide Marken in die Lage, einen vollkommen neuen Wachstumspfad einzuschlagen.

Der Personalfluss kann aber auch in die andere Richtung verlaufen. Ende 2019 berichtete die Presse über das Gerücht eines Zusammengehens von Kering und Moncler – beide CEOs werden im vorliegenden Buch interviewt. Auf dem Papier bestünde der Anreiz für Kering im Zugang zu dem kräftigen Wachstumspotenzial von Moncler, das seinen Einzelhandels-Fußabdruck noch vergrößern (die meisten entwickelten Luxusmarken sind bereits an allen wichtigen Märkten vertreten) und sich noch über Oberbekleidung hinaus diversifizieren kann. Ein weiterer Vorteil, der meiner Ansicht nach vielleicht noch wichtiger ist, wäre der Zugang zu einigen der bedeutendsten Innovatoren der Branche, zum Beispiel zu Monclers CEO Remo Ruffini und zu Roberto Eggs, dem Marketingchef und Geschäftsführer.

Wie bereits erwähnt, fällt es Konzernen, die über verschiedene Vermögenswerte verfügen, viel leichter als Unternehmen mit nur einer Marke, Spitzentalente anzuziehen, außer wenn die Unternehmenskultur und der Reiz Letzterer besonders stark sind – wie zum Beispiel bei den unabhängigen Marken Moncler, Hermès und Chanel.

Zwar lassen sich Timing und Namen unmöglich vorhersagen, aber ein großer Teil der Transformation des Sektors wird wahrscheinlich vom M&A-Gesichtspunkt her stattfinden. Durch den Druck, den manche unabhängigen Marken aufgrund der makroökonomischen Lage verspüren dürften, werden sich Chancen ergeben. Als im Jahr 2020 die Coronakrise den Umsätzen des Sektors einen Schlag versetzte, wurde klar, dass die größeren Konzerne das Gewitter besser überstanden, während kleinere unabhängige Unternehmen viel härtere Zeiten durchmachten. Natürlich haben kleinere, von Familien kontrollierte Unternehmen keinen Anreiz, sich zu verkaufen, wenn gerade der Umsatz einbricht und die Margen auf dem Weg nach Süden nachfolgen – es sei denn natürlich, sie wären zum Verkauf gezwungen (beispielsweise wenn sie Verlust machen oder ihnen die Finanzierung des Geschäftsbetriebs schwerfällt), aber das ist selten. Ich bin jedoch davon überzeugt, dass die größeren Marken, wenn sich die Lage nach der Krise wieder stabilisiert, am meisten von der steigenden Nachfrage profitieren werden. Wahrscheinlich werden die Familien irgendwann zu dem Schluss kommen, dass die Größe ein Problem ist und dass sie nicht mehr auf eigene Faust gedeihen können. COVID-19 wird die Konsolidierung beschleunigen. Die Gruppierung von Unternehmen im Soft-Luxury-Bereich ist ein rationaler Schritt, denn Modetrends können kommen und gehen, und Streuung ist eine Absicherung dagegen. Außerhalb des Soft-Luxury-Bereichs kann die Zusammenfassung von Marken in denjenigen Segmenten funktionieren, in denen der Großhandel maßgeblich ist (zum Beispiel Parfüm und Armbanduhren).

LVMH: Dann gab es nur noch einen?

LVMH ist schon jetzt hinsichtlich Umsatz, Gewinn und Marktkapitalisierung der größte Luxuskonzern der Welt, hat aber schon oft gesagt, es wolle seine Marktanteile an allen Märkten steigern und „seine globale Führungsposition ausbauen".[1] Größe und Vielfalt bringen Visibilität und geringere Volatilität mit sich, denn Konzernteile, die schlecht laufen – von denen LVMH nur wenige hat –, werden durch Erfolgsstorys ausgeglichen, und außerdem haben Teile des Konzernportfolios Ähnlichkeiten mit Verbrauchsgütern: Sephora, Parfüms, Weine und Spirituosen, und zu einem gewissen Grad auch Louis Vuitton. Alle größeren Konzerne der Branche genießen gegenüber den Unabhängigen Größenvorteile, aber die schiere Größe des LVMH-Konzerns bedeutet auch, dass sich die Dynamik allmählich verschieben könnte – von „Groß gegen Klein" hin zu „LVMH gegen den Rest der Welt". Ich halte es für sehr gut möglich, dass die Unternehmensgruppe aufgrund ihres starken, umsatzbedingten organischen Wachstums und ihrer Übernahmen gewissermaßen für die gesamte Branche stehen wird. Wenn ich weiterhin den Luxussektor beobachte, muss ich im Jahr 2030 vielleicht ein Buch mit dem Titel „LVMH: die Luxus-Vormacht" herausbringen.

(Nebenbei bemerkt dürfte Ihnen auffallen, dass LVMH in diesem Buch sehr oft vorkommt, aber bedenken Sie, dass sowohl das organische Wachstum als auch die Fusionen und Übernahmen dazu geführt haben, dass die Marktkapitalisierung des Konzerns dreimal so groß ist wie die seiner Konkurrenten. Ich gewähre also LVMH keine Vorzugsbehandlung, sondern gebe lediglich seine Macht wieder.)

Zwar liefert der Konzern den Börsenbeobachtern keine präzisen Ziele, aber LVMH denkt eindeutig langfristig. Es hat im Luxussektor das gemacht, was Nike im Sportartikelsektor gemacht hat: Es hat massiv in Werbemittel und IT investiert, in die Lieferkette und in die Immobilien-Infrastruktur, um die Konkurrenz in Schach zu halten. Diese Strategie wurde kürzlich wieder veranschaulicht, als der Konzern seine Ergebnisse im ersten Halbjahr 2019 bekannt gab. Der Umsatz übertraf die Schätzungen, indes verfehlte die Marge die Erwartungen, dies allerdings aus dem richtigen Grund, denn der Konzern hatte seine Investitionen hochgefahren, um zu versuchen, die Konkurrenz zu ersticken. Natürlich ist das nur meine Auslegung, nicht die Art, wie die Unternehmensleitung es kommunizierte! Indes erlitt Christian Dior, eine der auffallendsten Marken im LVMH-Stall, in den Vereinigten Staaten Verluste und tätigte Investitionen, um sicherzustellen, dass die eigene Größe langfristig in gleichem Maße überlegen bleibt, und wahrscheinlich will es an diesem Markt zu Chanel aufschließen. Meinen Schätzungen zufolge hat die Marke Dior im Jahr 2019 insgesamt (mit Parfüm und Kosmetik) einen Umsatz von fast sieben Milliarden Euro erzielt. Aufgrund seiner Ähnlichkeit mit Chanel (unabhängig und nicht börsennotiert) hinsichtlich der Positionierung und der Eigenschaften würde es mich nicht überraschen, wenn LVMH vorhätte, die Marke zu einer mit Chanel vergleichbaren Größe – im Jahr 2019 ein Umsatz von mehr als zehn Milliarden Euro – anwachsen zu lassen.

LVMH hat eine sehr starke Vorgeschichte, was Deals angeht, und ist in meinen Augen immer noch der Standard-Aggregator des Sektors, denn es verfügt über eine ausreichend starke Bilanz und ausreichend Cash, um große Übernahmen durchzuführen. Ein Verkauf an LVMH kann für andere Familienunternehmen, die ihre Marke langfristig entwickeln wollen, attraktiv sein. Stellen Sie sich vor, Sie wären eine unabhängige Luxusmarke: Würden Sie, um Ihren Wert zu festigen, lieber einen Teil an einen privaten Aktieninvestor verkaufen, der Sie wahrscheinlich aufmischt und Ihre Marke an die Börse mit all ihren Überwachungen und Regulierungen bringt, oder ihn lieber an LVMH verkaufen, das zwar der geschäftliche Branchenprimus ist, aber ebenfalls langfristig und wirklich wie eine Familie denkt?

Im Juli 2019 wurde Bernard Arnault, der CEO von LVMH, zur zweitreichsten Person der Welt. Die reichste, Amazon-Gründer und -Chef Jeff Bezos, hat einmal gesagt: „Es gibt zwei Arten von Unternehmen: solche, die sich bemühen, mehr zu verlangen, und solche, die sich bemühen, weniger zu verlangen. Wir werden zur zweiten gehören."[2] Ich glaube, LVMH wird weiterhin dadurch florieren, dass es sich unermüdlich bemüht, mehr zu verlangen und Marken zu erwerben, von denen die Verbraucher dermaßen begeistert sind, dass der Preis kein Problem ist – oder gar den Reiz ausmacht.

LVMH stehen viele Investitionswege zur Stützung des künftigen Wachstums offen, von denen ich drei als Hauptwege betrachte: Hautpflege, harter Luxus (Armbanduhren und Schmuck) und die Diversifizierung außerhalb der Luxusgüter, vor allem ins Gastgewerbe.

PROGNOSE NR. 6

Bernard Arnault, der Verwaltungsratsvorsitzende und CEO von LVMH, wird konsequent die Liste der reichsten Personen der Welt anführen, noch vor Jeff Bezos von Amazon, wie es Ende 2019 schon einmal kurz der Fall war. Aus den 77 Marken, die sein Konzern besitzt, während ich dies schreibe, werden 90 bis 100 werden.

Hautpflege

LVMH ist in der Hautpflege unterrepräsentiert, sein einziger nennenswerter Aktivposten auf diesem Gebiet ist Parfums Christian Dior. Sein derzeitiges Portfolio neigt immer noch stark zu der langsamer wachsenden Parfüm-Kategorie, die niedrigere Margen bietet; verstärkt wurde dies noch durch den Kauf einer Mehrheitsbeteiligung an Maison Francis Kurkdjian Anfang 2017. Diese Erweiterung war Teil des branchenweiten auf Nischen-Parfümmarken gerichteten Kaufrauschs, nachdem Estée Lauder die Marken Le Labo, Frédéric Malle und By Kilian gekauft hatte und L'Oréal die Marke Atelier Cologne übernommen hatte – aber das sind nur kleine Unternehmen, die nicht den Ausschlag geben werden. Der Erfolg von LVMHs Vertriebssparte Sephora spricht für die Ansicht, dass Hautpflege ein vielversprechender Subsektor des Konsumsektors ist, der kräftiges Wachstum, Kundentreue und höhere Margen mit sich bringt. LVMH ist in diesem Sektor unter anderem dadurch gewachsen, dass es Fenty aufgebaut hat, die Make-up-Marke von Rihanna, die im zweiten Jahr ihres Bestehens umgerechnet 500 Millionen Dollar einbrachte und Teil des Kosmetikmarken-Inkubators Kendo des Konzerns mit Sitz in San Francisco ist. Aber wenn man nicht organisch wächst – die Übernahmeprämien, die im Make-up-Bereich gezahlt werden, sind exorbitant, wie jüngere Beispiele wie etwa die Übernahme von Too Faced durch Estée Lauder zeigen.

Harter Luxus

Bevor LVMH im November 2019 Tiffany nach dessen Übernahme in seinem Stall begrüßte, war es in diesem Sektor verglichen mit Richemont, Swatch und Rolex winzig klein gewesen. Im Laufe der Zeit waren mehrere theoretische Argumente gegen eine solche Vorgehensweise vorgebracht worden. Manche Beobachter warnten, Schmuck sei wegen der hohen Bestandsaufwendungen eine schwierige Kategorie. Wahrscheinlich hat der Erfolg von Bulgari innerhalb des LVMH-Konzerns nach der Übernahme der Marke im Jahr 2011 diese Bedenken gemildert. Ein Problem war der Zusammenschluss von Swatch und Tiffany zur Produktion von Tiffany-Uhren, und dieser Zusammenschluss wurde im September 2011 aufgelöst. Arnault mag Probleme mit einer Schmuckmarke gehabt haben, die 20 Prozent ihres Umsatzes mit eher erschwinglichen Silberprodukten erzielt, auch wenn LVMH Marken besitzt, die Champagner oder Düfte für 50 Dollar pro Stück verkaufen. Und vielleicht wollte LVMH beim Kauf von Vermögenswerten mit Sitz in den Vereinigten Staaten vorsichtig sein – nach den durchwachsenen Schicksalen von Marc Jacobs (nach wie vor ein problematischer Posten) und Donna Karan (nach 20 holprigen Jahren an G-III verkauft). Aber nach dem Erfolg von Fenty und der Eröffnung eines dritten amerikanischen Produktionsstandorts für Louis Vuitton im Jahr 2019 in Texas (größer als die beiden ersten Standorte in Kalifornien) fühlte sich LVMH wohl ermutigt, in den Vereinigten Staaten weitere Initiativen zu starten. Die beiden unterschiedlichen und einander ergänzenden Marken Tiffany (neuenglische Strenge) und Bulgari (römischer Überschwang) im gleichen Portfolio zu halten ist sehr sinnvoll.

Diversifizierung

Als Verkörperung der Luxusbranche sollte LVMH versuchen, den Luxus an sich neu zu definieren. Die Dinge, nach denen wohlhabende amerikanische und chinesische Verbraucher streben, beinhalten Reisen, E-Commerce, gesundes Leben und maßgeschneiderte Produkte (Wein, Kunst und so weiter), und daher gibt es reichlich Möglichkeiten. In letzter Zeit hat LVMH seinen Fußabdruck in den Bereichen Luxusreisen und Luxusgastronomie ausgeweitet: Im Jahr 2016 kaufte es eine Mehrheitsbeteiligung an der gehobenen deutschen Gepäckmarke Rimowa – eine geniale Art, die Sehnsucht der Verbraucher nach Reisen zu erfassen. Drei Jahre später kaufte es Belmond, eine gehobene Gastronomiemarke, Eigentümerin des legendären Hotels Cipriani in Venedig und des Services im Orient Express. Im Februar 2020 übertrug LVMH die Leitung von „LVMH Hospitality Excellence" an Andrea Guerra, den langjährigen CEO des Brillengiganten Luxottica und einen der renommiertesten Manager im Konsumgüterbereich. Mitte März 2020 wurde er Mitglied des Konzernvorstands. Dass der Konzern einen solchen leitenden Manager in den Vorstand holt, sagt mir, dass er im Gastgewerbe noch viele künftige Projekte plant. Rückblickend mag der Zeitpunkt für die Übernahme einer Gepäckmarke und dann einer High-End-Hotelkette unglücklich gewesen sein, aber wenn man nicht gerade der Meinung ist, Reisen werde es nie wieder geben – was ich nicht bin –, dann werden diesen Sparten bessere Tage bevorstehen.

Jeder, der die Zukunft der Luxusindustrie verstehen will, sollte LVMH genau beobachten. Was als Make-up-Partnerschaft mit Rihanna begann, entwickelte sich zu der Luxus-Modemarke Fenty – zweifellos unerwartet und ein Meisterstreich. Als LVMH-Chef Bernard Arnault von einem Journalisten gefragt wurde, ob er Rihanna für die nächste Coco Chanel halte, antwortete er fürs Erste: „Sie hat eine bessere Stimme." Der Konzern wird noch viele Gelegenheiten haben, über den Tellerrand hinaus zu blicken, rechnen Sie also mit dem Unerwarteten.

Ist Platz für ein amerikanisches LVMH?

Die neuen Sterne am Luxus-M&A-Himmel sind Tapestry – so der neue Name des Coach-Konzerns, nachdem er die amerikanischen Marken Kate Spade und Stuart Weitzman gekauft hatte – und Capri – so der neue Name von Michael Kors nach der Übernahme der britischen Marke Jimmy Choo und der eleganten italienischen Marke Versace. Die Begründung, weshalb Tapestry und Capri versuchen, zu „amerikanischen LVMHs" (also zu diversifizierten Luxuskonzernen) zu werden, ist für mich kristallklar: Unternehmen mit nur einer Marke sind zumindest im weichen Luxussegment riskante Investitionen, weil Moden kommen und gehen. In diesem Kontext bietet Vielfalt eine natürliche Absicherung.

Das Schicksal der beiden konkurrierenden New Yorker Konzerne ist bislang jedoch alles andere als eine reibungslose Fahrt. Ich wollte die CEOs von Tapestry und Capri interviewen, aber das klappte zeitlich nicht, und darum müssen Sie sich mit meiner Analyse der beiden Konzerne mit Blick auf ihre M&A-Strategien begnügen.

Das Tapestry-Führungsteam besaß den Ehrgeiz und die Kompetenz, einen starken, diversifizierten Konzern aufzubauen, der den Erfolg der europäischen Konzerne mit erschwinglicher positionierten Marken nachbilden sollte. Durch die Übernahmen bewegte sich Tapestry zügig von der einen Marke weg und hin zu einem demokratisch-luxuriös-amerikanischen LVMH-Status. Der Vorteil dieser Ausrichtung ist, dass Tapestry in Produktion und Vertrieb größere Synergien heben kann. So würden beispielsweise traditionelle Luxus-Akteure nicht unbedingt gemeinsame Produktionsanlagen und regionale Teams für verschiedene Marken einrichten, wie es Tapestry jetzt tut.

Das Problem an der Ausrichtung auf erschwingliche Luxusartikel ist jedoch, dass dies innerhalb der Branche ein Segment mit geringem Wachstum ist, zumindest was Handtaschen angeht – was ich in Kapitel 6 noch erläutern werde. Unter der Führung von Victor Luis – der viele Jahre bei Coach Konzern-CEO und Architekt der auf mehrere Marken ausgerichteten Strategie gewesen war – kaufte Tapestry im Jahr 2017 (damals noch unter dem Namen „Coach") für 2,6 Milliarden Dollar Kate Spade. Die Dinge liefen aber nicht wie geplant, und in den darauffolgenden Jahren kam es zu mehreren Enttäuschungen bezüglich der Integration der Marke sowie zu einer grässlichen Aktienkursentwicklung. Im Sommer 2019 schied Victor abrupt aus dem Unternehmen aus. Drei Monate später verließ auch Anna Bakst, CEO der erfolglosen Marke Kate Spade, im Rahmen eines umfassenden Führungswechsels den Konzern. Weitere drei Monate später wurde Eraldo Poletto, der CEO von Stuart Weitzman, ersetzt, und im März 2020 trat der CEO der Kernmarke Coach, Joshua Schulman, zurück, womit er das unglaubliche Führungskarussell abrundete. Es entbehrt nicht einer gewissen Ironie, dass es Luis, der seine Laufbahn bei LVMH begonnen hatte und dem die Vorteile eines mehrere Marken umfassenden Konzerns bewusst waren, und seinem Team nicht gelang, den auf dem Papier fantastischen strategischen Plan umzusetzen.

Teil 2 | Die Verkäufer

Nach der Übernahme von Jimmy Choo im Jahr 2017 verhehlte Capri nicht, dass dies nicht der letzte Deal sein würde, und die Übernahme von Versace im Jahr danach war für den Konzern von noch größerer Bedeutung. Die Übernahme von Jimmy Choo war mehr oder weniger „Plug and Play", da die Marke solide war und wahrscheinlich nur ein paar Investitionen in Ladengeschäfte und Systeme benötigte. Hingegen ist Versace eine Marke, die viel ausführlichere Reparaturen erforderte, und noch ist das Urteil nicht gesprochen, ob sich herausstellen könnte, dass sich die Unternehmensleitung von Capri mit diesem Turnaround-Projekt übernommen hat. Anders als Tapestry, das klargestellt hatte, es werde sich auf erschwinglichen amerikanischen Luxus konzentrieren, steht Capri auch europäischen Premium-Marken offen, die weder bezüglich des Preisbereichs noch bezüglich ihrer Positionierung unbedingt der Kernmarke Kors ähneln. Bei Versace bedeutete der gezahlte Preis (2,12 Milliarden US-Dollar) ein Kurs-Umsatz-Verhältnis von 2,5, das angesichts der M&A-Geschichte des Sektors vernünftig erscheint, allerdings auch ein Kurs-EBITDA-Verhältnis (EBITDA = Earnings Before Interest, Taxes, Depreciation and Amortization = Gewinn vor Zinsen, Steuern, Abschreibungen auf Sachanlagen und Abschreibungen auf immaterielle Vermögenswerte) von 34, was sehr hoch wirkt, auch wenn das zu erwarten ist, wenn der Käufer nicht zu den üblichen europäischen Verdächtigen gehört. Wenn man einen Blick auf die europäischen Premium-Luxusmarken wirft, scheinen die europäischen Konzerne tatsächlich eine Art Vorkaufsrecht zu haben, weil die Verbindungen zwischen den Familien und innerhalb des Ökosystems dort viel enger sind. Anders ausgedrückt: Wenn in Europa ein interessanter Vermögenswert zum Verkauf steht, werfen LVMH, Kering und Kollegen einen Blick darauf, und wenn sie kein Gebot oder nur ein niedriges abgeben, kann der Vermögenswert zu einem höheren Preis einem Nichteuropäer wie Capri zugeschlagen werden, der mehr bietet.

Summa summarum holte sich Tapestry zwar Marken, die nicht allzu teuer waren, aber nun erweist es sich als schwierig, bei ihnen

4 | Auf die Größe kommt es an

das Ruder herumzureißen. Capri kaufte zwar schneller wachsende Marken, musste dafür aber die Bank sprengen. Keiner von beiden besitzt eine eindeutig siegreiche Strategie, wobei sich bei Capri immerhin das Management halten konnte, während es bei Tapestry größtenteils ausgewechselt wurde. Der Ausbruch von COVID-19 bescherte beiden Unternehmen, die überwiegend an den nordamerikanischen Märkten engagiert sind, enorm viel Leid, weil die Vereinigten Staaten im März 2020 die Läden dichtmachten.

Auf wen sollte man sonst noch achten?

LVMH mag in der Luxusbranche die dominierende Kraft sein, aber es gibt noch mehrere andere Konzerne und Unternehmen, die die Mittel besitzen, sich an großen M&A-Umbrüchen zu beteiligen, und die darf man nicht ignorieren. Außerdem ist mit Übernahmen von Luxusunternehmen von außerhalb des Sektors zu rechnen, denn die private Finanzierung und die Auslandsfinanzierung gewinnen zunehmend an Bedeutung.

Kering: Der Herausforderer

Kurz nachdem Kering seine Mehrheitsbeteiligung an der deutschen Sportartikelmarke Puma verkauft hatte, wandelte sich der Konzern erfolgreich von einem diversifizierten Konglomerat, in dem der Einzelhandel dominierte, zu einem streng auf Premium-Marken beschränkten Portfolio, das einige der symbolträchtigsten Lederwaren- und Accessoire-Marken beinhaltet, die in unmittelbarer Konkurrenz zu Marken von LVMH wie etwa Louis Vuitton und Dior stehen. Es gibt viele Gründe, aus denen Kering erneut den Pfad der Übernahmen beschreiten könnte, aber der dringendste unter ihnen ist die Absicherung. Da die Marke Gucci – die der Konzern nach einem erbitterten Kampf mit LVMH unter Kontrolle bekam, der mit einem Verkauf an einem unvergesslichen Datum (dem 11. September 2001) endete – in letzter Zeit sehr gut läuft und fast 80 Prozent des Konzerngewinns liefert, würde die Hinzunahme weiterer Marken dem Konzern helfen, etwas Risiko aus dem Portfolio zu nehmen. Zwar wurde aus den Gerüchten um einen Zusammenschluss mit Moncler nichts, aber in der Presse war im Laufe der Zeit von vielen anderen Optionen des Konzerns die Rede, die sinnvoll sein könnten: eine Fusion mit Richemont (siehe unten), eine Übernahme von Ferragamo, Valentino oder Prada; oder – was auf kurze Sicht realistischer ist – der Aufbau einer Kosmetiksparte (die meisten Kering-Marken lizenzieren diesen Bereich aus) beziehungsweise mehr Vermögenswerte aus dem Brillensegment.

Richemont: Absolut harter Luxus
Dieser Konzern mit Sitz in der Schweiz wurde unter dem Vorsitz des südafrikanischen Unternehmers Johann Rupert kürzlich aktiv, indem er den Anteil an dem E-Commerce-Betreiber YNAP erwarb, der ihm noch nicht gehörte, einen 7,5-prozentigen Anteil an dem Duty-free-Shop-Betreiber Dufry kaufte, einen Secondhand-Uhrenhändler namens Watchfinder & Co. übernahm und einen der raren unabhängigen Schmuckhersteller kaufte, das 1919 gegründete Unternehmen Milanese Buccellati.

Richemont betrachtet zu recht den harten Luxus (Uhren und Schmuck) als seine Kernkompetenz und es ist meiner Ansicht nach unwahrscheinlich, dass es sich in Sachen Marken aus diesem Gebiet herauswagen wird. Und wenn es das täte, dann wäre das gefährlich. Da der Vorsitzende Rupert langfristige Vorbereitungen trifft, könnte sich die zunehmende Integration des Vertriebs (Beteiligungen an E-Commerce, alternativen Vertriebswegen, Reiseveranstaltern und so weiter) durchaus fortsetzen.

Es ist aufschlussreich, dass es sowohl die Swatch Group als auch Richemont unterlassen haben, die solide und in Familienbesitz befindliche Uhrenmarke Breitling zu kaufen, die im April 2017 schließlich an die Private-Equity-Firma CVC Capital Partners ging. Da sich Richemont bezüglich der Uhrensparte gerade in eine Phase der Umstrukturierung befand, wäre der Kauf von Breitling nicht sinnvoll gewesen, und das mangelnde Interesse an diesem Vermögenswert war wahrscheinlich eine Warnung, wie nachhaltiges Wachstum in der Uhrensparte aussehen könnte. Ich bin nicht überzeugt, dass Richemont viele Marken ins Auge fassen könnte – abgesehen von den nun folgenden vier, die aufgrund ihrer Größe und/oder aufgrund ihres Wachstumspotenzials interessant sind:

- Rolex, die vor allem bei amerikanischen Verbrauchern beliebte kultige Luxusuhren-Marke, die weiterhin von ihrer Größe und von ihrer Popularität bei Verbrauchern der Mittel- und Oberschicht profitieren dürfte.

- Patek Philippe und Audemars Piguet, zwei Ultra-High-End-Marken, die von der Knappheit des Angebots profitieren dürften, die zu einer gesunden Nachfrage nach den beiden Marken führen sollte.

- Chopard, eine gut ausbalancierte Uhren- und Schmuckmarke mit starken Aktivposten (zum Beispiel einer hervorragenden Uhrenmanufaktur, Sponsor des Filmfestivals in Cannes), deren Wachstum von ihrem Engagement am Schmuckmarkt profitieren dürfte, denn diese Kategorie wird, wie in Kapitel 1 erläutert, Wachstum erleben, weil die Kaufkraft der Frauen weltweit wächst.

Swatch: Der Retter der Schweizer Uhren
Bei Swatch ist es unwahrscheinlich, dass es für Vermögenswerte zahlt. Der Konzern, der dafür bekannt ist, dass er die Branche der mechanischen Schweizer Uhren gerettet hat, hält sich wahrscheinlich an das, was er kennt. Davon abgesehen war er stets vorsichtig, was die Bewertungskennzahlen von Übernahmen angeht, auch wenn seine Übergewichtung der Kategorie der Armbanduhren (langsames Wachstum) ihn vielleicht veranlassen könnte, sich in nennenswerter Weise in Richtung schneller wachsender Kategorien wie etwa Schmuck zu diversifizieren. Diese Absicht stand wahr-

scheinlich hinter der Übernahme des New Yorker Juweliers Harry Winston. Abgesehen von kleinen Erwerbungen im Zusammenhang mit Produktion oder Vertrieb sehe ich bei diesem Konzern angesichts seiner disziplinierten Kapitalverwendung keine große Übernahme am Horizont.

Hier ein Blick auf das, was einige der anderen Konzerne tun könnten:

Tod's: Kleines, diversifiziertes Soft-Luxus-Unternehmen

Über diesen kleinen italienischen Konzern, der mehrere Marken besitzt, laufen Gerüchte um, er stehe zum Verkauf, obwohl der Vorsitzende Diego Della Valle solche Spekulationen dementiert hat. LVMH hält seit dem Börsengang einen Anteil von 3,5 Prozent und die Marken von Tod's entwickeln sich auf den Sektor bezogen seit einer Weile unterdurchschnittlich. So leicht, wie es klingt, würde sich das Unternehmen wohl nicht verkaufen lassen, denn alle vier Marken stehen vor Herausforderungen:

- Die Kernmarke Tod's besitzt zwar langfristiges Wachstumspotenzial, jedoch fehlt es ihr in den Vereinigten Staaten und in China an ausreichender Markenbekanntheit und Glaubwürdigkeit. Sie steht zwischen Sportschuhmarken und leicht gehobenem Luxus, sitzt also zu einem gewissen Grad zwischen den Stühlen.

- Hogan ist eine jüngere, erschwinglichere, eher legere Marke und zieht in China und den Vereinigten Staaten nicht ausreichend, um sie zu einem eigentlichen globalen Konzept zu machen.

- Roger Vivier ist eine Schuhmarke, die eine Nische besetzt und die zwar floriert, aber in die gleiche Art von Rätsel geraten ist, die wir vor ein paar Jahren bei Bottega Veneta (gehört zu Kering) gesehen haben: Sie beruht auf nur einem Produkt (bei Roger Vivier Schnallenschuhe, bei Bottega Veneta die Produkte aus Intrecciato-Leder) und braucht andere Säulen.

- Fay ist eine kultige Oberbekleidungsmarke, die sich außerhalb Italiens kaum verkauft und kaum bekannt ist.

Ferragamo: Florentiner Eleganz
Ferragamo ging kürzlich als Kandidat für einen Verkauf oder für ein Delisting durch die Presse. Auch hier dementiert die Familie die Spekulationen. Außerdem ist es aus mehreren Gründen unwahrscheinlich, dass es kurzfristig zu einem Verkauf kommt. Erstens hat das Unternehmen 2018 nach dem überraschenden Abschied von Eraldo Poletto die ehemalige Gucci-Managerin Micaela Le Divelec als CEO ausgewählt. Die mit dieser Ernennung verbundenen Veränderungen lassen vermuten, dass die Familie nicht vorhat, das Unternehmen zu verkaufen, denn sie gibt dem neuen Führungsteam die Chance, den Kurs der Marke zu ändern, und das lässt sich nicht in einem oder zwei Jahren machen. Zweitens gehen Familien langsam vor. Die Kapitalstruktur bewirkt, dass die Familienmitglieder überzeugt sein müssten, wenn Ferragamo verkauft werden sollte. Drittens werden die Kennzahlen des Unternehmens dank der Pandemie im Jahr 2020 weniger attraktiv sein und somit wird es meines Erachtens weniger wahrscheinlich sein, dass die Familienmitglieder einen guten Preis bekommen. Und schließlich ist es unwahrscheinlich, dass Familienmitglieder zum Verkauf gezwungen sein werden: Neben der Lederwaren- und Schuhmarke beinhaltet das Familienvermögen auch Grundstücke und Gebäude in der Toskana.

Prada: Elegante Mode aus Mailand
In der Vergangenheit neigte Prada zu Übernahmen, auch wenn beispielsweise Helmut Lang und Jil Sander keine Erfolge waren und wieder verkauft wurden, bevor das Unternehmen 2011 an die Börse ging. Die Marke Prada selbst macht gerade eine Erholungsphase durch und vorläufig wäre es nicht vernünftig, sich auf etwas anderes

zu konzentrieren. Jedoch könnte es angesichts des starken Markenkapitals und Markenpotenzials von Prada aufgrund der von mir erwähnten Bedeutung der Größe irgendwann sinnvoll werden, das Portfolio zu erweitern oder zu fusionieren, wenn man bedenkt, wie unterentwickelt die Marke im Vergleich zu Gucci und zu Louis Vuitton ist. Prada ist eine ikonische, progressive Modemarke mit einem sehr starken Kapital, und die neuliche Einstellung von Raf Simons (früher bei Christian Dior und Calvin Klein) als zweiter Creative Director an der Seite von Miuccia Prada wird wahrscheinlich im Jahr 2020 und darüber hinaus für eine gewisse Begeisterung sorgen.

Moncler: Nieder mit der Disruption
Die Anleger fragten sich schon lange vor dem Aufkommen der Gerüchte über Kering, ob Moncler ein Übernahmeziel sei. Ein anderer interessanter Blickwinkel wäre es, zu sehen, ob das Unternehmen seinerseits Marken erwirbt. Dies könnte aus mehreren Gründen sinnvoll sein:

- Noch hat Moncler einige weiße Flecken abzuarbeiten, was seinen Einzelhandels-Fußabdruck angeht, denn Ende 2019 hatte die Marke etwas über 200 Geschäfte. Ich glaube zwar, dass diese Zahl letztlich auf 300 steigen könnte, aber das bedeutet, dass Moncler nur noch ein paar Jahre mit organischem Wachstum vor sich hat.

- Für ein Unternehmen mit nur einer Marke hat Moncler eine überraschend solide Führungsriege, angefangen bei CEO Remo Ruffini (siehe Interview in Kapitel 3) und dem Marketingchef und Geschäftsführer Roberto Eggs, der seit seiner Ankunft von LVMH her beim Übergang von Moncler von einer mittelgroßen zu einer großen Marke federführend ist. Das Unternehmen hat Best Practices (und offen gesagt disruptive geschäftliche Ansätze wie das Genius-Projekt, um das es in Kapitel 3 geht) entwickelt, die seine Manager durchaus nutzen könnten, um weitere Assets innerhalb eines erweiterten Portfolios zu entwickeln.

- Moncler besitzt genug finanzielle Feuerkraft, um Assets mit einer ordentlichen Größe ins Auge zu fassen.

SMCP: Pariser Chic

Die Eigentümer von Sandro, Maje & Claudie Pierlot (SMCP) haben ihren Umsatz von 2014 bis 2018 verdoppelt und die Schwelle von einer Milliarde Euro erreicht. Dies versetzte den Konzern in die Lage, sein Portfolio zu ergänzen, was er im Jahr 2019 mit der Übernahme von De Fursac auch tat. Der CEO Daniel Lalonde (Interview in Kapitel 6) hatte im gleichen Jahr zuvor gesagt: „Jetzt kann ich zum ersten Mal sagen, dass wir, wenn eine Marke unserer Unternehmenskultur entspricht und wenn sich eine Gelegenheit bieten würde, uns tatsächlich genauer damit befassen könnten. Wir sind bereit. Wir haben in unsere Infrastruktur investiert und ich glaube, das ist der richtige Moment.[3] Nachdem sich SMCP zu einem Aggregator von erschwinglichem Luxus im Prêt-à-porter-Bereich entwickelt hat, kann sich das Unternehmen viele potenzielle Übernahmeziele anschauen.

Private Equity und chinesisches Geld

Die diversifizierten europäischen Luxus-Konglomerate haben allein schon wegen der Nähe zur Mehrheit der potenziellen Übernahmeziele, die ihren Sitz in Europa haben, eine Art Vorkaufsrecht. Das heißt allerdings nicht, dass sie die einzigen Käufer wären. Tatsächlich sehen wir, das Private-Equity-Firmen und chinesische Geldgeber im Konsumbereich hervortreten:

- L Catterton – das Ergebnis der Fusion zwischen L Capital und Catterton – ist mit einem Portfolio aus rund 100 Investments, die von erschwinglichen Luxusartikeln (John Hardy, ba&sh, Genesis, Gentle Monster) über Fitness und Schönheit (Peloton, Equinox, Bliss, Dr. Wu) bis hin zu Ernährung (Cholula, Chopt, Cé la vi, Velvet Taco) und vielem anderen reichen, nach wie vor im Konsumentenbereich dominierend. Angesichts der Tatsache, dass L Capital als privater Investmentarm des LVMH-CEOs Bernard Arnault gegründet wurde, ist es unwahrscheinlich, dass seine Assets den traditionellen Luxusunternehmen Konkurrenz machen werden, aber sie werden hinsichtlich der Konkurrenz um Budgets relevant sein.

- Noch viele weitere Private-Equity-Firmen sind im Konsumentenbereich aktiv, zum Beispiel Permira, Cerberus, The Carlyle Group, KKR, TPG, PAI, Apax Partners, General Atlantic und Neo Investment Partners. Im Mai 2017 startete die französische Private-Equity-Firma Eurazeo eine neue Sparte für „Marken"-Investments und schluckte in den ersten zwei Jahren des Betriebs fünf Verbrauchermarken.

- Abgesehen davon fließt durch die Diversifizierung der Ruyi Group (Textilunternehmen) chinesisches Geld in nichtchinesische Marken wie SMCP (Frankreich), Bally (Schweiz), Aquascutum (Großbritannien) und Renown (Japan). Auch das Konglomerat Fosun ist sehr aktiv, indem es zum Beispiel in Club Med, Cirque du Soleil und St. John investiert.

Fazit

Im Luxussektor bietet Größe enorme Vorteile, die sich unter dem Kürzel VAST zusammenfassen lassen – Voice, Authority, Synergies und Talent –, sodass es kein Wunder ist, dass die Hauptakteure versuchen, noch größer zu werden. Fusionen und Übernahmen sind durch die Größe bedingt und sie werden von der verfügbaren Liquidität, der Bedeutung der Absicherung und von persönlichen Dynamiken beeinflusst. All das wird für noch mehr Konsolidierung sorgen. LVMH dürfte zwar der hauptsächliche Luxusaggregator bleiben, es ist jedoch damit zu rechnen, dass auch andere Konzerne die Branche konsolidieren.

PROGNOSE NR. 7

Nur sehr wenige Luxusmarken werden unabhängig bleiben, mögliche Ausnahmen sind Hermès, Chanel und Rolex. Die meisten werden fusionieren, bankrottgehen, andere aufkaufen oder selbst aufgekauft werden. Uhrenhersteller werden fusionieren, weil der Absatz von Armbanduhren nach wie vor unter Druck steht und sich die Verkäufe zunehmend in Geschäfte oder auf Websites verlagern, die unmittelbar von den Marken betrieben werden.

5
DER STATIONÄRE HANDEL – NICHT TOTZUKRIEGEN

> *„Denn Worte des letzten Jahres*
> *gehören zur Sprache des letzten Jahres.*
> *Und die Worte des nächsten Jahres*
> *warten auf eine andere Stimme.*
> *Und ein Ende zu machen bedeutet,*
> *einen Anfang zu machen."*
> – T.S. ELIOT

Die Medien berichten ständig über das Konzept der „Einzelhandelsapokalypse" in den Vereinigten Staaten. Im Zuge dieses seit Jahrzehnten währenden Trends wurden im Jahr 2019 mehr als 9.000 Geschäfte geschlossen, 59 Prozent mehr als im Vorjahr.[1] Zum Teil ist das eine Korrektur: Die vermietete Gewerbefläche pro Kopf ist in den Vereinigten Staaten viel höher als in allen anderen Ländern, beispielsweise vier- bis sechsmal so hoch wie in Europa. Außerdem übernehmen Amazon und andere Onlinehändler unleugbar dieses Feld. Der Umsatz von Amazon ist von sieben Milliarden US-Dollar im Jahr 2017 auf 280 Milliarden Dollar im Jahr 2019 gestiegen. Mitte März 2020 schloss in Nordamerika der stationäre Handel wegen COVID-19 und machte Tausende Mitarbeiter im Einzelhandel arbeitslos. Im Mai 2020 war bei Neiman Marcus und bei JCPenney von Bankrott die Rede und andere folgten. Während der Krise stiegen sogar die Umsätze mit Luxusgütern in digitalen Umgebungen, sodass es den Anschein hat, als ginge die gesamte Welt des Verbrauchers online.

Die Vorstellung, dass die Zukunft des Luxus im Onlinebereich liegt, hat sich so sehr festgesetzt, dass viele Manager von Luxusunternehmen fragen, ob das stimmt und ob es unvermeidlich ist. Wie die Yankees-Legende Yogi Berra einmal gesagt hat: „Die Zukunft ist auch nicht mehr das, was sie einmal war." Ich glaube, dass die Zukunft des Luxus sehr im stationären Handel liegen wird, nicht im Onlinehandel, auch wenn viele Verbraucher im Jahr 2020 gezwungen wurden, sich mit dem Onlinehandel besser auszukennen.

Während der physische Fußabdruck des allgemeinen Einzelhandels in den Vereinigten Staaten weiterhin schrumpfen könnte, muss dies für den Luxusbereich nicht zwangsläufig gelten, der in der überwältigenden Mehrheit der meist drittklassigen Einkaufszentren, die in ganz Amerika geschlossen haben, gar nicht vertreten war. Die Luxusmarken sind in der amerikanischen Einzelhandelslandschaft nicht übermäßig breit gestreut. Die derzeitige Umstrukturierung bezieht sich mehr auf das, was die Unternehmensleitung von Nike einmal als „undifferenzierten, mittelmäßigen" Einzelhandel bezeichnet hat. Es gibt zwar Ausnahmen, aber die meisten Luxusmarken waren dieser Art von Vertriebskanal nicht ausgesetzt.

Amazon wird dafür sorgen, dass sich Massenprodukte leicht über Alexa bestellen lassen oder dass sie automatisch nachbestellt werden: Ein Brita-Wasserfiltersystem ist darauf programmiert, seine Filter selbst nachzubestellen, Amazon kann regelmäßig eine festgelegte Anzahl von Toilettenpapierrollen liefern, und Nespresso bietet diesen Service für die bevorzugten Kaffeesorten an. Jedoch sind Luxusmarken und Luxusartikel das genaue Gegenteil dessen, was Amazon verkauft. Luxus ist keine Massenware, er ist nicht notwendig, nicht wiederholbar und keine Nebensache. Bei Massenprodukten kommt es darauf an, Zeit zu sparen und einen günstigen Preis zu bekommen. Das Prinzip des Luxus besteht hingegen darin, Zeit und Geld aufzuwenden und sich damit gut zu fühlen. Anders ausgedrückt wird die Polarisierung des Konsums dazu führen, dass Massenprodukte automatisch nachbestellt werden (wobei die Marke irrelevant ist, solange das Produkt seine Funktion erfüllt), der Kauf von Luxusartikeln hingegen absichtsvoll bleiben wird – ein Bereich, in dem es auf die Marken ankommt und in dem diese ihre Preissetzungsmacht behalten werden.

Ich glaube, dass die 80/20-Regel auch im kommenden Jahrzehnt weiterhin gelten wird: Die wichtigsten Bevölkerungsgruppen, die Luxus konsumieren (also Asiaten, junge Menschen, Frauen), werden massiv dazu beitragen, dass zwar 80 Prozent der Produkte online gesucht werden, aber nur 20 Prozent der Luxuskäufe auch wirklich online stattfinden. Warum? Läden sind viel besser geeignet, eine emotionale Bindung zwischen dem Verbraucher und der Marke herzustellen. Zwar bleibt „Storytelling" ein Schlagwort und ganz klar ein Umsatztreiber, aber in einem Geschäft eine Geschichte zu erzählen (oder dass, wie es während des Corona-Lockdowns in den Vereinigten Staaten geschah, Vertreter wohlhabenden Menschen Hausbesuche abstatten und ihnen von den neuesten und tollsten Kollektionen erzählen) ist leichter, als dies online zu tun (auch wenn manche meinen, dass man in nicht allzu ferner Zukunft wird online anfassen, riechen und fühlen können). Einkaufen ist ein sozialer Vorgang. Wenn Verbraucher bei Supreme, Apple oder Nike Schlange stehen, teilen sie ein gemeinschaftliches Erlebnis miteinander. Online-Shopping ist damit nicht einmal ansatzweise vergleichbar. Außerdem spielt der Faktor der Exklusivität eine Rolle. Ein Veteran der Luxusbranche sagte kürzlich zu mir: „Wenn es um Luxus geht, sollte der Vertrieb eingeschränkt sein. Der E-Commerce ist demokratisch, der Luxus nicht."[2]

Trotzdem schließen diese beiden Welten einander nicht aus. Seit einer Weile ist es bei Nike möglich, dass man in einem Laden ein Paar Turnschuhe anprobiert und sie sich dann kostenlos nach Hause liefern lässt, sodass man die Schuhschachtel nicht den ganzen Tag mit sich herumzutragen braucht. War dieser Verkauf nun stationär oder digital? Auch erfolgten auf dem Höhepunkt der Pandemie in den Vereinigten Staaten im Frühjahr 2020 viele Verkäufe von Uhren und Schmuck per Telefon, nachdem Fachverkäufer ihre VIP-Kunden angerufen hatten. Diese Verwischung der Grenzen zwischen den traditionellen und den neuen Vertriebskanälen ist der Grund, weshalb der Begriff „Omnichannel-" nach und nach überflüssig wird. Leider wird er durch das schreckliche Wort „phygital" ersetzt, das ein nahtloses, einheitliches Markenerlebnis bezeichnen soll, das das Beste der physischen und der digitalen Plattformen bietet. Man kann das auch als „harmonisierten Einzelhandel" bezeichnen, und das klingt tatsächlich harmonischer! In einem Forbes-Artikel heißt es, den Verbraucher interessiere es gar nicht, über welchen Kanal er einkaufe, weil er selbst der Kanal sei.[3] Das Problem an dem Omnichannel-Begriff ist, dass er tut, als wäre er für alle alles. Der „harmonisierte Einzelhandel" ist nahtlos, aber betreut, er ist aufgrund unterschiedlicher Touchpoints differenziert und erkennt an, dass „Einkaufen" ein unklarer Begriff ist.

Die Tatsache, dass die Erfahrung im richtigen Leben einen unersetzlichen Wert darstellt, wird gewährleisten, dass die Zukunft des Luxus auch die umfangreiche Nutzung stationärer Geschäfte beinhalten wird. Online-Kanälen und Digital Native Vertical Brands (DNVB) kommt durchaus eine Rolle zu, aber der Luxus-E-Commerce stößt an eine Obergrenze und wird nicht vorherrschend sein. Jedoch wird sich der stationäre Handel als Reaktion auf das sich schnell wandelnde Einzelhandels-Ökosystem weiterentwickeln: Einzelhandelsgeschäfte für Reisende (beispielsweise die Duty-free-Shops an Flughäfen) werden einen Aufschwung erleben, wenn die Reisetätigkeit nach der Coronakrise wieder in die Höhe schnellt, und die Luxusgeschäfte werden sich dahingehend anpassen, dass sie den Verbrauchern einen besseren Service bieten und engere Bindungen zu ihnen herstellen. In zehn Jahren werden mehr Luxusläden einzigartige „Orte der dritten Art" (weder Arbeit noch ein Zuhause) sein, an denen nicht nur Uhren und Handtaschen verkauft werden, sondern an denen man auch etwas lernen und sich unterhalten kann.

Luxus online

Natürlich spielt der E-Commerce in der Luxusbranche eine Rolle – und aufgrund der Coronakrise sind noch mehr Verbraucher auf Onlinekäufe umgestiegen, wodurch sie sich wieder einmal als Beschleuniger von Trends erweist. Marken-Websites (egal ob mit .com im Westen oder mit .cn in China) ermöglichen es den Marken, Informationen über eine breite Produktpalette zu präsentieren, und sie ermöglichen es den Verbrauchern, von fast überall auf der Welt aus Zugang zu diesen Produkten zu haben. Das kommt reichen Verbrauchern entgegen, die wissen, was sie wollen, und die vielleicht in einer „drittklassigen" chinesischen Stadt oder beispielsweise im US-amerikanischen Seattle wohnen. Die meisten Marken werden außerdem für mehrere Marken gedachte Online-Plattformen nutzen, in der westlichen Welt beispielsweise YNAP, Matchesfashion, Asos, Zalando und Farfetch.

Farfetch und Gucci kündigten im Frühjahr 2017 mit viel Tamtam an, sie würden in zehn Städten in aller Welt einen Service auflegen, der eine Auswahl von Gucci-Artikeln innerhalb von 90 Minuten „vom Laden zur Haustür" ausliefern werde. Amazon und Lebensmittel-Lieferdienste haben die Verbraucher daran gewöhnt, eine schnelle Lieferung zu erwarten, und den Marken fällt es schwer, diesbezüglich mitzuhalten. Aber entsprechen solche Leistungen überhaupt einem echten Bedürfnis? Braucht man die Handtasche innerhalb der nächsten Stunde? Ich bin mir da nicht so sicher. Es gibt hier Überlegungen, die über die Bequemlichkeit hinausgehen. Wenn man ein Kundenerlebnis, Kundenservice, personalisierte Produkte und eine einzigartige Erinnerung daran haben will, wie aufregend es war, das Produkt zum ersten Mal zu tragen – hier stößt der E-Commerce an Grenzen.

Noch populärer ist der E-Commerce in China, das den größten und am schnellsten wachsenden Onlinemarkt besitzt. Anfangs setzte man in China große Hoffnungen in aufstrebende, diversifizierte Luxus-Plattformen wie beispielsweise Luxury Pavilion (unter Tmall von Alibaba betrieben), Viplux und Toplife (JD.com). Aber die Luxusmarken wurden jetzt vorsichtig und konzentrierten sich stärker auf ihre eigenen Websites oder auf die WeChat-mini-Programme, die man als Pop-ups für Veranstaltungen oder Produktstarts nutzen kann. Eine der erfolgreichsten Mode- und Luxus-Plattformen Chinas wird von Nutzern getragen: Xiaohongshu (Kleines Rotes Buch) ist eine 2013 gegründete soziale Shopping-App und ihre mehr als 300 Millionen Nutzer sind größtenteils Frauen, die nach 1990 geboren wurden. Sie bietet einen sicheren Ort, an dem Verbraucher Rezensionen schreiben, ihre Einkaufserfahrungen teilen und Produkte kaufen können. Die in dieser App beliebteste Kategorie ist Schönheit und Kosmetik.

Dank der jüngsten Veränderungen in der chinesischen Landschaft werden wahrscheinlich mehr chinesische Luxuskonsumenten online gehen. Im Jahr 2019 kündigten Farfetch (ein Onlinevertrieb ohne Lagerhaltung) und JD.com (Jingdong, Chinas zweitgrößter B2C-Einzelhändler mit mehr als 300 Millionen Nutzern und einer Beteiligung an Farfetch) in einer Pressemitteilung Pläne an, das „führende Tor des Luxus nach China" zu bauen.[4] Mittels dieser erweiterten Partnerschaft bietet Farfetch Marken, die Luxusverbraucher in China erreichen wollen, die volle Palette seiner Technologie- und Luxus-Plattform an, und dies sollte der Luxusbranche signifikantes Wachstum bescheren. Ende 2019 wurde endlich Alibabas Joint Venture mit Richemont zur Entwicklung von Net-a-Porter und Mr Porter in China mit zunächst 130 Marken gestartet.

Trotz dieses Wachstums sind einige der größeren Kultmarken der Branche, die groß genug und davon besessen sind, die Beziehung zum Endkunden zu kontrollieren, auf keiner dieser Plattformen vertreten, und ich bezweifle, ob sie es jemals sein werden. Dabei handelt es sich um Louis Vuitton, Dior, Hermès und Chanel. Wenn ich raten müsste, würde ich sagen, dass viele Marken danach streben werden, irgendwann so clean und einzelhandelslastig zu werden wie sie, und deshalb glaube ich, dass sich das Spiel dahingehend entwickeln wird, dass mehr Marken allmählich von den Multibrand-Plattformen abrücken. Insgesamt dürfte für den Verkauf von Sportartikeln, Kosmetika oder erschwinglichen Luxusartikeln der Onlinehandel die Zukunft sein. Wenn man jedoch eine europäische Premium-Luxusmarke ist und mehr als 20 Prozent seines Umsatzes online erzielt, dann ist etwas schiefgelaufen.

PROGNOSE NR. 8

Nike wird mehr als 50 Prozent seines Umsatzes online erzielen, und zwar größtenteils über direkt betriebene Apps und eigene Websites. Den restlichen Umsatz wird es vor allem über eigene Geschäfte und Outlets zu Verkaufspreisen erzielen. Stationäre Großhandelspartner werden weniger als 25 Prozent zum Konzernumsatz beitragen.

DNVBs

In letzter Zeit sorgt ein neues Phänomen für viel Wirbel: die als DNVB abgekürzten Digitally Native Vertical Brands, also Marken, die online entstanden sind. Der Erfolg einiger solcher Start-ups – Bonobos bei Herrenbekleidung, Allbirds bei Schuhen, Warby Parker bei Brillen, Away bei Gepäck, Casper bei Matratzen, Glossier bei Kosmetik und Dollar Shave Club sowie Quip bei Körperpflege – bestärkt die Ansicht mancher Beobachter, dass Online-Luxus eine große Sache wird. Eine Liste einiger der erfolgreichsten amerikanischen DNVBs der letzten Jahre, die auch die soeben erwähnten Unternehmen enthält, finden Sie auf Seite 155. Der Ansatz, sich online oder in Geschäften unmittelbar an die Verbraucher zu wenden, ist keine Eigenheit der Luxusbranche oder der DNVBs. Marken wie Nike oder Apple können finanziell oder emotional viel gewinnen, indem sie die Vermittler zugunsten einer unmittelbaren Kundenbeziehung ausschalten. Und indem Unternehmen ausschließlich online verkaufen, sichern sie sich eine begrenzte Kostenbasis sowie die Schaffung eines eigenen Datenbestands.

> **DNVBS**
>
> **Digitally Native Vertical Brands: Eine DNVB ist eine Marke, die online entstanden ist und ihre Verkaufstätigkeit selbst kontrolliert. Davon sind in den letzten Jahren viele entstanden und sie werden als Bedrohung für traditionelle Marken betrachtet, wenn auch meiner Ansicht nach nicht für Luxusmarken. Wie wir in diesem Buch noch sehen werden, eröffnen die meisten DNVBs irgendwann doch stationäre Geschäfte und nutzen manchmal sogar Großhändler. Letzteres bedeutet, dass die unmittelbare Kundenbeziehung verloren geht.**

Die meisten DNVBs fallen hinsichtlich ihrer Position eher in die Kategorie „Premium" als unter Luxus. Trotzdem haben sie viele Eigenschaften mit Luxus-Akteuren gemeinsam. DNVBs sind insofern das Gegenteil von Amazon, als sie nur wenige, dafür jedoch hochwertige, ausgewählte, kuratierte Produkte führen und dass ihr Ansatz nicht auf dem Preis basiert. Away bietet seine Hartschalenkoffer nur in vier Größen an, sozusagen vier Gestelle, die in verschiedenen Farben erhältlich sind. Ebenso wie bei Luxusmarken gibt es bei DNVBs keine Sonderangebote, keine Rabatte und keine Outlets. (In Wirklichkeit haben manche Luxusmarken zwar Outlets, aber ich finde, das sollten sie nicht!) Im Unterschied zu Luxusmarken jedoch, die ihren Content zentral kontrollieren, nutzen DNVBs in hohem Maße nutzergenerierten Content, um andere Verbraucher zu beeinflussen.

Ich glaube, entgegen dem ersten Impuls, dass auch die Zukunft der DNVBs nicht vollständig online sein wird, obwohl sie online geboren sind. Sie haben ihre Einschränkungen. Wenn die Kosten für die Kundengewinnung steigen, sind solche Unternehmen meiner Ansicht nach mehr oder weniger gezwungen, einen Einzelhandels-Fußabdruck aufzubauen. Für die unmittelbare, kontrollierte menschliche Kommunikation, die ohne Vermittler auskommt und einem

Daten verschafft, gibt es keinen einfachen Ersatz. Präsenz im Einzelhandel versetzt die Marken in die Lage, nicht nur die Preisgestaltung und das Warensortiment zu kontrollieren, sondern auch einen vollständigen Überblick zu erhalten, wie die Produkte erlebt werden.

Beispiele für DNVBS

UNTERNEHMEN	KATEGORIE	GRÜNDUNGSJAHR
Bonobos	Bekleidung	2007
Warby Parker	Brillen	2010
Everlane	Bekleidung	2010
Dollar Shave Club	Körperpflege	2011
Harry's	Körperpflege	2012
Mejuri	Schmuck	2012
Quip	Körperpflege	2014
Allbirds	Schuhe	2014
Casper	Matratzen	2014
Brooklinen	Bettwäsche	2014
Glossier	Kosmetik	2014
Away	Reisen	2015

Einige der erfolgreichsten amerikanischen DNVBs der letzten Jahre.

Quelle: Erwan Rambourg

Die glänzende Zukunft des Reise-Einzelhandels

Zwar dürfte in Zukunft der Konsum vor Ort die Luxusbranche dominieren, aber der Reise-Einzelhandel wird immer noch eine große Rolle spielen. Flughäfen und Duty-free-Shops in Innenstädten könnten für die Luxusmarken das nächste zu erobernde Terrain werden, auch wenn mir, während ich dies im Frühjahr 2020 schreibe und alle Flugzeuge am Boden bleiben, dabei unbehaglich ist. Meiner Meinung nach wird sich der Reise-Einzelhandel genauso sehr als interessanter Wachstumsmotor für die Zukunft der Luxusindustrie erweisen wie der Onlinebereich. Und er könnte auch sehr profitabel sein. Nicht nur ist die Umsatzdichte in Flughäfen meist dreimal so hoch wie in einer Boutique in der Innenstadt, sondern dies dürfte auch einer der am schnellsten wachsenden Absatzkanäle für Luxusmarken werden, weil es bequemer ist, Waren in letzter Minute zollfrei zu kaufen als sie während der gesamten Dauer der Reise mit sich herumzuschleppen. Von 2016 bis 2018 haben führende Luxusmarken 36 neue Geschäfte an Flughäfen eröffnet, während sich die Expansion in anderen Bereichen verlangsamte.[5]

Laut McKinsey stehen Duty-free-Outlets auf der Liste der bei wohlhabenden Chinesen im Ausland beliebtesten Verkaufsstellen ganz oben.[6] Wenn in der Volksrepublik China der Trend zunehmend dahin geht, das Geld daheim auszugeben, dürfte sich diese Vorliebe für zollfreies Einkaufen fortsetzen, denn China setzt auf inländische Duty-free-Shops, um die Luxuskunden im Lande zu halten, den Konsum vor Ort zu steigern und den Inlandstourismus anzuheizen. In Hainan, der südlichsten Provinz Chinas, gibt es vier Offshore-Duty-free-Shops, von denen zwei im Januar 2019 eröffnet wurden. Ab dem 1. Dezember 2018 lockerte der Staat die Beschränkungen für Duty-free-Shops, sodass Reisende und Ortsansässige inzwischen zollfreie Waren im Wert von bis zu 30.000 Renminbi (4.228 US-Dollar) kaufen dürfen.

Während der Reise-Einzelhandel zur bedeutenden treibenden Kraft der Luxusindustrie wird, nutzt Louis Vuitton erneut seinen Einfluss als Aushängeschild, um die besten Lagen und die besten Mieten auszuhandeln. Im Terminal 5 des Londoner Flughafens Heathrow hat Louis Vuitton keinen jener engen Läden in einem Seitengang, sondern ein richtiges Vorzeigegeschäft. Im Flughafen Hongkong, den chinesische Reisende bislang am häufigsten anfliegen, ist Louis Vuitton nur eine von zwei Marken (neben Chanel), denen das zugeteilt wurde, was die Flughafendirektion als „duplex icon store" bezeichnet – die mit Abstand größte und am besten gelegene Verkaufsfläche, die Ende 2020 eröffnen soll.[7] Meines Erachtens dürfte es aufgrund der coronabedingten Verzögerungen eher Anfang 2021 werden. Zuvor wurde Ende 2018 ein Louis-Vuitton-Megastore am neuen Flughafen Istanbul – der bis zum Jahr 2028 jährlich 200 Millionen Fluggäste abfertigen soll – und dann einer am spektakulär-futuristischen Flughafen Peking-Daxing eröffnet. Dieser Flughafen wurde Ende 2019 eröffnet und wird wegen der Form seines Terminals, das vom Architekturbüro Zaha Hadid Architects entworfen wurde und das größte einzelne Terminalgebäude der Welt ist, auch als „Seestern" bezeichnet.

> **„ANCHOR TENANT" ODER „ANCHOR STORE"**
>
> **Mit diesen Begriffen wird beziehungsweise werden diejenige(n) Marke(n) eines Einkaufszentrums bezeichnet, die diesem die größte Begeisterung, Frequentierung und Differenzierung verschaffen. Das sind die Marken, ohne die eine Shopping Mall nicht auskommt. Bei einem Premium-Einkaufszentrum ist das häufig ein Apple Store oder ein Flagship-Store von Louis Vuitton.**

SUPER Stores

Ein Kommentator hat einmal über die Möglichkeit gesprochen, dass Geschäfte zu Orten werden könnten, an denen nicht nur „Geschichten erzählt", sondern auch „Geschichten gemacht" werden. Der „Prophet des Einzelhandels" Doug Stephens (ein ebenfalls von Figure 1 verlegter Autor) hat sehr interessante Ansichten darüber, wie der stationäre Handel so relevant wie eh und je bleiben könnte. Viele seiner Erkenntnisse lassen sich auf die Welt des Luxus übertragen.

Stephens schlägt vor, dass physische Geschäfte anstreben sollten, ein Erlebnis zu vermitteln, das „S.U.P.E.R." ist.[8]

SURPRISING – überraschend: ein Geschäft, das eine Reaktion nach dem Motto „Donnerwetter, so was habe ich noch nie gesehen" hervorruft. Einige Kommentatoren versteifen sich auf das peinlich klingende Konzept des „retail-tainment" – gebildet aus „retail" für „Einzelhandel" und „entertainment" für „Unterhaltung" [was sich im Deutschen wohl durchaus angemessen mit „Einzelhaltung" übersetzen ließe, denn im Englischen ist die Endung „-tainment" ebenso wenig auf „entertainment" beschränkt wie im Deutschen „-haltung" auf „Unterhaltung" (nur zwei Beispiele: „containment" und „fulfillment"); dies als Erklärung, weshalb der Autor die Bezeichnung des Konzepts „peinlich" beziehungsweise „unbeholfen" et cetera findet – „awkward"; Anmerkung des Übersetzers]. Das Einkaufserlebnis muss irgendwie auch Spaß beinhalten, und wenn einem etwas Unerwartetes geboten wird, kommt man ganz sicher wieder, um noch mehr zu erleben. Der Gucci-Laden in der Wooster Street im New Yorker Stadtteil SoHo und Saint Laurent Rive Droite in Paris sind gute Beispiele dafür.

UNIQUE – einzigartig: Dass dies in der Luxusbranche höchst relevant ist, wurde vor fünf oder sechs Jahren offenbar, als Marken wie Louis Vuitton von einem Ansatz „von der Stange" („Dieses Konzept funktioniert an diesem Ort, das führe ich jetzt weltweit ein") zu einem Ansatz übergingen, der Wert auf die Eigenheiten eines Stadtviertels legt, zum Beispiel durch eine darauf zugeschnittene Gestaltung und durch ortsspezifische Produkte. Überrascht zu werden ist toll, aber wenn ich an jedem Ort die gleiche „Überraschung" einer Marke sehe, bin ich davon nicht beeindruckt.

PERSONALISIERT: Die Luxusbranche muss eine massenhafte Anpassung an Kundenwünsche vornehmen. Ihre Produkte werden in Stückzahlen von Zehntausenden oder noch mehr gefertigt, aber sie müssen so wirken, als wären sie speziell für einen selbst und nicht für einen Mitmenschen gedacht. Dies hat beispielsweise dazu geführt, dass Louis Vuitton erfolgreich Mon Monogram eingeführt hat (die Personalisierung von Handtaschen durch Initialen und bunte Streifen) und dass Nike erfolgreich Nike By You eingeführt hat, eine Website, auf der man Schuhe und Kleidungsstücke auf zahllose Arten personalisieren kann. Coach bietet seinen Kunden die Möglichkeit, ein Paar Turnschuhe vollständig zu kreieren, und am Coach-Create-Tresen können sie Handtaschen und Accessoires ihren Wünschen anpassen.

ENGAGING – Beteiligung fördernd: Dafür sorgen, dass im Geschäft nicht nur Produkte präsentiert werden, sondern dass auch Flächen für andere Erlebnisse genutzt werden. Im Luxusbereich können das Themen, ergänzende Dienstleistungen oder Veranstaltungsflächen für bestimmte Kooperationen sein.

REPEATABLE – wiederholbar: Dies bezeichnet die Fähigkeit von Marken, ein Ladenkonzept auf verschiedene Weise immer wieder umzusetzen. Eine Ausstellung kann eine gute Idee sein, sofern sie reisen kann. Ein Pop-up-Store kann Einschränkungen unterliegen, denn es versteht sich nicht von selbst, dass er sich mit den gleichen Gestaltungselementen in verschiedenen Ländern reproduzieren lässt, sodass er sich am Ende als kostspieliges Unterfangen erweisen kann.

Eine weitere starke Erkenntnis von Doug Stephens ist das Konzept, dass physische Geschäfte heutzutage derjenige Medienkanal sind, mit dem eine Marke am besten umgehen kann. Die Medien begannen mit der Agora, glitten dann in Printmedien über, später in Rundfunk und Fernsehen, und schließlich wurden sie digital. Doch da die Renditen digitaler Investitionen schnell dahinschwinden, argumentiert Stephens, der stationäre Handel werde zum Schlüssel der Kommunikation einer Marke.[9] Der Vorstellung, Geschäfte würden für immer ihre Relevanz verlieren, hält er das Argument entgegen, der Laden könne für eine Marke zu einem leistungsfähigen Medium werden. Dies bestärkt die Ansicht, die Geschäfte seien im Luxusbereich von überragender Bedeutung.

Nach Ansicht von Stephens konzentrieren sich Analysten wie ich und Einzelhandelsbeobachter bei der Beurteilung der Effizienz des Einzelhandels womöglich bislang auf die falsche Kennzahl, nämlich auf das flächenbereinigte Umsatzwachstum, das jedoch zu kurzfristig ist. Da Stephens die physischen Geschäfte als eine Art Medien betrachtet, ist er überzeugt, man solle ihnen Net Promoter Scores (NPS) zuweisen, also eine Berechnung der Differenz zwischen Promotoren (potenziellen Kunden, die von der Marke einen positiven Eindruck haben) und Detraktoren (potenziellen Kunden, die von der Marke einen negativen Eindruck haben).[10]

Allerdings unterliegen NPS-Messungen einigen Beschränkungen, denn verschiedene Ermittlungsmethoden erfassen die Rückmeldungen unterschiedlich. Der Rückgriff auf Befragungen kann die Verbraucher ganz schön verärgern – ich glaube kaum, dass Luxusgeschäfte an ihren Ausgängen Feedback-Knöpfe mit Smileys anbringen werden – und sie gewinnen ihre Ergebnisse nur von einer begrenzten Anzahl von Personen, die vielleicht nicht repräsentativ ist. Trotzdem sollte die Steigerung des Markenkapitals durch die akkumulierten positiven Eindrücke tatsächlich bei der Einschätzung des Wertes eines Geschäfts schwerer wiegen als das flächenbereinigte Wachstum in einem Quartal.

In meinem Beruf – und ich vermute, bei vielen Berufen in der Luxus- und Modebranche wird es ähnlich sein – werde ich von Freunden oder Kollegen, die in Europa oder Asien leben, häufig gefragt, in welche Geschäfte der Hudson Yards, also der größten (und einzigen?) zeitgemäßen Shopping Mall in New York City, sie gehen sollten; oder im Meatpacking District, der früher ein halsabschneiderisches Viertel war, das avantgardistisch wurde und schließlich von heimischen und ausländischen Einkäufern überflutet wurde; oder in Downtown Manhattan. Die New Yorker Einzelhandelsgeschäfte, die Touristen gern besuchen, sind wahrscheinlich auch diejenigen, die ohne Firlefanz herausragen und eine Geschichte wert sind. Dem Einzelhandel kommt in der Luxusbranche eine große Rolle zu, und auch ich bin der Meinung, dass Geschäfte, die ihre Funktion erfüllen, auch eine wichtige mediale Rolle zur Förderung der Marke entwickeln sollten.

Das Luxusgeschäft der Zukunft

Ich behaupte nicht, ich hätte für alle Marken die Lösung, wie sie sich ihren stationären Fußabdruck in Zukunft denken sollen – weit gefehlt. Aber ich finde den Gedanken wesentlich, dass man, wenn man sich darauf konzentriert, dem Verbraucher ein tolles Gefühl zu vermitteln, damit er sich an die im Geschäft verbrachte Zeit erinnert anstatt nur daran, dass ihm ein Produkt verkauft wurde, bereits auf einem sehr guten Weg ist. In diesem Sinne nenne ich nun im Folgenden vier Möglichkeiten, wie man sich die Zukunft des stationären Handels im Luxussektor denken kann.

Einzigartigkeit

Laut Doug Stephens sollten Marken dafür sorgen, dass ihre Geschäfte keine Abziehbilder sind. Jedes Geschäft soll seine eigene Persönlichkeit vermitteln, ein spezifisches Produktsortiment führen, eine eigene Innenausstattung, eigene Kunstwerke und Anregungen präsentieren – alles Elemente, die andernorts nicht zu sehen sind. Wenn Sie das Landhaus eines Bekannten betreten, fänden Sie es da nicht gespenstisch, wenn es exakt so aussehen würde wie seine Stadtwohnung oder sein Häuschen am Strand? Man kann bezüglich der Übermittlung einer Botschaft, bezüglich der Farbcodierung und des allgemeinen Erscheinungsbilds die Konsistenz wahren und trotzdem jeden physischen Ort einzigartig gestalten.

Ein Ort der dritten Art

Man sorge dafür, dass die Menschen bleiben. Dass das Geschäft ein „Ort der dritten Art" wird: nicht auf der Arbeit, nicht zu Hause, aber ein Ort für Geselligkeit und Entspannung. Ein Freund von mir erzählte mir kürzlich, er sei ohne die Absicht, etwas zu kaufen, zu Gucci in der Wooster Street in Manhattan gegangen, nur um sich umzuschauen. Nachdem er mit einer Verkäuferin über das Wetter, über Politik und über Sport geplaudert hatte, fragte sie ihn: „Möchten Sie vielleicht einen Smoothie?" Das gab den Ausschlag. Er fand den Ort derart freundlich und aufregend, dass er jetzt süchtig ist: Er geht regelmäßig zum Plaudern hin und kauft ab und zu auch etwas. Allein einen Ort zu haben, an dem man sich entspannen kann, bringt schon viel. Als ich zum letzten Mal bei Burberry im New Yorker Stadtteil SoHo war, schaute ich mich um, und dabei wurden mir ein Kaffee und ein Glas Wasser angeboten. Da fühlt man sich sofort willkommener und gerät in Plauderlaune. Dann ist es wahrscheinlicher, dass die Marke positive Assoziationen weckt und man letztlich bei ihr Produkte kauft.

Das Café, einer der freundlichsten Orte, an denen man zusammenkommt, ist tatsächlich zu einem Merkmal vieler Einzelhandelsprojekte im Zusammenhang mit Marken geworden. Die Naturkosmetik-Marke L'Occitane de Provence führte bereits vor einer Weile an einigen japanischen Standorten Kaffeestuben über seinen Geschäften ein und führte das Gleiche dann unter anderem auch in seinen Flagship-Stores in Macau und in Paris ein. Bulgari eröffnete im obersten Stockwerk seines Gebäudes im Tokioter Viertel Ginza ein Schokoladengeschäft. Ralph Lauren führt in Manhattan eine Bar und eröffnete kürzlich neben seinem Geschäft der Marke Club Monaco ein Café. Der neueste Flagship-Store von Puma in Manhattan serviert Birch Coffee (von einer ortsansässigen Kaffeerösterei), und natürlich gibt es bei Barnes & Noble Orte, an denen man einen Schluck Kaffee genießen kann, wenn man ein Buch kaufen und dort lesen will.

Kaffeestuben sind für Verbraucher eine gute Gelegenheit, miteinander in Kontakt zu kommen und mehr Zeit im Laden zu verbringen. Aber wenn man sich entspannen und wohlfühlen will, wirkt eine Cocktailbar vielleicht besser, um einem ein paar Dollar mehr aus der Tasche zu ziehen. Wahrscheinlich dachten sich das auch die Eigentümer des großen britischen Uhren-Einzelhändlers Watches of Switzerland, als sie Geschäfte in den Vereinigten Staaten einführten, einem Land, das für seine Cocktailkultur bekannt ist. Die ersten drei amerikanischen Geschäfte dieses Multibrand-Uhrenhändlers beinhalten jeweils eine voll bestückte Bar. Wenn man sich also überlegen will, ob man diese Rolex oder etwa jene Panerai kaufen soll, kann einen das vielleicht in die richtige Stimmung versetzen. Und wenn man keine von beiden kauft, erinnert man sich liebevoll an den Ort, sodass er einem beim nächsten Kauf als Erster einfällt.

5 | Der stationäre Handel – nicht totzukriegen

Lernen
Wie wir in Kapitel 8 sehen werden, ist Lernen ein großartiger Aufhänger. Dank der sozialen Medien, dank Blogs und Foren wissen die Konsumenten oft genauso viel über eine Marke wie der Verkäufer, wenn nicht gar noch mehr. Aber wenn man etwas erfährt, das man nicht im Internet aufschnappen kann? Besuchen Sie das Atelier Beauté Chanel in New York, packen Sie Ihre Tasche und alles andere, was Sie ablenkt, am Eingang in ein Chanel-Schließfach – dann sind Sie bereit, sich auf einen Rundgang zu begeben, den Sie wahrscheinlich so bald nicht vergessen werden. Sie können eine neue Hautpflegeroutine kennenlernen, können erfahren, wie man eine Foundation einsetzt, und sich auf eine emotionale Reise begeben, indem Sie Düfte blind erproben, um zu entdecken, welche Duftnoten Sie lieben und welche außergewöhnlichen Grundstoffe für ihre Herstellung verwendet werden. Apple hat die Genius Bar entwickelt, an der Verbraucher etwas über Hard- und Software erfahren und mit anderen Usern Meinungen austauschen können. Auch bietet Apple größere Geschäfte, die sogenannten Town Squares, in denen es Sitzungssäle für ortsansässige Unternehmen und zahlreiche Dienstleistungen gibt, die man in einem normalen Apple Store nicht findet. Im Jahr 2012 führte Van Cleef & Arpels eine Einrichtung namens L'École ein, eine Schule der Juwelierkunst, in der Verbraucher etwas über Edelsteinkunde, Methoden der Schmuckherstellung und die Geschichte der Schmuckherstellung und der Edelsteine lernen können. Ob sich das unmittelbar in Verkäufen niederschlägt? Wahrscheinlich nicht. Aber es positioniert die Marke sicherlich als angesagte Ikone der Kunst des gehobenen Schmucks.

Unterhaltung
Der neueste Flagship-Store von Puma in New York ist ein großartiges Beispiel dafür, wie man ein Geschäft unterhaltsam macht, und er zeugt von der Tatsache, dass der Einzelhandel noch lange nicht tot ist. Mithilfe ihrer Markenbotschafter ermöglicht es einem die Marke, in ihrem Geschäft seinen Spaß zu haben. Zum Beispiel kann man in

einem professionellen Formel-1-Rennsimulator mit einem riesigen Bildschirm durch die Straßen von New York rasen wie der Puma-Botschafter Lewis Hamilton. Man kann in einer Kabine mit einem Fußball dribbeln, schießen und herumspielen und sich dabei von dem französischen Star Antoine Griezmann oder dem belgischen Torschützenkönig Romelu Lukaku trainieren lassen. Der Laden ist mit Spiegeln ausgestattet, in denen man sehen kann, wie ein Trikot, das man gerade anprobiert, in einer anderen Farbe aussehen würde.

PROGNOSE NR. 9

Wenn man seinen Lieblingsladen betritt, wird man entscheiden können, ob man den Netzhautscanner am Eingang nutzen will. Dieser ruft gegebenenfalls den persönlichen Lieblingsverkäufer auf, spielt alle Angaben zu Ihren bisherigen Transaktionen, Ihren Lieblingsfarben, Stichtagen und sonstige Informationen auf das Handy des Verkäufers auf und sagt ihm, was er Ihnen heute zeigen sollte. Bei Sephora kann man schon jetzt zwischen einem roten Einkaufskorb („Ich brauche Hilfe und möchte bedient werden") und einem schwarzen („Ich möchte in Ruhe gelassen werden und auf eigene Faust einkaufen") wählen. Der Scanner ist bloß eine etwas modernere Version davon. Willkommen in der Zukunft des Luxus!

Ein Beispiel für einen Ort, der sich als Geschäft der Zukunft anzupreisen versucht, ist der erste Frauenladen von Nordstrom, der im Oktober 2019 in New York die ersten Einkäuferinnen willkommen hieß. Diese Eröffnung hakte mehrere Punkte ab. Erstens sind seine Aufteilung, seine Dienstleistungen und seine Räumlichkeiten einzigartig. Es gibt dort „Personalisierungsnischen", um Produkte auf die Kundinnen zuzuschneiden, es werden Schuhe repariert, Jeans umgearbeitet und so weiter, damit alles richtig passt. Zweitens ist das Geschäft so gestaltet, dass man sich darin aufhält. An der „Schuh-Bar" werden Cocktails serviert, überall gibt es Sitzgelegenheiten, es gibt eine Designer-Lounge, Restaurants und auf jedem Stockwerk eine Lademöglichkeit für Handys, damit man unbeschwert suchen kann, ohne befürchten zu müssen, dass einem der Saft ausgeht. An der Front des Lernens und der Unterhaltung mag es das Geschäft vielleicht etwas locker angehen, auch wenn ein paar Extras wie das Schuhförderband für Kinder Spaß machen. Ich sehe das eigentliche Problem eher darin, dass ein Kaufhaus nicht unbedingt geeignet ist, um verschiedene Markenterritorien vollständig auszudrücken, und das ist eine Beschränkung.

INTERVIEW:
Über die Zukunft des Vertriebs von Luxusmarken

Private-Equity-Firmen müssen die Luxusbranche anders betrachten als die von Familien beherrschten Konzerne des Sektors. An dieser Stelle äußert Katie Harris Storer, Vice President für den Consumer- und den Einzelhandelsbereich der Private-Equity-Firma The Carlyle Group, ihre Ansicht zu Themen im Zusammenhang mit Marken und Vertrieb. [11]

ERWAN RAMBOURG: Wie gehen Sie an die Auswahl der Marken heran, in die Sie investieren wollen? Wie sieht der Prozess aus?

KATIE HARRIS STORER: Wir suchen nach Marken, die Standvermögen besitzen und sich am Markt in einzigartiger Weise abheben. Diese Formel klingt einfach, aber ihre Umsetzung ist es bei Weitem nicht. Häufig ist die Identifizierung einer Marke mit klarer Langlebigkeit von Produkten geprägt. Verkauft sie ein Produkt, das einem bestimmten Kundenbedürfnis entspricht? Und dann legen wir noch die Fähigkeit drauf, sowohl absolut als auch relativ gesehen (im Verhältnis zu vergleichbaren Unternehmen) die Kundenbindung zu fördern. Und wir suchen konkret nach Spitzen in den Bereichen, die im Idealfall sowohl die funktionale als auch die emotionale Bindung fördern. Wir beurteilen Marken in diesen Hinsichten auf mehrere Arten, unter anderem mithilfe von Fokusgruppen, Verbraucherumfragen und Gesprächen mit Fachleuten.

ERWAN RAMBOURG: Wie können unabhängige Marken mit den Multibrand-Konzernen des Sektors konkurrieren?

KATIE HARRIS STORER: Durch eine klare Mission und Markenvision – auch das klingt wieder einfach, aber das ist der wichtigste Weg, auf dem sich die Unabhängigen hervortun können. Das ist der beständige rote Faden in einer Welt, in der sich Marken über zahlreiche Kanäle präsentieren können und Tausende potenzielle Touchpoints mit Kunden haben.

ERWAN RAMBOURG: Was halten Sie von Digitally Native Vertical Brands (DNVBs) hinsichtlich ihrer Wettbewerbsvorteile und ihrer Beschränkungen?

KATIE HARRIS STORER: Diese Marken haben den Vorteil, dass sie klein und wendig sind und dass sie auf die Konsumentenwünsche zugeschnitten sind. Neuere DNVBs können Dinge schneller und billiger ausprobieren und lernen, und sie haben mehr Daten, anhand derer sie Produktentscheidungen und operative Entscheidungen treffen können. Die Fähigkeit, schneller zu interpretieren und zu reagieren, ist entscheidend, um sich an das Tempo des Wandels im Konsumverhalten anzupassen, aber auch an die neuen Anknüpfungspunkte oder – noch wichtiger – Verkaufspunkte, die täglich aufkommen.

Für die Millennials und vor allem für die Generation Z ist Nachhaltigkeit ein wichtiges Kaufkriterium, und DNVBs sind in der Lage, sich beim Aufbau ihrer Lieferketten nach der Notwendigkeit zu richten, ihren Einfluss auf die Umwelt zu reduzieren und ihre Transparenz zu erhöhen. Größere etablierte Unternehmen müssen hingegen Millionen in die Anstrengung investieren, sich dem anzupassen. Die gleiche Theorie gilt auch für technologische Systeme, für die Übermittlung von Markenbotschaften und für den stationären Fußabdruck: Ein großes Schiff lässt sich viel schwieriger in eine andere Richtung steuern als ein kleines Schnellboot. Die großen Marken sind nicht für die gewagten Herangehensweisen aufgestellt, die wir bei kleineren Akteuren erleben.

ERWAN RAMBOURG: Beschreiben Sie die Entwicklungen, die Sie hinsichtlich des Vertriebs von Premium-Marken durch die Ankunft jüngerer Kunden sehen, und welche Herausforderungen und Chancen es Ihrer Meinung nach beinhaltet, die jüngere Generation korrekt zu bedienen.

KATIE HARRIS STORER: Die Kunden der Generation Z wurden im Unterschied zu allen Generationen vor ihnen in eine mobile Welt hineingeboren. Wenn eine Marke in mehreren Kanälen auftaucht, bewirkt das bei ihnen weder Überraschung noch Freude. Vielmehr erwartet die Generation Z, dass sie eine Marke immer und überall kaufen kann. Der Kanal ist ihr im Grunde egal, aber sie schätzt Erlebnisse und erwartet, dass alle Touchpoints Waren liefern. Die Kanäle sind heute weitaus vielfältiger – online, Geschäfte, soziale Medien und Pop-up-Stores.

Die Herausforderung der Marken besteht also darin, sich überall konsistent zu präsentieren (einheitlich bezüglich der Botschaft, der Preisgestaltung und der Produktverfügbarkeit) oder für jeden Kanal eine maßgeschneiderte Strategie zu haben. Letzteres ist schwieriger zu managen als die traditionellen Verkaufswege. Die Chance besteht darin, dass die Marken, indem sie sich überall konsistent präsentieren, große Mengen an Daten über ihre Konsumenten und deren Einkaufsverhalten anhäufen, was wiederum ihre Strategie, die Positionierung der Marke und ihre Wachstumschancen beeinflusst.

ERWAN RAMBOURG: Wenn Sie Unternehmern helfen müssten, eine Marke von Grund auf neu aufzubauen, welchen Rat würden Sie ihnen geben?

KATIE HARRIS STORER: Beim Aufbau eines Unternehmens muss man flexibel sein, gute Leute einstellen und die Marke quer durch die Verkaufskanäle konsistent halten. Aber ich stecke nicht in der Haut eines Unternehmers und daher will ich nicht so tun, als wäre das einfach. Aus meiner Sicht stelle ich fest, dass Gründer und Chefs mehr Zeit mit der Geldbeschaffung und weniger Zeit mit dem Geschäftlichen verbringen, als ihnen lieb ist. Manchmal ist das unvermeidlich, aber ich würde sagen, dort, wo es möglich ist, sollte man seine Investorenbasis mit seiner Strategie in Einklang bringen. Der Aufbau von Marken braucht Zeit – manche Investoren haben Geduld, andere eher nicht. Manche konzentrieren sich vor allen Dingen auf das Umsatzwachstum, um eine gewisse Größe zu erreichen und Marktanteile zu gewinnen. Andere richten ihren Fokus frühzeitiger auf die Profitabilität. Manche haben schon Erfahrung mit der Investition in Marken und wissen, wodurch sie einzigartig werden, andere hingegen nicht. Ein klares Richtig oder Falsch gibt es hier nicht. Oft kommt es auf den Sektor oder auf das Unternehmen an, aber man muss bedenken, wer im Verwaltungsrat sitzt und wer zur Kapitalstruktur gehört; man muss versuchen, das so abzustimmen, dass es das Wachstum der Marke auf gesunde Weise trägt. Wichtig ist auch, in das Team Investoren und Verwaltungsratsmitglieder hereinzuholen, deren Kompetenzen die eigenen ergänzen.

ERWAN RAMBOURG: Was halten Sie von den verschiedenen E-Commerce-Möglichkeiten hinsichtlich der potenziellen Risiken und Chancen?

KATIE HARRIS STORER: Bei jedem Kanal gibt es Herausforderungen und Chancen. Ich halte die mobilen Geräte für entscheidend (transaktionsbezogen) und glaube, dass sie die anderen Kanäle überholen werden; das Internet ist wichtig (kenntnisbezogen) und die Geschäfte kommen hinzu, um das Kundenerlebnis zu verbessern. Bei vielen DNVBs hat sich da ein natürlicher Entwicklungsgang ergeben.

Zunächst fängt man online an. Man probiert aus und lernt daraus, man sammelt einiges an Daten an, die in die Strategie einfließen, man erfährt etwas über seine Kunden und darüber, wie man den langfristigen Wert steigern kann. Dann eröffnet man an ausgewählten Standorten Geschäfte; das senkt die Kosten für die Kundenakquise, steigert den organischen Kundenverkehr und ermöglicht es den Kunden, sich an der Marke zu beteiligen und sie auf andere Arten und Weisen zu erleben.

Und schließlich kann man selektiv in den Großhandel einsteigen, was zwar die Einnahmen steigert, dies jedoch unter zwei wichtigen Vorbehalten: Man verliert in gewissem Maße die Kontrolle über die Marke und den Einblick in den Absatz, und man bezieht keine Kundendaten.

Der Großhandel eignet sich als Beimischung, aber es birgt eine gewisse Gefahr, zu meinen, der Großhandel sei eine notwendige nächste Säule des Wachstums, oder es zuzulassen, dass der Großhandel einen zu großen Teil des Gesamtumsatzes stellt, wenn dies nicht zur Marke und zu den eigenen Zielen passt. Ich glaube, im Laufe der Zeit werden die Wachstumstreiber weniger deutlich nach Kanälen gegliedert sein, weil sich die Grenzen verwischen.

Fazit

Während die Welt des Konsums online geht, wird der E-Commerce fast schon per Definition nur unter gewissen Beschränkungen zum Umsatz von Luxusmarken beitragen. Davon abgesehen streben es womöglich viele Luxusmarken an, ihren Vertrieb irgendwann genauso streng zu kontrollieren wie Louis Vuitton. DNVBs haben ihre Verkäufe und ihre Daten unter Kontrolle und insofern ähneln ihre Geschäftsmodelle denen von Luxusunternehmen, aber die meisten von ihnen werden sich diversifizieren müssen, anstatt sich allein auf den Onlineverkauf zu verlassen.

PROGNOSE NR. 10

Der Luxus wird einer der wenigen Sektoren sein, in denen der stationäre Handel und die physische Interaktion gegenüber dem Onlineverkauf Priorität haben. Die meisten Luxusmarken werden in den nächsten zehn Jahren höchstens 20 Prozent ihres Umsatzes online erzielen (im Gegensatz zu den 50 Prozent bei Nike). Die meisten Luxusmarken werden vom Online-Großhandel abrücken, nachdem sie es bereits auf breiter Front unterlassen, sich dem stationären Großhandel auszusetzen. Die eigenen Websites der Luxusmarken werden zwar online Zugang zu ihren Produkten bieten, aber sie sollten vor allem für das Storytelling statt für Verkaufszwecke eingesetzt werden.

Der stationäre Handel ist nach wie vor die Zukunft des Luxus und in diesem Kontext sehe ich in Reise-Einzelhandelskonzepten mehr langfristiges Wachstumspotenzial als im Onlinehandel. Natürlich werden die Geschäfte von morgen nicht mit denen vergleichbar sein, die man heute erlebt. Und sofern man nicht hauptsächlich das Ziel verfolgt, etwas zu verkaufen, sollte es einem als Marke gutgehen, wenn man den Verbrauchern ein einzigartiges Erlebnis und einen Ort bietet, an dem sie Zeit verbringen können, mit anderen in Kontakt kommen, etwas lernen und unterhalten werden. Als Maß für den Erfolg eines Einzelhandelsstandorts sollten lieber Net Promoter Scores (NPS) als das flächenbereinigte Wachstum verwendet werden, die traditionelle und wahrscheinlich bald veraltete Art, im Einzelhandel den Erfolg zu messen.

TEIL 3

DIE ZUKUNFT

6
DEMOKRATISCHER LUXUS

„Billig zu sein ist zu teuer."
– SPRICHWORT

Theoretisch sollte sich der erschwingliche Luxus angesichts der robusten US-Konjunktur in den zehn Jahren seit der globalen Finanzkrise 2008/2009 und angesichts der erblühenden chinesischen Mittelschicht eigentlich in einer starken Wachstumsphase befinden. Den Verbrauchern gelingt es immer besser, sich etwas zu gönnen und sich in der Luxuspyramide (siehe Seite 178) nach oben vorzuarbeiten.

In der Praxis hinkt jedoch das Wachstum der Anbieter von erschwinglichem Luxus hinter dem der gehobeneren Kollegen hinterher. Ausnahmen gibt es allerdings. Im Bereich des erschwinglichen Schmucks gibt es kräftiges Wachstum (man denke an die dänische Marke Pandora), ebenso im Prêt-à-porter-Bereich, zum Beispiel bei SMCP (dessen CEO am Ende dieses Kapitels interviewt wird). Hingegen haben Marken für Lederwaren und Accessoires wie Coach, Michael Kors, Kate Spade und Tory Burch schwer zu kämpfen.

Das liegt wahrscheinlich daran, dass dies die bedeutendste Kategorie innerhalb der Branche ist: Das Produkt ist sichtbar, es wird häufig verwendet und soll etwas aussagen. Anders gesagt zählt hier die Markenmacht am meisten.

> **ERSCHWINGLICHER LUXUS**
>
> Auch als „zugänglicher Luxus", „demokratischer Luxus" oder „Masstige" (zusammengesetzt aus „mass" für „Masse" und „Prestige") bezeichnet. Im Bereich der „weichen" Luxusmarken zählen die beiden größten amerikanischen Unternehmen dazu: Coach und Michael Kors. Der Begriff wird auch für gehobene Kosmetikartikel oder für Weine und Spirituosen im Premium-Segment verwendet.

PROGNOSE NR. 11

Da es so komplex ist, ein langsam wachsendes Unternehmen zu managen, das erschwingliche Luxus-Handtaschen verkauft, rechne ich damit, dass Michael Kors, Coach, Tory Burch und/oder Furla in zehn Jahren die Besitzer gewechselt haben werden.

Das Wachstumspotenzial

Schauen wir uns die Chancen an. Das Segment des erschwinglichen Luxus dürfte von amerikanischen Verbrauchern vorangetrieben werden, die für ihr Geld einen Gegenwert haben wollen, und von aufstrebenden chinesischen Verbrauchern, die den Sektor gerade erst betreten. Die Vereinigten Staaten von Amerika sind das Land des „Deals", also des guten Geschäfts oder des günstigen Preises. In diesem Land wurden Walmart, Amazon und Ebay erfunden, Coca-Cola-Zapfstellen, Rabattmarken, All-you-can-eat-Restaurants, Outlet-Malls, der Behälter zum Mitnehmen von Speiseresten, das Konzept „Bei Kauf eins gratis dazu" und vieles mehr. Daher ist anzunehmen, dass dort erschwinglicher Luxus gut ankommt. In dem Jahrzehnt von 2000 bis 2010 erlebten die Vereinigten Staaten einen Zuwachs an wohlhabenden Haushalten; mehr Menschen wurden reicher, und die Mittelschicht verdiente mehr Geld, das sie ausgeben konnte. Tatsächlich geht aus einer Analyse des Pew Research Center hervor, dass das Einkommen der US-amerikanischen Mittelschicht höher ist als das der Mittelschichten westeuropäischer Länder, dass sie daher zu den reichsten Mittelschichten der Welt gehört und über eine beträchtliche Kaufkraft verfügt.[1] Im Jahr 2019 war das Verbrauchervertrauen in den Vereinigten Staaten sehr hoch und die Arbeitslosigkeit so niedrig wie seit 50 Jahren nicht mehr. Es schien, als hätten die Verbraucher des Landes allen Grund, von der Konjunktur begeistert zu sein und einkaufen zu gehen. Natürlich haben sich die Arbeitslosenzahlen im Jahr 2020 drastisch geändert und die jüngere Vergangenheit war nicht so einfach zu bewältigen.

Im Jahr 2015 war Chinas Mittelschicht für 57 Prozent der Volkswirtschaft verantwortlich und dürfte laut *The Economist* im Jahr 2030 bis zu 75 Prozent stellen.[2] Laut Brookings könnte sie mit sechs Prozent im Jahr viel schneller wachsen[3], und im Jahr 2019 war das Verbrauchervertrauen in China das höchste seit dem Jahr 2000. Da die chinesischen Verbraucher stärker vernetzt sind, sich besser auskennen und da der E-Commerce in China an Sonderangebote gebunden ist, wäre es auch natürlich, zu meinen, auch bei den chinesischen Verbrauchern würde der erschwingliche Luxus gut laufen.

Wenn man sich außerdem die Markenpyramide der Lederwaren anschaut, scheint es für die Konsumenten Raum zu geben, sich logisch nach oben zu arbeiten, da die erschwinglichen Luxusmarken eine Brücke zum ehrgeizigen Luxus bauen. An der Basis und an der Spitze befinden sich viele Marken, aber dazwischen bleibt ein verhältnismäßig unerschlossener Markt, der häufig als „Durchschuss" bezeichnet wird. Nur wenigen Marken für erschwinglichen Luxus gelingt es, diesen leeren Raum zu überwinden. Coach hat vor ein paar Jahren die Kollektion 1941 entwickelt, und Longchamp versucht, von seiner meistgekauften Falttasche zum Einsteigerpreis („Le Pliage" genannt) wegzukommen, indem es hochwertige Lederprodukte entwickelt. Ansonsten gibt es hier kaum bedeutende Akteure und

Teil 3 | Die Zukunft

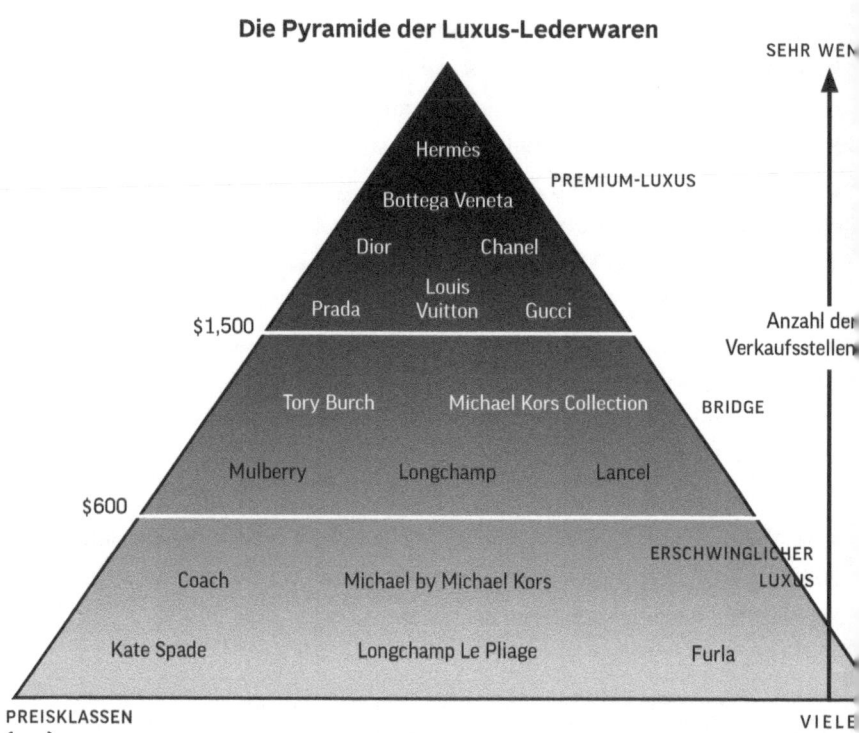

Im erschwinglichen Sektor und im Bridge-Sektor der Lederwaren-Pyramide herrschen amerikanische Marken vor, die im nordamerikanischen Einzelhandel weit stärker vertreten sind, aber die Spitze der Pyramide gehört den exklusiveren europäischen Marken. Quelle: Erwan Rambourg

eine Menge Potenzial, vor allem wenn man die weltweit wachsende Mittelschicht berücksichtigt.

Theoretisch müssten diese Faktoren zusammengenommen eigentlich eine profitable Gelegenheit für Marken bieten, hier erfolgreich zu sein. Die Wirklichkeit sieht allerdings so aus, dass der Umsatz von Coach in den letzten Jahren im Schneckentempo gewachsen ist und dass er bei Michael Kors sogar gesunken ist. Was ist da schiefgelaufen? Mehrere Dinge.

Enttäuschende Ergebnisse

Erstens ist es ein klassischer Fall davon, dass weniger, aber Besseres gekauft wird. Wenn Verbraucherinnen beschließen, Geld für eine Handtasche auszugeben, ziehen sie es vor, mehr Geld auf ein Premium-Produkt zu verwenden, sodass die erschwinglichen Marken zurückbleiben und die gehobeneren Vorschub erhalten. Dieses Phänomen ist nicht auf Handtaschen beschränkt. Das britische Marktforschungsunternehmen CGA stellt fest, dass sich die Verbraucher im Vereinigten Königreich wie auch in den Vereinigten Staaten „lieber für geringere Mengen an hochwertigem Bier [zum Beispiel Craft Beer oder Importbier] entscheiden als große Mengen an billigerem Bier zu kaufen".[4] In vielen Kategorien stellen die Verbraucher auf teurere, hochwertigere Produkte um, und in einem gewissen Maße könnte sich die Einstellung, weniger, dafür jedoch Besseres zu kaufen, in der Konsumwelt nach COVID-19 noch verstärken. Auch im Super-Premium-Segment ist der Absatz in den Jahren 2018 und 2019 in den Vereinigten Staaten meistens gestiegen, während der Absatz der billigsten alkoholischen Getränke tatsächlich gesunken ist. Die Verbraucher wünschen Qualität und sind bereit, für ein besseres Produkt mehr zu bezahlen. Dieser Trend ist auch eine der Erklärungen, wieso vergleichsweise erschwingliche Marken wie Coach und Michael Kors nur begrenzt wachsen, während es Spitzenmarken wie Gucci und Louis Vuitton von Mitte 2017 bis Ende 2019 gelungen ist, zehn Quartale hintereinander zweistellig zu wachsen.

Der Einzelhandels-Fußabdruck ausgewählter Marken in Nordamerika im November 2019

MARKE	ANZAHL DER GESCHÄFTE IN NORDAMERIKA
Coach	391
Michael Kors	371
Louis Vuitton	105
Gucci	94
Hermès	41

Quelle: Unternehmensdaten und Websites

Verschärft wird das Problem für Unternehmen wie Coach und Michael Kors noch dadurch, dass traditionelle Luxusakteure in den leeren Raum zwischen erschwinglichem und ambitioniertem Luxus investieren. Tatsächlich haben Louis Vuitton, Gucci, Prada und kleinere europäische Luxusmarken, die von Streetwear leben (zum Beispiel Balenciaga), ihre Einstiegspreise umgestellt, was bei den Verbrauchern gut ankommt und somit das Wachstum der Wettbewerber im erschwinglichen Luxus deckelt. In den Jahren 2018 und 2019 erlebten die mit Logos versehenen Produkte ein Comeback, und offenbar warten aufstrebende Verbraucher lieber ab, bis sie sich eine prestigeträchtigere europäische Marke leisten können, als die gewöhnliche amerikanischen Alternativen am unteren Ende zu kaufen. Die Europäer füllen den Durchschuss, indem sie mit eigenen gehobeneren Produkten eine Brücke bauen.

Zweitens könnte es ein Problem sein, nicht wirklich global zu sein. Da das Internet in allen Winkeln der Welt zugänglich wird und die Reisekosten sinken, werden die Verbraucher globaler. Immer mehr Menschen studieren im Ausland, machen auf der ganzen Welt Urlaub und konsumieren Medien aus der ganzen Welt, seien es traditionelle Massenmedien oder Influencer in sozialen Medien. Sie wollen Marken kaufen, die genauso global sind wie sie selbst oder wie sie es sein wollen. Marken, die nicht weltweit anerkannt sind, haben nicht den gleichen Status und sind weniger begehrt. Dies kann sich vor allem auf Unternehmen auswirken, die massiv einer bestimmten Region ausgesetzt sind, zum Beispiel auf Coach und Michael Kors, die größtenteils in den Vereinigten Staaten verkaufen. Aus der Tabelle auf Seite 179 geht hervor, dass diese beiden Marken in Nordamerika viel mehr Geschäfte haben als einige der gehobeneren Luxusmarken.

Drittens könnte das Markenkapital selbst durch die Allgegenwart von Marken oder durch eine starke Outlet-Präsenz beeinträchtigt werden, da sie es den Marken erschwert, Prestige zu gewinnen. Die Marken konkurrieren um Prestige und Anziehungskraft um den Luxusstatus, der es ihnen ermöglicht, Luxuspreise zu verlangen. Wenn

Marken in den Köpfen der Verbraucher mit Outlets und Sonderangeboten in Verbindung gebracht werden, dann beginnen sie, erschwinglich und billig zu wirken, sodass sie ihr Markenkapital verlieren. Die Gratwanderung zwischen Visibilität und Exklusivität kann schwierig sein. Ist man zu exklusiv, läuft man Gefahr, Geld auf dem Tisch zu lassen und potenzielle Kunden abzuschrecken. Ist man zu sichtbar, schauen sich die gehobeneren Kunden, die bereit wären, für das Produkt mehr zu bezahlen, nach exklusiveren Marken um. Die Säuberung und Restrukturierung der Marke, die dann erforderlich ist, um sie wieder zu ihrem alten Ruhm zu führen, kann schmerzhaft sein, vor allem wenn der Kundenstamm gegen die Preissteigerungen ist, die notwendig sind, um wieder exklusiver zu werden.

ALLGEGENWART

Der Zustand, gleichzeitig überall zu sein (oder so wahrgenommen zu werden). In der Luxusindustrie eine echte Gefahr, weil Allgegenwart mit der Exklusivität unvereinbar ist, die für viele Verbraucher ein Schlüsselreiz ist.

Einige erschwingliche Luxusmarken, die vor allem in Nordamerika seit Langem auf Outlets und Angebote setzen, versuchen jetzt, sich umzustrukturieren und das Prestige zurückzugewinnen, das es ihnen erlaubt, Luxuspreise aufzurufen und nur wenige Sonderangebote zu machen. Coach hat das vor ein paar Jahren gemacht, Michael Kors in der jüngeren Vergangenheit und Kate Spade macht es jetzt. Viele Marken in diesem Bereich werden offenbar zu stark vertrieben („overdistribution") und die erhöhte Visibilität macht sie allgegenwärtig. Im Luxussektor bringt einem Allgegenwart nichts, die Illusion der Knappheit und der Exklusivität hingegen schon.

Und schließlich höhlen neue Secondhand-Konzepte im Luxusbereich das Wertangebot von Coach und Michael Kors mit ihrem geringeren Markenkapital aus. Man kann in einen Secondhand-Laden wie The RealReal in einer angesagten Lage in Downtown Manhattan gehen und sich dort eine gebrauchte Tasche von Burberry, Prada oder Celine zum Preis einer neuen Tasche von Coach kaufen. Das ist ein attraktives Angebot, vor allem da die Kreativität der europäischen Spitzenmarken mehr geschätzt wird. Als ich kürzlich einen Flagship-Store von Michael Kors besuchte, ging ich mit einer Verkäuferin durch die Räumlichkeiten, und sie sagte mir: „Das ist unsere Interpretation dieser Prada-Handtasche, das ist unsere Version jener Handgepäcktasche von Vuitton." Und so weiter und so fort, bis ich sie fragen musste, was denn die Marke überhaupt selbst von Grund auf entwickelt habe. Sicherlich ist Imitation die höchste Form der Schmeichelei, aber damit erkauft man sich keine Loyalität. Wenn man das Original gebraucht zum gleichen Preis bekommen kann, warum sollte man dann das erschwingliche Pendant kaufen?

Handtaschen und Accessoires sind für erschwingliche Luxusmarken sehr raue Märkte, weil der Käufer einen Status anstrebt, weil der Sektor so überlaufen ist und aufgrund der Tatsache, dass die Verbraucher zu stärkeren Markenkapital-Angeboten aufsteigen wollen. Auf den Gebieten Schmuck und Prêt-à-porter haben die erschwinglichen Marken viel mehr Wachstumspotenzial.

Im Bereich des erschwinglichen Schmucks fallen mir nur zwei weltweit relevante Markenunternehmen ein: Swarovski, das sich im Besitz der gleichnamigen Familie befindet und von ihr von Österreich aus geführt wird, und das börsennotierte dänische Unternehmen Pandora. Beide haben ihre Probleme. Bei Pandora ist das Management sehr instabil, und es leidet unter der „Charms-Müdigkeit": Für eine Ewigkeit waren die kleinen für Armbänder und Halsketten geeigneten Anhänger sein täglich Brot, zahlreiche Nachahmer traten auf den Plan, und Pandora diversifizierte sich nicht schnell genug. Von 2009 bis 2016 stieg der Umsatz auf mehr als das Sechsfache, aber seither stagniert er wegen der genannten Probleme mehr oder weniger. Sich ein fundiertes Bild von Swarovski zu machen, ist schwierig, denn da es sich um ein Privatunternehmen handelt, veröffentlicht es kaum Zahlen, allerdings glaube ich schon seit einer Weile, die Marke und ihre Einzelhandelsgeschäfte könnten besser geführt werden.

PROGNOSE NR. 12

Außer Swarovski und Pandora hat keine erschwingliche Schmuckmarke weltweit Erfolg. Das ist meiner Ansicht nach eine klare Lücke und ich rechne damit, dass im kommenden Jahrzehnt Neueinsteiger den Markt für erschwinglichen Markenschmuck revolutionieren werden.

INTERVIEW:
Über die Wachstumsaussichten des erschwinglichen Luxus

Der Markt für Prêt-à-porter ist stark zersplittert und Chancen gibt es in Hülle und Fülle, aber das kann Ihnen Daniel Lalonde, der CEO von SMCP (Sandro, Maje & Claude Pierlot), wozu auch De Fursac gehört, viel besser erklären als ich.[5]

ERWAN RAMBOURG: Erläutern Sie bitte, wie Sie eine Unternehmensgruppe aufgebaut haben, die Prêt-à-porter-Mode verkauft, die weder Premium-Luxus (wie Gucci) noch schnelldrehende Konsumgüter (wie Zara) darstellt, sondern irgendwo in der Mitte steht. Welches Wertangebot bieten Ihre Marken?

DANIEL LALONDE: Der erschwingliche Luxus ist inzwischen ein großer Markt mit einem Umsatz von 127 Milliarden Euro im Jahr 2018 in zwei Hauptkategorien: Prêt-à-porter (52 Prozent) und Accessoires (48 Prozent). Der erschwingliche Luxus ist in den letzten Jahren sehr schnell gewachsen, wobei ihm der permanente Aufstieg des Mittelschichtverbrauchers und dessen neue Konsumgewohnheiten – vor allem der Millennials – (weniger Logos, häufigere Veränderungen, zeitliche Begrenzung, wachsende Neuartigkeit) zugutekamen. Besonders relevant wurde dies durch den kräftigen Anstieg der Luxuspreise in den letzten Jahren, denn dadurch ist die Kluft zwischen erschwinglichem Luxus und eigentlichem Luxus gewachsen.

Unsere SMCP-Unternehmensgruppe vermengt die Codes von schnelldrehender Mode und Luxus, wobei sie sich von beidem das Beste nimmt. Mit dem Luxus haben wir den gleichen kreativen Prozess, das gehobene Image, die prestigeträchtigen Standorte und den personalisierten Service gemeinsam. Mit der schnelldrehenden Mode haben wir den schnellen, agilen Produktzyklus, die Schöpfung innerhalb eines Rahmens, die ständige Neuheit und ein skalierbares Einzelhandelsmodell gemeinsam.

Unser Geschäftsmodell nutzt diverse Verbrauchertrends und Bedürfnisse aus, die den Markt umgestalten:

- Sehen, kaufen, tragen: Die Verbraucher wollen mit dem Kauf nicht bis sechs Monate nach der Fashion Week warten!

- Kombi-Mode: Der bei den Millennials sehr beliebte Trend zu Mix-and-match-Mode wirkt auch auf den immer anspruchsvollen chinesischen Verbraucher ein; und da die urbane Mittelschicht in China wächst, wird unser Segment in Zukunft wahrscheinlich noch höhere Wachstumsraten verzeichnen.

- Wachsendes Bewusstsein für die Kosten pro Nutzung, zum Beispiel dass ein Luxuskleid für 3.000 Euro nur dreimal getragen wird, eines unserer Maje-Kleider für 300 Euro hingegen zehnmal. Das gilt vor allem für Prêt-à-porter, weniger für Lederwaren.

- Ständig etwas Neues!

- Auch der Aufstieg der sozialen Medien spielt uns in die Hände, denn die von uns ständig genutzten Influencer fördern sowohl den sofortigen Kauf als auch das Kombinieren.

- In diesem Kontext ist unser Wertangebot ganz klar: im Trend liegende und hochwertige Produkte zu erschwinglichen Preisen von drei unterschiedlichen Marken mit jeweils eigener DNA und einem eigenen Code.

ERWAN RAMBOURG: Mit Lederwaren lässt sich anscheinend nur schwer Wachstum erzielen, allerdings wirkt das Prêt-à-porter-Segment stärker zersplittert und anfälliger für eine Konsolidierung. Warum, glauben Sie, ist das so?

DANIEL LALONDE: Im Bereich der erschwinglichen Luxus-Lederwaren gibt es weniger Akteure. In der Kategorie der Accessoires dominieren die Luxusunternehmen (das ist ihr Hauptgeschäft) und infolgedessen ist die Konkurrenz in diesem Segment am heftigsten, weil der erschwingliche Luxus hier stärker als bei Prêt-à-porter direkt mit den Luxus-Akteuren konkurriert. Außerdem ist der Luxusmarkt sehr konzentriert und die meisten Marken gehören nur wenigen großen Akteuren (zum Beispiel LVMH und Kering); hingegen ist der erschwingliche Luxus stärker fragmentiert und es gibt nur wenige Global Player (einer davon ist SMCP), jedoch viele regionale Akteure.

Die Kategorie der Lederwaren ist von anderen Verhaltensweisen der Verbraucher geprägt:

- Sie reagiert auf die Nachfrage nach Produkten, die den Status erhöhen.

- Vor dem Kauf einer Tasche stellen Frauen (und Männer) wochen- oder monatelang ausführliche Nachforschungen an (auf Websites, in Einzelhandelsgeschäften und über soziale Medien).

- Eine Frau betrachtet den Kauf unabhängig vom Preis als Investition in ihren Stil und in ihre Persönlichkeit, und dabei will sie keine falsche Entscheidung treffen. Das ist ebenso wie der Kauf eines Autos eine sehr persönliche Entscheidung.

- Und schließlich ist bei Lederwaren auch der Preis pro Nutzung relevant, denn sie werden im Gegensatz zu Kleidern viele Male getragen.

Dem erschwinglichen Luxus im Prêt-à-porter-Segment steht aus folgenden Gründen eine Konsolidierung bevor:

- Es gibt mehrere regionale Akteure und einige profitieren wie wir von globaler Attraktivität.

- Nur wenige von ihnen nutzen eine starke Plattform, um ihre Geschäftstätigkeit weltweit zu skalieren.

- Wir sind gut aufgestellt, um (neben einigen anderen) in dieser Konsolidierung eine bedeutende Rolle zu spielen.

ERWAN RAMBOURG: Wie sieht Ihre Wettbewerbslandschaft aus und warum gibt es so wenige Alternativen zu Ihren Marken?

DANIEL LALONDE: Unsere Wettbewerbslandschaft besteht aus Anbietern von Accessoires (wie Coach und Michael Kors) und Anbietern von Prêt-à-porter, von denen es nur wenige globale Akteure wie uns gibt. Zu unseren hauptsächlichen, größtenteils regionalen Konkurrenten zählen, um nur einige zu nennen: in Frankreich The Kooples, Zadig & Voltaire und Sézane; in den Vereinigten Staaten Reformation; in Europa Acne Studios, Hugo Boss, Redvalentino und Ted Baker; die US-amerikanische Marke Theory und die italienischen Marken Twin-Set und Max & Co. haben in China eine hohe Visibilität; und dann noch Kate Spade, Coach und Michael Kors.

6 | Demokratischer Luxus

Der Grund, weshalb es nur wenige Alternativen zu unseren Marken gibt, hat mit der Frage zu tun, ob die Produkte und die DNA zu einem globalen Ansatz passen, wobei es eigentlich um kreatives Design und um die Positionierung geht. Um global zu sein und in den Schlüsselregionen der Welt stark präsent zu sein, braucht man eine globale geistige Einstellung, attraktive Marken sowie die Finanzmittel zur Finanzierung von Geschäften, digitalen Plattformen und Infrastruktur. Derzeit besitzen nur wenige diese Zutaten, aber das wird sich ändern.

ERWAN RAMBOURG: Wie schwierig ist der kreative Prozess? Welchen hauptsächlichen Einschränkungen ist Ihr Geschäftsmodell unterworfen?

DANIEL LALONDE: Der kreative Prozess bezieht sich hauptsächlich auf das Produktdesign und auf das Image. Als Erstes müssen der Markenname und seine Positionierung klar sein. Das war unser Ausgangspunkt. Als Zweites braucht man ein talentiertes Team, das sich von aktuellen (weltweiten) Trends und von neuen Ideen inspirieren lässt. Außerdem haben wir ein reines Einzelhandelsprofil, das beste Modell, um die Preisgestaltung, das Image und den Warenbestand zu kontrollieren.

Bei unserem kreativen Prozess ist das Moderisiko geringer. Wir schaffen keinen Trend, sondern lassen uns von Trends inspirieren und bieten Produkte, die im Trend liegen. Unser Risiko ist über drei Marken, vier Regionen und 24 Mini-Kollektionen gestreut. Außerdem ist unser Prozess sehr reibungslos, weil wir ihn rational angegangen sind: Die drei Marken halten sich beim Aufbau einer Kollektion an das gleiche Erfolgsrezept beziehungsweise an die gleiche Erfolgsmethode. Unsere hauptsächlichen Herausforderungen liegen darin, ständig „im Trend" zu bleiben, unsere globale Attraktivität zu bewahren, das richtige Gleichgewicht zwischen Qualität und Schnelligkeit zu halten und kontinuierlich unsere Agilität zu steigern. Außerdem investieren wir viel in unser Geschäftsnetzwerk, das unser bedeutendstes Instrument der Markenentwicklung ist. Daher müssen wir noch größer werden, bevor wir unsere Werbeausgaben erhöhen können, um unsere Markenbekanntheit weiter zu steigern, denn sie ist trotz der großartigen Beliebtheitswerte an allen Märkten immer noch relativ niedrig. Einstweilen sind wir noch ein Wachstumsunternehmen und müssen ständig das künftige Wachstum anheizen. Es ist jeden Tag eine echte Herausforderung, das Wachstumstempo zu managen!

ERWAN RAMBOURG: Da sich Ihre Kollektionen so schnell entwickeln – wie gehen Sie mit veralteten Lagerbeständen, Preisnachlässen und Outlets um, und ist dies hinsichtlich des Markenkapitals und der Preissetzungsmacht ein Problem?

DANIEL LALONDE: Wir haben kaum veraltete Lagerbestände und in den Geschäften eine Abverkaufsquote von 75 Prozent. Wir produzieren nicht für Outlets und unser Outlet-Fußabdruck (offline und online) ist bewusst sehr eingeschränkt, damit wir unser Markenkapital managen und bewahren können. Wir nutzen unsere eigenen Outlets, um die vorige Saison auszuverkaufen, und manchmal kann es punktuell zu Schlussverkäufen über andere Plattformen wie etwa vip.com kommen. Was die Preisnachlässe angeht, so lautet das Ziel, mehr zum vollen Preis zu verkaufen, und das ist ein täglicher Kampf.

ERWAN RAMBOURG: Im letzten Jahr haben Sie die Übernahme der französischen Herrenbekleidungsmarke De Fursac bekannt gegeben. Wie werden Sie dieses Asset umwandeln und wie sehen Sie die M&A-Aktivitäten in Ihrem Bereich auf Sicht von fünf Jahren?

DANIEL LALONDE: Nach zehn Jahren erfolgreichen organischen Wachstums und der Entwicklung einer robusten Plattform war SMCP für eine Übernahme bereit. SMCP beschleunigt dadurch seinen strategischen Fahrplan, indem es eine der entscheidenden Säulen seines Wachstums stärkt: Herrenbekleidung ist mit einem

Umsatz von 22 Milliarden Euro und einer vermutlichen annualisierten kumulierten Umsatz-Wachstumsrate (CAGR) von 4,4 Prozent von 2018 bis 2022 das attraktivste Segment im Prêt-à-porter-Bereich.

De Fursac ist in Frankreich Marktführer bei erschwinglichem Luxus für Männer. Durch diese Übernahme erweitert SMCP sein Herrenbekleidungs-Markenportfolio, indem es ein neues Herrenbekleidungs-Segment betritt, das noch viele Freiräume bietet: moderne Mode, die Vermischung von Codes aus der Mode und dem legeren Stil.

Indem De Fursac die internationale und digitale Kompetenz von SMCP nutzt, wird es seinen Wachstumspfad beschleunigen:

- SMCP wird De Fursac bei seiner internationalen geografischen Expansion, insbesondere in Europa (Deutschland, Vereinigtes Königreich, Spanien, Niederlande) und in Großchina unterstützen.

- SMCP wird seine starken Netzwerke, die Kaufhäuser und Know-how in diesen Regionen umfassen, nutzen: SMCP peilt mittelfristig einen internationalen Umsatzanteil der Marke von mehr als 30 Prozent an.

- Auch hat der Konzern vor, De Fursac auf seiner digitale Reise zu begleiten und strebt hier mittelfristig einen Onlineanteil am Umsatz von mehr als zehn Prozent an.

- Und schließlich wird SMCP weiterhin die Entwicklung des Accessoire-Angebots von De Fursac und seines Angebots an Casual Wear unterstützen, also auf den derzeitigen Erfolg aufbauen. Wir sind überzeugt, dass De Fursac das Potenzial besitzt, mittelfristig einen Umsatz von 100 Millionen Euro zu erreichen. Unsere gemeinsamen Werte, Visionen und Geschäftsmodelle werden die Integration und Expansion von De Fursac wesentlich erleichtern.

Was M&A betrifft, so besteht das Ziel darin, weiterhin unsere bestehenden Marken zu entwickeln und unseren Fahrplan zu erfüllen – was bedeutet, unsere vier Wachstumshebel zu entwickeln und durch die Ausweitung der Geschäfte alle internationalen Wachstumsgelegenheiten zu ergreifen. Zudem könnten wir auf lange Sicht eine weitere Übernahme in Erwägung ziehen, denn unser Ehrgeiz besteht darin, im erschwinglichen Luxussegment weltweit führend zu werden. Vorläufig konzentrieren wir uns jedoch auf die Integration und Entwicklung von De Fursac.

Fazit

Theoretisch müsste der erschwingliche Luxus ein großartiges Wachstumspotenzial haben, denn die Marken des Sektors zehren von der schnellen Entwicklung einer Mittelschicht-Klientel. In der Praxis jedoch wird das Wachstum wohl zumindest in dem entscheidenden Segment der Handtaschen und Accessoires aus Gründen schwierig werden, die mit folgenden Punkten zusammenhängen:

- Dass sich die Verbraucher die Einstellung zu eigen machen, weniger, aber dafür Besseres zu kaufen

- Dem Fehlen einer globalen Markenpräsenz im Bereich der erschwinglichen Handtaschen

- Dem Vorhandensein von Outlets, die das Markenkapital gefährden können

- Der Bedrohung durch Gebrauchtkäufe

Außerhalb des Bereichs der Lederhandtaschen besteht indes bei erschwinglichem Schmuck und erschwinglicher Prêt-à-porter-Mode immer noch großes Wachstumspotenzial, sofern eine strenge Umsetzung erfolgt.

7
DER LUXUS DER GESUNDHEIT

„Unser Körper ist unser Garten, unser Wille der Gärtner."
– WILLIAM SHAKESPEARE, „OTHELLO", 1. AKT, 3. SZENE

Das Ausmaß der globalen Umweltkrise, die sich in den letzten Jahren verschärft hat, macht klar, dass es an sich schon ein Luxus ist, frische Luft zu atmen, sauberes Wasser zu trinken und gesunde Nahrungsmittel zu essen. Dem größten Teil der Menschheit mangelt es bereits an diesen drei grundlegenden Notwendigkeiten.

Ein großer Teil des Westens ist von diesen Problemen bislang noch abgeschirmt, aber in China, wo die Wirtschaft seit Anfang der 1980er-Jahre eine gewaltige Expansion erfahren hat, sind Bodenverseuchung, Wasser- und Luftverschmutzung allgegenwärtig. Manchmal ist dieses Problem spektakulär sichtbar: Im März 2013 wurden in der Nähe von Schanghai 16.000 tote Schweine aus dem Huangpu-Fluss gezogen. Ein örtlicher Beamter sagte, es gebe Indizien dafür, dass die Schweine mit dem Porcinen Circovirus infiziert waren. Dies löste einen öffentlichen Aufschrei aus, weil der Fluss die wichtigste Trinkwasserquelle der Stadt ist.[1] Als ich von 2011 bis 2016 in Hongkong wohnte, kam es mir vor, als drehe sich jede Unterhaltung mit chinesischen Ansprechpartnern oder Verbrauchern um Stress im Zusammenhang mit Umweltverschmutzung (vor allem Luftverschmutzung durch die Verbrennung von Kohle). Die chinesische Regierung reagierte energisch und in den ersten vier Jahren der Regierungszeit von Xi Jinping, von 2013 bis 2016, sank die Feinstaubbelastung in 62 von der Weltgesundheitsorganisation kontrollierten Städten im Durchschnitt um fast ein Drittel. In Peking ging sie um 36 Prozent zurück und das Schwefeldioxid sank um 70 Prozent.[2] In China hört man derzeit häufig den Spruch „Gesundheit ist Wohlstand".

Nach Auffassung der UNO leiden derzeit etwa 700 Millionen Menschen unter Wasserknappheit, 58 Prozent der Weltbevölkerung haben derzeit keinen Zugang zu einer sicher gemanagten Wasserversorgung. Und die Wasserkrise wird auch nicht verschwinden. Bis zum Jahr 2025 werden wahrscheinlich 1,8 Milliarden Menschen unter Wasserknappheit leiden, und im Jahr 2030 wird fast die Hälfte der Weltbevölkerung in Gebieten mit sehr angespannter Wassersituation leben.[3]

Auch die amerikanischen Verbraucher denken über Umweltthemen nach, wobei die Wasserverschmutzungskrise der letzten Jahre in Flint im Bundesstaat Michigan viel Aufmerksamkeit erhielt. Nachdem die Stadt im Jahr 2014 auf eine andere Trinkwasserquelle umgestellt hatte, waren 100.000 Einwohner einer Bleiverseuchung ausgesetzt. Bis heute haben die Einwohner von Flint keinen Zugang zu sauberem Wasser. Und während die europäischen Regierungen und die chinesische Regierung wirksame Maßnahmen zur Eindämmung der Umweltverschmutzung getroffen haben, hat die US-Regierung Auflagen gelockert, die die Kohlebranche und die fossilen Energiequellen unter Druck gesetzt hatten. Während ich dies schreibe, hat fast die Hälfte der politischen Beauftragten der amerikanischem Umweltschutzbehörde EPA Erfahrungen in stark verschmutzenden Industrien hinter sich, die von der EPA reguliert werden, und die derzeitige Verwaltung der Behörde hat 58 Umweltvorschriften rückgängig gemacht, weitere 37 befinden sich noch im Verfahren. Diese Vorgehensweise könnte laut einem Bericht „die Treibhausgasemissionen signifikant erhöhen und jedes Jahr Tausende weitere Todesopfer durch schlechte Luftqualität fordern".[4]

Das heißt, dass eine gesunde Umwelt offenbar ein pragmatisches Grundbedürfnis ist, das noch vor der Selbstbelohnung durch geho-

7 | Der Luxus der Gesundheit

bene Erlebnisse und außergewöhnliche Produkte kommt und eigentlich an der Basis von Maslows Bedürfnispyramide stehen müsste (siehe unten). Besonders die jüngeren Generationen sind sehr darauf aus, für eine gesunde Umwelt zu sorgen. Sie sind bezüglich dieser Problematik zutiefst besorgt, höchst aktiv, und sie fließt in ihre Ausgabegewohnheiten ein. In der Luxusbranche schlägt sich das im Wachstum gehobener Produkte im Zusammenhang mit Ernährung, körperlicher Betätigung, Sport, Schlaf und Achtsamkeit

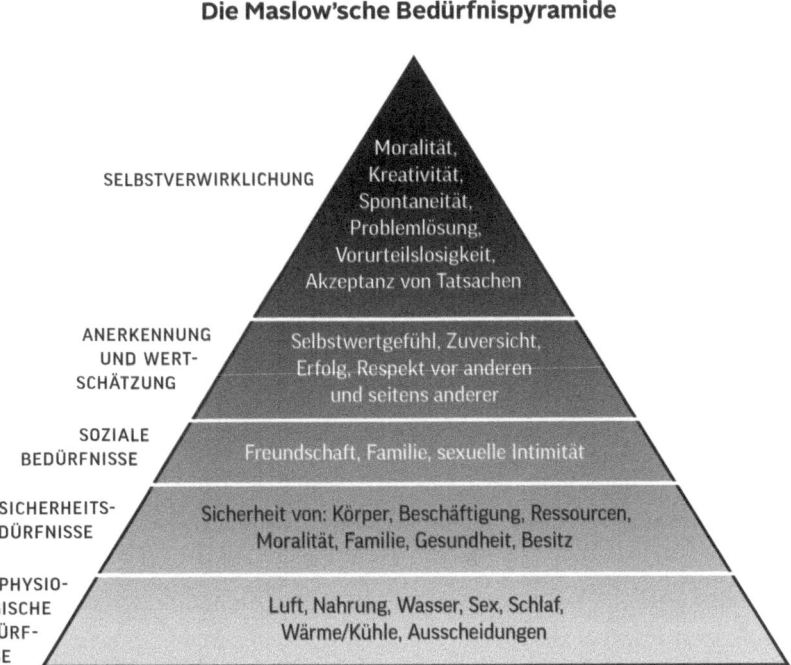

Die Theorie des Psychologen Abraham Maslow über eine Hierarchie der Bedürfnisse postuliert, dass grundlegende Bedürfnisse (an der Basis der Pyramide) erfüllt sein müssen, um zu höheren Motivationen überzugehen. Dabei sind die Grundbedürfnisse nach Nahrung und Wasser im Zeitalter des Klimawandels zunehmend bedroht.

Quelle: A.H. Maslow, „A Theory of Human Motivation", Psychological Review 50, Nr. 4 (1943), S. 370-396, Übersetzung teils unter Berücksichtigung von im Deutschen üblicheren, von einer wörtlichen Übersetzung abweichenden Begriffen.

nieder. In jeder Krise gibt es mindestens einen Silberstreif am Horizont. Als sich im Jahr 2020 das Coronavirus über die ganze Welt ausbreitete und die schlechte Vorbereitung der politischen Verwaltungen sowie die Unzulänglichkeiten der Gesundheitsinfrastruktur und der medizinischen Versorgung deutlich sichtbar machte, brachte das wahrscheinlich Verbraucher auf der ganzen Welt dazu, lange und intensiv über die Prioritäten in ihrem Leben nachzudenken; gesunde Nahrungsmittel zu sich zu nehmen, Sport zu treiben und dafür zu sorgen, dass man ein starkes Immunsystem hat, gehörte wahrscheinlich zu diesen Reflexionen.

Die Dreieinigkeit der Gesundheit

In der Welt hat sich viel getan, seit Jane Fonda Anfang der 1980er-Jahre Aerobic zu einer populären Disziplin machte. Im Zuge der klaren Verschiebung kultureller Werte sagen viele Verbraucher, sie wollten gesünder leben. Vielleicht ist das Land, in dem man lebt, nicht in der Lage, die optimalen Bedingungen zu bieten, die man braucht, um das zu erreichen, aber man kann auf eigene Faust ein Gleichgewicht anstreben. Die Fitness-Abos nehmen zu, auf der ganzen Welt beginnen Menschen, sich mehr zu bewegen und gesünder zu essen. Zahlen von Nielsen deuten darauf hin, dass mehr als 70 Prozent der Menschen ihre Gewohnheiten ändern, um ihre Gesundheit zu verbessern, wobei Asien und Nordamerika herausragen.[5] Der Anteil der Erwachsenen, die Zigaretten rauchen, sinkt weltweit schon seit einiger Zeit (siehe Tabelle). Dabei hören Angehörige aller Generationen mit dem Rauchen auf, aber die steilsten Rückgänge finden in den jüngsten Kohorten statt, und während diese Altersgruppe zu einem größeren Anteil der Bevölkerung wird, dürfte das Rauchen künftig noch schneller zurückgehen als ohnehin. Im Vereinigten Königreich sinkt in den Altersgruppen der unter 24-Jährigen und der 25- bis 44-Jährigen der Bevölkerungsanteil, der regelmäßig Alkohol trinkt, am stärksten, und auch der Anteil derjenigen, die übermäßig trinken, geht in diesen Altersgruppen mit Abstand am schnellsten zurück.

7 | Der Luxus der Gesundheit

Globale Verbreitung des Rauchens

JAHR	VERBREITUNG IN %	VERBREITUNG UNTER MÄNNERN IN %	VERBREITUNG UNTER FRAUEN IN %
2000	26,0	43,0	10,9
2005	24,3	39,6	9,0
2010	22,1	36,6	7,5
2015	20,2	34,1	6,4
2020*	18,7	31,9	5,4
2025*	17,3	30,0	4,7

*HOCHRECHNUNG

Die Weltgesundheitsorganisation prognostiziert, dass der Raucheranteil weltweit bis zum Jahr 2025 gegenüber dem Stand von 2000 um 35 Prozent gesunken sein wird.

Quelle: Adaptiert aus WHO Global Report on Trends in Prevalence of Tobacco Smoking 2000-2025 (Genf, WHO, 2018).

John Gerzema, Bestsellerautor, Sozialwissenschaftler und CEO von Harris Poll, hat den Begriff „Wellth" geprägt, um wohlhabende Verbraucher zu bezeichnen, die ihre Gesundheit („wealth") und ihr Wohlbefinden („wellness") als nächste Stufe auf dem Weg zur Selbstverwirklichung betrachten. Verbraucher auf der ganzen Welt, die über genügend finanzielle Mittel verfügen, wenden viel Zeit und Geld für das Bemühen auf, die Dreieinigkeit der Gesundheit in den Griff zu bekommen: gute Ernährung, etwas Bewegung und in selteneren Fällen auch Schlaf.

Ernährung: Wissen ist Macht

Angesichts der Flut an Informationen und Quellen ist es schwierig, herauszufinden, was wirklich gut für einen ist. Einer der grundlegenden Ansätze, wenn man eine gesunde Ernährung in Angriff nimmt, hat tatsächlich Ähnlichkeiten mit dem Konsum von Luxus: Weniger ist mehr, man kauft weniger, dafür aber Besseres. Zucker, Fett und Salz werden immer wieder als Ursachen vieler gesundheitlicher Probleme genannt, nicht nur für die Quote der Fettleibigen, die in den Vereinigten Staaten und in China stetig steigt. Mit dem

Aufkommen der fabrikmäßigen landwirtschaftlichen Produktion (Haben Sie jemals etwas über das in den Vereinigten Staaten produzierte Geflügel gelesen? Wenn Sie heute Nacht ruhig schlafen wollen, schlagen Sie nicht nach!) und anderer Formen der intensiven Landwirtschaft werden die Verbraucher verarbeiteter Nahrungsmittel überdrüssig, deren Geschmack kaum dem von echten Nahrungsmitteln ähnelt. Es findet eine zügige Entwicklung von Alternativen statt, zu denen auch sogenannte Superfoods zählen (Grünkohl, Avocado, Chiasamen, Flachs, Quinoa, Goji-Beeren und andere), Saftbars, echtes Fasten und Ernährungspläne.

Vor über zehn Jahren erschien ein sehr erfolgreiches Buch mit dem schlichten Titel „Clean". Darin erklärte der Kardiologe Alejandro Junger zunächst, dass eine gute Ernährung die meisten Gesundheitsprobleme verhindern könne, mit denen Menschen in ihrem Leben konfrontiert sind. Inzwischen ist daraus ein regelrechtes Geschäft geworden, mit weiteren Büchern, Nahrungsergänzungsmitteln, einem 21-Tage-Programm für 475 Dollar und Coaches, die bereitstehen, um alle etwaigen Fragen online oder am Telefon zu beantworten. Das Prinzip ist ganz einfach: Bereits nach drei Wochen kann einem die Diät das Gefühl vermitteln, wieder eingeregelt zu sein, unglaublich gesünder und mit einem Wort „clean" zu sein. Das ist nur ein Teil dessen, was mittlerweile eine milliardenschwere Industrie ist, die von prominenten Endorsern, Luxus-Lebensmittelketten wie Whole Foods und von Legionen von Influencern in den sozialen Medien gefördert wird.

PROGNOSE NR. 13

Nike, Adidas und Puma werden, da sie über einige der besten Führungsteams im Consumer-Bereich, ein großartiges Storytelling, emotionale Kundenbindung und einige der inspirierendsten Markenbotschafter verfügen, die es gibt, im kommenden Jahrzehnt drei der hinsichtlich des Umsatzes am schnellsten wachsenden Konsumgüterunternehmen sein.

---

7 | Der Luxus der Gesundheit

Sport treiben: Ein generationenübergreifender Ehrgeiz
Die Zuschauerschaft von Sportveranstaltungen ist auf der ganzen Welt sehr groß – so groß, dass die Fluggesellschaft Emirates als Sponsor von Real Madrid 80 Millionen Dollar bezahlt oder dass der Basketballspieler LeBron James einen lebenslangen Milliardenvertrag mit Nike unterzeichnet – aber die weitverbreitete Ausübung von Sport und Leibesübungen ist noch in der Entwicklung begriffen. Manche Arten der körperlichen Betätigung sind sehr erschwinglich (jeder, der ein paar Turnschuhe hat, kann joggen), aber sportliche Aktivitäten, die als „premium" und als Luxus gelten, werden immer beliebter. Davon zeugt der Erfolg von Peloton Interactive, einem Hersteller von Fahrradergometern, mit denen man von zu Hause aus an Trainingsstunden teilnehmen kann. Das Unternehmen ist seit September 2019 an der Nasdaq gelistet und gehört zu denjenigen, die aus der Coronakrise erheblich gestärkt hervorgehen dürften. Und für diejenigen, die bereit sind, das Haus zu verlassen, hat sich die vor 30 Jahren an der New Yorker Upper West Side gegründete Equinox Group zu dem Fitness- und Lifestyle-Unternehmen entwickelt, das sowohl unter dem Unternehmensnamen Fitnessstudios und Hotels betreibt als auch die zunehmend allgegenwärtigen Studios namens Pure Yoga und SoulCycle.

Auch in China gewinnt sportliche Bewegung seit einigen Jahren an Boden. So gab es dort beispielsweise im Jahr 2011 nur 22 Marathonläufe und ähnliche Veranstaltungen (Straßenläufe mit mehr als 800 Teilnehmern oder Geländeläufe mit mehr als 300 Teilnehmern). Diese Zahl schoss innerhalb von nur fünf Jahren auf 328 in die Höhe, und von 2016 bis 2018 verfünffachte sie sich auf annähernd 1.581 Veranstaltungen.[6] Zum Teil hängt diese Entwicklung damit zusammen, dass sich die Verbraucher aufraffen und sich auf eigene Faust fit machen wollen. Aber auch die chinesische Regierung war daran maßgeblich beteiligt, indem sie den Sportunterricht an Schulen zum Pflichtfach machte, massiv in Infrastruktur investierte und die Olympischen Winterspiele 2022 nach Peking holte. Letzteres war mit weiteren Investitionen verbunden und könnte die Chancen des Landes erhöhen, im Jahr 2050 Gastgeber der Fußball-WM zu werden.

All dies bietet natürlich Gelegenheiten, die Bekleidung und das Zubehör zu kaufen, die mit dem betriebenen Sport einhergehen. Der Kauf von Sportkleidung, von der man meint, sie lasse einen gut aussehen, und in der man sich wohlfühlt, ist eine weitere Möglichkeit, sich zur Gesellschaft zugehörig zu fühlen und Selbstbewusstsein zu entwickeln. Ähnlich wie bei Luxusartikeln geht es bei Sportbekleidung eigentlich darum, welches Gefühl einem das Produkt vermittelt.

Schlaf: Ein schwer greifbarer Luxus
Man hört viele wohlhabende Konsumenten, die sich damit brüsten, wie viel Pilates oder Yoga sie praktizieren, mit einem „trockenen Januar", nachdem sie über Weihnachten und Neujahr ein bisschen zu viel getrunken haben, oder damit, wie großartig es ihnen nach einer fettreichen und kohlenhydratarmen Keto-Diät geht. Aber haben Sie es jemals erlebt, dass sich jemand damit brüstet, wie viel er in letzter Zeit geschlafen hat und wie lebendig er sich dadurch fühlt? Ich nicht. Normalerweise ist das Gegenteil der Fall. Beruflicher Erfolg ist wichtig, viele Menschen sind in den sozialen Medien aktiv und wollen als antriebsstarke, energische Menschen gesehen werden, die mehrere Aufgaben gleichzeitig erledigen. Ich höre Menschen, die sich damit brüsten, wie wenig Schlaf sie bekommen, weil sie ein derart aufregendes Leben führen. Natürlich ist das ein bisschen problematisch, da der Schlaf neben Ernährung und Bewegung ein wesentlicher Bestandteil der Dreieinigkeit der Gesundheit ist.

Noch mag das Schlafen nicht in Mode gekommen sein, aber der internationale Erfolg von „Das große Buch vom Schlaf: Die enorme Bedeutung des Schlafs – Beste Vorbeugung gegen Alzheimer, Krebs, Herzinfarkt und vieles mehr", das der Schlafexperte Matthew Walker geschrieben hat, deutet darauf hin, dass sich das ändert. Ob in der New Yorker Dreamery der Matratzenfirma Casper, wo einen ein 45-minütiges Nickerchen 25 Dollar kostet (einschließlich Getränken, Schlafanzug und eines abgeschlossenen Ruhebereichs), oder in den ZZZen-Trucks in Frankreich, die von den Imbisswagen angeregt wurden und von den Erfindern der Pariser Nap Bar angeboten werden – die Verbraucher sind bereit, dafür zu bezahlen, dass sie an stressigen Werktagen Energie tanken können.

Achtsamkeit und Ganzheitlichkeit

Der Name der japanischen Sportartikelmarke ASICS ist die Abkürzung der Abwandlung des lateinischen Wahlspruchs „mens sana in corpore sano" zu „anima sana in corpore sano", „ein gesunder Geist/ eine gesunde Seele in einem gesunden Körper". Das ähnelt der altgriechischen Vorstellung der Paideia, der Bildung eines idealen Gliedes der Gesellschaft, das die Beschäftigung mit Musik, Dichtung, Geistes- und Naturwissenschaften mit Gymnastik und Ringen kombinierte. In unserer modernen Gesellschaft sprechen wir von der Work-Life-Balance und von der Notwendigkeit von Achtsamkeit. Wie die Countrysängerin Dolly Parton einst sagte: „Beschäftige dich nicht so sehr mit dem Lebensunterhalt, dass du vergisst, ein Leben zu führen."[7]

Ein Beispiel für die Entwicklung von Achtsamkeit neben der heiligen Dreieinigkeit von Ernährung, Bewegung und Schlaf ist die Verbreitung von Yoga und Meditation in den westlichen Gesellschaften, die Premium-Produkte hervorgebracht hat, für die die Verbraucher gern Geld ausgeben.

Die 1998 als Anbieter gehobener Yoga-Bekleidung gegründete kanadische Marke Lululemon hat sich nach und nach zu einer Premium-Marke für ganzheitliches Leben gewandelt. Lululemon rühmt sich, Yoga aus dem Ashram geholt und es in den Mainstream gebracht zu haben, oder, wie sich manche Mitarbeiter ausdrücken, der Welt den Schweiß gebracht zu haben. Da Yoga mehr als nur eine Leibesübung ist, sieht sich Lululemon selbst so, dass es den Verbrauchern hilft, das volle Potenzial von Körper, Geist und Seele freizusetzen – und laut den Markenmanagern von Lululemon versetzt

Yoga die Marke in die Lage, dicht am aktuellen kulturellen Puls der Verbraucher zu bleiben. Anders als Nike hat Lululemon nie große Sponsoringverträge mit Markenbotschaftern geschlossen, die seine Story erzählen, sondern setzt mehr auf Beziehungen und auf den Aufbau von Communitys. Von 2015 bis 2020 verdoppelte die Marke ihren Umsatz, während sich auch die Zahl der Yoga-Teilnehmer in den Vereinigten Staaten in diesem Zeitraum auf circa 55 Millionen verdoppelte. Während des Corona-Lockdowns waren kostenlose Yogakurse – wenig überraschend – der letzte Schrei, und manche Yogalehrer bekamen Millionen Aufrufe.

Abgesehen von Yoga haben die Verbraucher ein Interesse an der Meditation entwickelt, auch von jener Sorte, die sich zu Geld machen lässt. Vor zehn Jahren gründete ein ehemaliger buddhistischer Mönch die Meditations-App Headspace, die inzwischen mehr als 60 Millionen Mal heruntergeladen wurde und Anfang 2020 mehr als zwei Millionen Abonnenten hatte. Die App hilft einem dabei, zu atmen, gegen Ängste vorzugehen, zu schlafen, produktiver zu sein und sich zu bewegen; sie hilft Kindern, sich zu beruhigen, und tut noch vieles mehr. Auch hier ist es nicht überraschend, dass auf dem Höhepunkt der Coronakrise Andrew Cuomo, Gouverneur des Bundesstaats New York, und Headspace eine Partnerschaft bildeten, um gestressten New Yorkern kostenlose geführte Meditationen und Trainingsstunden zu bieten, was langfristig gesehen eine kluge Investition war. Die App namens Calm ist ähnlich, hat eine ähnliche Zahl von Abonnenten und wurde Anfang 2019 mit einer Milliarde Dollar bewertet, nachdem sie ihren Umsatz im Jahr davor vervierfacht hatte. Diese auf Stars gestützte Plattform setzt unter anderem die Tennisgröße John McEnroe und den Hollywood-Liebling Matthew McConaughey ein; sie erzählen einem Gutenachtgeschichten, damit man in seine Träume versinkt (und ich kann bestätigen, dass es funktioniert). Der Erfolg solcher Apps ist ein Anzeichen dafür, dass die Verbraucher bereit sind, für Achtsamkeit zu bezahlen.

7 | Der Luxus der Gesundheit

PROGNOSE NR. 14
Apple wird als Unternehmen bekannt sein, das die Gesundheit überwacht, Video-Unterhaltung bietet (vor allem Filme und Spiele), als Bank und noch als vieles mehr. Das iPhone, das im Jahr 2018 noch mehr als 60 Prozent des Umsatzes stellte, wird nur noch weniger als ein Drittel des Geschäftsaufkommens ausmachen.

Seit 2019 wurden pro Jahr weltweit mehr Apple Watches verkauft als in der Schweiz hergestellte Uhren, und während Letztere keine andere Funktion erfüllen als den gesellschaftlichen Status zu heben, besitzen Erstere eine endlose Zahl von Funktionen, die über diejenigen hinausgehen, die mit dem iPhone zusammenhängen. Viele dieser anderen Funktionen beziehen sich auf die Gesundheit, zum Beispiel eine EKG-App, Mitteilungen über Gesundheitsquoten, ein Sturzerkennungssystem, das mit Notdiensten verbunden ist, und einen medizinischen Ausweis. Es mag überraschend gewesen sein, als der Apple-CEO Tim Cook Anfang 2019 sagte, der „größte Beitrag [der Marke] für die Menschheit ... wird mit Gesundheit zu tun haben"[8], aber das wird inzwischen Wirklichkeit und im Laufe der Zeit wahrscheinlich noch mehr werden.

INTERVIEW:
Über das Wachstum der Sportartikel-Industrie
Eine der Marken, die Gesundheit und Lifestyle abdeckt, ist Puma, und das Unternehmen ist in den letzten vier Jahren kräftig gewachsen (ein Beispiel für das professionelle Design von Puma finden Sie auf Seite 207). Nun spricht der Puma-CEO Bjørn Gulden über die Aussichten der Sportartikelindustrie und über ihre Bezüge zum Luxus.[9]

ERWAN RAMBOURG: Die Marke Puma begann Ende der 1940er-Jahre, ihre Bekanntheit für Fußballschuhe aufzubauen, aber inzwischen ist sie ein breit aufgestellter globaler Hersteller von Sport- und Lifestyle-Artikeln. Erläutern Sie bitte, wie es dazu kam und inwiefern Sport den Stil prägt und umgekehrt.

BJØRN GULDEN: Puma wurde 1948 von Rudolf Dassler gegründet, der zusammen mit seinem Bruder Adolf (dem Gründer von Adidas) eine Schuhfirma betrieben hatte, bevor sie nach dem Zweiten Weltkrieg getrennte Wege gingen. Sie hatten mit Fußballschuhen experimentiert und Stollen oder Spikes angebracht, um die Leistung auf dem Platz zu verbessern. So wurde die Sportindustrie geboren. Erst Ende der 1980er-Jahre wuchs der Sport als Geschäftstätigkeit beträchtlich und die Verbraucher begannen, Laufschuhe zu tragen, auch wenn sie nur durch die Gegend spazierten. Damals arbeitete ich bei Adidas, und dieser Übergang zum Lifestyle wurde gewiss nicht in den Marketingabteilungen geboren, sondern die Verbraucher brachten das in Gang. Ein weiteres Beispiel ist die Sportbekleidung, die bis in die 1970er-Jahre hinein keine der Marken herstellte. Die Verbraucher fingen an, auf der Straße Produkte zu tragen, die für den Sport gedacht waren. Nun stieg die Nachfrage erheblich, weil Sportkleidung auch für andere Zwecke verwendet wurde. Puma trieb das noch einen Schritt weiter, denn es war die erste Marke, die es wagte, auch über Mode zu sprechen. Ende der 1990er-Jahre begründete es den modischen Zweig der Sportartikelbranche in Form einer Zusammenarbeit mit Jil Sander.

Wenn man sich den Schuhmarkt anschaut – die Sportartikelbranche ist die einzige, die hier wirklich in Forschung und Entwicklung investiert. Ein wichtiger Grund, aus dem Verbraucher diese Produkte tragen, ist ihre Bequemlichkeit. Was die leistungsbedingten Umsätze betrifft, kann man mit Fug und Recht sagen, dass die westlichen Märkte stagnieren, während das Wachstum in Ländern wie China und Indien stattfindet, wo die Verbraucher nach und nach anfangen, Sport zu treiben. Neben dem Leistungssegment wächst bei der jüngeren Generation die Mode, bei der älteren die Bequemlichkeit. Schaut man sich den Markenaspekt an, so ist die Langlebigkeit und Glaubwürdigkeit von Nike, Adidas und Puma tief verwurzelt. Wenn man sich andere Kategorien anschaut, beispielsweise Jeans – da kommen und gehen die Marken. Der Sportartikelsektor ist viel beständiger.

ERWAN RAMBOURG: Inwiefern ist Ihre Positionierung ein entscheidender Wettbewerbsvorteil im Verhältnis zu anderen großen Marken wie Nike und Adidas? Vermutlich zählt die Größe, aber sehen Sie auch ein paar Vorteile darin, ein kleinerer Mitbewerber zu sein?

BJØRN GULDEN: Egal, was man als Verbrauchermarke macht, man muss relevant sein. Unser Design-Ansatz ist ganz einfach: Wir machen „coole Sachen, die funktionieren". Leistung ist in unserer Branche selbstverständlich; die Mode ist ein Extra. Vom Standpunkt des Marketings müssen wir ehrlich sein. Wir investieren in glaubwürdige Menschen und Influencer, die für unsere junge Zielgruppe relevant sind. Auch ist mir klar geworden, dass man, wenn man verhältnismäßig klein ist, schneller sein kann, und dass die sozialen Medien bei relevanten Marken gut funktionieren – so ziemlich das Gegenteil der langsamen Agenturen, mit denen wir vor 20 Jahren zusammenarbeiteten. Unsere Idee besteht darin, gute Produkte zu entwickeln, mit relevanten Partnern zusammenzuarbeiten und eine gute Ausgewogenheit zwischen global und lokal relevanten Influencern zu wahren. Was die Verbraucher angeht, sind wir definitiv schnell, aber auch mit der Reaktion auf Einzelhändler sind wir schnell. Wir wollen ein zuverlässiger, ansprechender und angenehmer Partner sein und keine konfrontative Einstellung haben. Das gehört zu der Unternehmenskultur, die wir über Jahre entwickelt haben, und auch mit der neuen Führungsmannschaft werden wir diesen Ansatz fortsetzen.

ERWAN RAMBOURG: Viele Investoren und Journalisten befürchten, dass die Casualization, der Sport- und Sneaker-Lifestyle, vielleicht nur eine Modeerscheinung ist. Warum sind Sie überzeugt, dass dem nicht so ist? Wie verfolgen Sie die Beteiligung am Sport und die Zuschauerschaft, und wie können Sie dazu beitragen, dass beide wachsen?

BJØRN GULDEN: Wenn das eine Mode ist, dann die größte, die es je gegeben hat! Man muss in dieser Branche mehr als Leistung oder Mode sehen; dazwischen gibt es noch vieles. Die Teilnahme am Sport wächst und in China und Indien besteht auf diesem Gebiet noch Potenzial. Bei populären Sportarten wie Laufen, Basketball und Fußball wächst die Beteiligung nicht unbedingt sehr, aber ins Fitnessstudio zu gehen, Yoga zu üben und anderweitig zu trainieren, um einen gesünderen Lebensstil zu führen, das ist ein großer weltweiter Trend. Und es gibt noch andere aufstrebende Segmente, etwa den E-Sport und das Gaming. Da sie für unsere Verbraucher relevant sind, sind sie auch für uns relevant. Dafür müssen wir über die traditionellen Sportarenen hinausblicken und spezielle Produkte entwickeln. Wir sehen zur Casualization keine großen Alternativen, denn bei einfachen braunen und schwarzen Schuhen ist die Innovation begrenzt.

In den Vereinigten Staaten nähern wir uns der Quote von vier Paar Laufschuhen pro Person an. Das ist eindeutig eine Penetrationsrate, die es sonst nirgends gibt, weder in Europa noch in Asien, sodass noch eine Menge Wachstum vor uns liegt. Skechers ist von einem Unternehmen für braune Schuhe zu einem Sportschuh-Unternehmen geworden. Der Wirbel um Sneaker von Gucci und Balenciaga mag kommen und gehen, aber die Sportartikelhersteller werden weiterhin den Markt beherrschen und vorantreiben.

ERWAN RAMBOURG: Kommt Ihre Positionierung bei bestimmten Nationalitäten, Altersgruppen oder Geschlechtern besser an? Wo sehen Sie das meiste Wachstumspotenzial für die Marke Puma und für

7 | Der Luxus der Gesundheit

Ihre Branche im Allgemeinen? Wie jung ist Ihr Verbraucher heute im Durchschnitt?

BJØRN GULDEN: Puma kommt auf der ganzen Welt gut an. In manchen Ländern sind wir aus historischen Gründen vielleicht sogar den anderen deutlich voraus, zum Beispiel in Indien, aber uns mögen Verbraucher aller Nationalitäten. Im Vergleich zu anderen hat unsere Marke eine größere Fangemeinde unter den weiblichen Verbrauchern, weil die modische Seite bei uns früher in Fahrt gekommen ist und sich die Konkurrenz vielleicht noch nicht so sehr auf Frauen konzentriert wie wir. Bei den Männern hinken wir vielleicht ein bisschen hinterher, vor allem in den Vereinigten Staaten, weil wir lange Zeit in dem männlich geprägten Basketball-Subsegment nicht vertreten waren. Heute zielt die Marke auf beide Geschlechter gleichermaßen ab.

Was die Regionen angeht, so wachsen wir in Asien schneller als in den Vereinigten Staaten oder in Europa. Der europäische Markt ist stärker gesättigt, während in Asien die Mittelschicht wächst. In den Vereinigten Staaten haben wir eine geringere Marktdurchdringung und dort müssten wir eigentlich schneller wachsen können als der Markt. Aber so weit sind wir noch nicht. Unsere Zielkonsumenten sind sehr jung, aber man könnte auch behaupten, das Alter sei nur eine Zahl, weil unsere Produkte generationenübergreifend sind.

ERWAN RAMBOURG: Wie wählen Sie Markenbotschafter oder Kooperationen aus, die zu Ihrer Botschaft passen (zum Beispiel Selena Gomez, Rihanna, Antoine Griezmann, Cara Delevingne, Liu Wen)? Erklären Sie, warum Sie Jay-Z gebeten haben, Creative Director Ihrer Basketball-Abteilung zu werden. Wie begrenzen Sie hier die Kosteninflation, falls das überhaupt möglich ist?

BJØRN GULDEN: Um im Laufe der Zeit Glaubwürdigkeit aufzubauen, braucht man eine gewisse Visibilität, und deshalb ist die Sportvermarktung so wichtig. Unser Sponsoring umfasst Fußballspieler,

Mannschaften, Verbände, Leichtathleten und NBA-Spieler. Nicht der Größte zu sein hat den Vorteil, dass wir mit den Sportlern, die wir unter Vertrag haben, mehr wertvolle Zeit verbringen können. Bei den Influencern ist es genauso. Da wir so klein sind und unsere Hierarchie flacher ist, arbeiten viele Musiker und Entertainer lieber mit uns zusammen. Wir haben eine andere Einstellung: Sie alle können mich erreichen, wann sie wollen. Was die Kosten angeht, so besagt die Logik, dass die Werbung 11,0 bis 11,5 Prozent des Umsatzes betragen soll, und ich glaube, das bekommen wir im Laufe der Zeit hin. Beim Fußball haben sich die Kosten für Sponsoring vor drei Jahren enorm aufgebläht, aber das ist inzwischen schon wieder abgeflaut. Wir nehmen jetzt weniger neue Botschafter, machen mit ihnen aber mehr. Zu unserer Kultur gehört das Wissen, dass wir nicht alles aus der Ferne erledigen können, und deshalb haben wir unseren lokalen Teams Befugnisse und Spielraum gegeben. Weltstars bringen einem Status, lokale Prominente bringen einem die nötigen Geschäftsabschlüsse. Dank der Zusammenarbeit mit Jay-Z kommen wir an einen urbanen Lebensstil heran, eine Kultur, in der wir beeinflussen, was die Kids wollen, und auch die Menschen um ihn herum. Zum Beispiel ist im Basketball das Geschehen außerhalb des Spielfelds genauso wichtig wie das Geschehen auf dem Spielfeld. Was tragen Stars, die ein Spiel besuchen? Auch Musik ist wichtig. Es gibt viele kulturelle Linsen, mit denen wir an das Spiel herangehen.

ERWAN RAMBOURG: Was halten Sie davon, dass Marken wie Louis Vuitton, Moncler, Prada und Gucci Sneakerserien entwickeln? Ist das eine Bedrohung oder eine Chance, diese Kategorie mehr in den Premium-Bereich zu heben? Gibt es Überschneidungen zwischen dem, was Luxusmarken bieten, und dem, was Sie verkaufen? Fehlt es diesem Bereich an Eintrittsbarrieren?

BJØRN GULDEN: In unserer Branche ist der Herstellungsprozess sehr komplex und das ist eine Eintrittsbarriere. Einen Schuh zu produzieren, der gut aussieht und technisch effizient ist, das ist gar nicht

7 | Der Luxus der Gesundheit

Da Gesundheit den Verbrauchern immer wichtiger wird, dürften führende Sportartikelhersteller wie Puma nachhaltiges Wachstum erleben.

Fotonachweis: Mit freundlicher Genehmigung von Puma

so leicht. Ich glaube nicht, dass die Sneakersortimente der Luxusmarken sehr groß sind. Gucci hat Klassiker entwickelt, bei denen die Barriere nicht so hoch ist, weil der Aufbau des Schuhs ganz einfach ist. Die Luxusmarken rufen höhere Preise auf, was zur Folge hat, dass unsere Produkte aus Sicht des Wertangebots verlockend wirken. Ehrlich gesagt gibt es keine große Überschneidung mit der Luxusbranche. In kreativer Hinsicht hat der Sneaker Triple S von Balenciaga zur Schaffung eines neuen Trends beigetragen; Branchenmanager sprechen vom „hässlichen Schuh" oder vom „Dad Shoe". Das war einer der seltenen Fälle, in denen das Design nicht vom

Sport her geschaffen wurde. Ich glaube, in diesem Fall hat die Luxusbranche dazu beigetragen, einen Trend zu schaffen, der die gesamte Industrie inspiriert hat.

ERWAN RAMBOURG: Welche Rolle spielen die Geschäfte, die Sie besitzen und betreiben sowie der E-Commerce im Verhältnis zu den traditionellen Großhandelspartnern? Es scheint, als bewege sich die gesamte Industrie eher in Richtung Direktverkauf an die Verbraucher. Wie sieht hier das Für und Wider aus?

BJØRN GULDEN: Wir haben in allen Kanälen noch Wachstumsspielraum. Unser DTC-Kanal (direct-to-consumer) umfasst rund 24 Prozent unseres Umsatzes und wird sich dank einer Kombination aus Geschäften mit regulären Preisen, Outlets und E-Commerce mittelfristig in Richtung 30 Prozent bewegen. Dabei wird das Wachstum nicht linear verlaufen, weil sich die verschiedenen Märkte stark unterscheiden. In Indien gibt es keinen strukturierten Einzelhandel, an manchen europäischen Märkten ist der Fußabdruck des stationären Handels immer noch bedeutend und in den Vereinigten Staaten sind die Outlets von Bedeutung. Auch im Großhandel haben wir noch ein ganzes Stück Wachstumsspielraum, und der stationäre Handel ist sehr relevant, weil die Lifestyle-Kultur nach wie vor darin besteht, in Geschäften einzukaufen.

ERWAN RAMBOURG: Üben Ihre Verbraucher Druck im Hinblick auf Nachhaltigkeit und Wiederverwertbarkeit der Produkte aus, und wie können Sie solche Forderungen bewältigen? Rechnen Sie für die kommenden Jahre mit bedeutenden Veränderungen Ihrer Lieferketten-Infrastruktur?

BJØRN GULDEN: In unserer Branche hat sich hinsichtlich der Arbeitsbedingungen, der Gesundheit und der Sicherheit in den letzten 30 Jahren vieles gebessert. Die meisten Marken haben eine sehr ethische Lieferkette und die Löhne sind gestiegen. Da hat die Branche viel getan. Was die Produkte angeht, so ist der Verbraucher bis jetzt noch nicht bereit, für ein nachhaltiges Produkt mehr zu bezahlen. Vor zehn Jahren produzierte Puma sehr nachhaltige Produkte, aber die Verbraucher und die Einzelhändler interessierte das kaum, wahrscheinlich weil Nachhaltigkeit allein nicht reicht. Das ändert sich jetzt; inzwischen suchen vor allem die jüngeren Verbraucher zunehmend nach nachhaltigen Produkten. Daran müssen wir uns als Branche anpassen und es kann eine Nachhaltigkeitsprämie geben. Bei Puma ist Nachhaltigkeit ein entscheidender Wert und wir möchten innerhalb unseres Unternehmens sowie unserer Lieferkette besser werden, was Umwelt, Gesundheit, Sicherheit, Menschenrechte und Unternehmensführung angeht. Die neue Generation hat ein stärkeres Bewusstsein als meine, was man tun sollte, und das ist gut, sofern es dazu beiträgt, dass man sich um den Planeten und um die Menschen kümmert, die darauf leben.

ERWAN RAMBOURG: Was sehen Sie in Ihrer Branche auf lange Sicht optimistisch? Was sind Ihre hauptsächlichen Sorgen?

BJØRN GULDEN: Ich sehe den Sektor sehr optimistisch und würde ihn jedem meiner Kinder empfehlen. Er ist ein globaler Sektor, er wächst, und es macht Spaß, darin zu arbeiten. Meine derzeitige Besorgnis ist der viele Lärm in der Welt, Handelskriege, Spannungen zwischen Ländern und der Brexit. Solche Unsicherheiten sind nicht gerade hilfreich, wenn man Entscheidungen über Investitionen und Lieferketten trifft. Und wieder einmal hilft uns die geringe Größe mit unserer flachen Organisation, uns schneller auf die Socken zu machen.

Fazit

Gesundheit ist vielen Verbrauchern ein wichtiges Anliegen, und sie sind bereit, in ein gesünderes Leben zu investieren. Ausgaben für Produkte im Zusammenhang mit der sogenannten Dreieinigkeit der

Gesundheit (Ernährung, Bewegung, Schlaf) sowie Achtsamkeit könnten an den Ausgaben für traditionelle Luxusartikel zehren – vor allem da heute größere Überschneidungen zwischen Marken und Erlebnissen, die einem ein gesundes Gefühl vermitteln, und Luxusangeboten bestehen. Und wenn der Ausbruch von COVID-19 im Jahr 2020 etwas bewirkt, dann, dass er die stärkere Ausrichtung der Verbraucher auf Gesundheit und Wohlbefinden noch beschleunigt.

8
DIE „PREMIUMISIERUNG" VON ALLEM

„Man lebt nur einmal, aber wenn man das richtig macht, reicht einmal auch."
– MAE WEST

Alle Subsegmente des Luxusmarkts sind davon durchdrungen, dass sich Verbraucher etwas gönnen und die Wahl haben wollen. Die „Premiumisierung", also der Prozess, dass bislang profane Produkte oder Dienstleistungen zu Luxusgütern erhoben werden, betrifft unter anderem tägliche Verbrauchsgüter wie Kaffee, und im Gastgewerbe wird die Illusion der Knappheit gepflegt, was beispielsweise der Aufstieg von Soho House zeigt. Solche alltäglichen auf den Lebensstil bezogenen Entscheidungen entwickeln sich allmählich zu einem Ersatz für klassische Luxusprodukte. Überall, wo man hinschaut – Elektronik, Bier, Wein, Muffins, Eiscreme und inzwischen auch Cannabis –, immer gibt es ein Premium-Produkt, für das die Verbraucher ein paar Euro mehr zu zahlen bereit sind, damit sie sich vor ihren Freunden und Kollegen damit brüsten können, oder einfach um sich selbst den Hochgenuss zu gönnen. Es reicht nicht mehr, ein paar Luxusprodukte zu tragen; wenn die Premiumisierung Fuß fasst, wird alles, was man jeden Tag tut, zum Luxus. Der ultimative Luxus besteht darin, alle Winkel seines Lebens mit maßgeschneiderten Erlebnissen auszufüllen, von der Art, wie man sich durch die Stadt bewegt, über das, womit man seine Freizeit verbringt, bis hin zu der Art, wie man seine Wände dekoriert.

Teil 3 | Die Zukunft

In den beiden ersten Teilen des Buches haben wir gesehen, dass sich a) der Verbraucher verändert, sodass Frauen, Asiaten und junge Menschen den Luxussektor stark beeinflussen, und dass sich b) die Unternehmen und der Vertrieb verändern. Daher bin ich überzeugt, dass sich die Definition von Luxus weiterentwickeln wird und dass dies zur schnellen Entwicklung neuer Segmente führen wird.

PROGNOSE NR. 15

Im kommenden Jahrzehnt werden Reisen, Gastronomie, Cannabis, Delikatessen, E-Sport und E-Learning die am schnellsten wachsenden Luxussegmente sein.

PREMIUMISIERUNG

Dieser Begriff wurde von der Spirituosenbranche geprägt, um den Prozess zu bezeichnen, zu teureren Produkten überzugehen, ob nun durch Preissteigerungen oder durch die vorteilhaften Auswirkungen des Produktmixes (zum Beispiel wenn die Verbraucher gehobenere Spirituosen trinken). Allgemeiner die Tendenz der Verbraucher, in vielen Subsegmenten „weniger, dafür etwas Besseres" zu kaufen.

Starbucks Reserve: Von der Massenware zum Luxus

Starbucks wurde 1971 in Seattle gegründet und betreibt heute weltweit mehr als 31.000 Standorte. Im Jahr 2019 überschritt der Umsatz des Unternehmens 26 Milliarden Dollar und die Umsatzrendite war luxuriös. Denn letztlich – wie es manche Zyniker gern formulieren – verkauft das Unternehmen ja bloß Wasser mit ein bisschen was drin für vier Dollar das Stück.

8 | Die „Premiumisierung" von allem

Starbucks war der Katalysator der „zweiten Welle" des Kaffees. Die erste Welle war im Wesentlichen die Demokratisierung des Kaffees im 19. Jahrhundert, als er in den Massenkonsum und in die Massenproduktion Eingang fand. Der Instantkaffee und die Vakuumverpackung wurden erfunden, die US-amerikanischen Marken Folgers und Maxwell House entstanden. Die zweite Welle dieser Industrie war vor allem eine Reaktion auf den schlechten Geschmack, der im Zuge der ersten Welle vermarktet wurde. Kaffee wurde zu einem Erlebnis; die Verbraucher interessieren sich für die Röstung und die Herkunft der Kaffeebohnen. Die zweite Welle richtete sich an anspruchsvollere Verbraucher, die begannen, nach speziellen Kaffeesorten zu suchen, und die den Unterschied zwischen Espresso, Caffè Latte und Filterkaffee erfuhren. Howard Schultz, der langjährige CEO des Unternehmens (und kurzzeitig auch unabhängiger US-Präsidentschaftskandidat) hat das Unternehmen zwar nicht gegründet, es jedoch in seinem Frühstadium übernommen und – angeregt durch eine Reise nach Italien in den 1980er-Jahren – umgewandelt. Seine Idee bestand darin, der Welt das „italienische Erlebnis" zugänglich zu machen.

Seit Kurzem kommt eine dritte Welle auf, bestehend aus Cafés, die ihren Kaffee selbst rösten, als Fachgeschäfte gelten und Kaffeebohnen so betrachten wie Weinkenner Traubensorten. Drei große US-amerikanische Akteure der dritten Welle sind Intelligentsia aus Chicago, Stumptown Coffee Roasters aus Portland in Oregon (beide wurden 2015 von Peet's Coffee aufgekauft) und Counter Culture Coffee aus North Carolina. Es hat noch andere gegeben, zum Beispiel Blue Bottle Coffee, das 2017 an Nestlé verkauft wurde.

Im Jahr 2014 wendete Starbucks circa 20 Millionen Dollar auf, um in seiner Geburtsstadt Seattle die erste Reserve-Kaffeerösterei zu eröffnen. Ende 2019 eröffnete es in der Michigan Avenue in Chicago – wo sich auch die Flagship-Stores der anderen Luxusmarken befinden – die sechste Rösterei und sein weltweit größtes Café (mehr als 3.000 Quadratmeter), nachdem es dieses Konzept bereits in Schanghai, Tokio, New York und vor allen Dingen in Mailand eingeführt hatte. Da ich in New York lebe, sehe ich deutlich, dass die Starbucks-Rösterei im avantgardistischen Meatpacking District zu einem Ort geworden ist, an den man geht. Zu ihren Nachbarn gehören der 2018 eröffnete Hermès-Flagship-Store, ein Soho-House-Club direkt nebenan sowie eine Dachbar und ein Dachrestaurant von Restoration Hardware, nur wenige Blocks vom neuen Standort des Whitney Museum entfernt. Ebenso wie die Town Square Stores von Apple befolgt die Rösterei das Prinzip des „Ortes der dritten Art" – weder zu Hause noch auf der Arbeit, sondern eine Art Facebook und LinkedIn im richtigen Leben (die ihrerseits virtuelle Cafés sind) –, an den Menschen gehen, um andere Menschen zu treffen, und das ihn zu einem Erlebnis erhebt, für das hinzugehen sich lohnt. Es geht nicht nur darum, dass der Kaffee vor Ort geröstet wird, dass es Cold Brew und weitere verschiedene Kaffeezubereitungen gibt. Die Räumlichkeiten sind schön. In der Rösterei kann man reizendes italienisches Essen probieren, da Starbucks eine Partnerschaft mit der Mailänder Marke Princi geschlossen hat. In einem Zwischengeschoss gibt es sogar eine 20 Meter lange Cocktailbar namens Arriviamo, was zwar „wir kommen" bedeutet, mir aber aufgrund des Premium-Erlebnisses eher wie „wir sind angekommen" vorkommt! Für Touristen aus dem In- und Ausland gibt es eine große Merchandising-Abteilung, damit sie Freunden und Verwandten erzählen können, dass sie wirklich dort waren, und ständig werden Selfies gemacht.

Auf den ersten Blick schien die Initiative Starbucks Reserve eine Möglichkeit zu sein, gegen die Konkurrenten der dritten Welle anzugehen, aber in Wirklichkeit bin ich überzeugt, dass es Starbucks, da es angesichts der Tatsache, dass die Marke 31.000 Einzelhandelsstellen besitzt, Gefahr läuft, zum Massenprodukt zu werden, vor allem darum ging, von Betreibern auf niedrigerem Niveau nicht als ersetzbar betrachtet zu werden. Selbst wenn es die Qualität des Kaffees beibehält, kann die sehr große Zahl von Geschäften den Verlust der Exklusivität und des erstrebenswerten Charakters auslösen, sodass die Marke nicht mehr so erstrebenswert wirkt. Davon abgesehen ha-

8 | Die „Premiumisierung" von allem

ben Fast-Food-Ketten wie Dunkin' Donuts und McDonald's mit hohem Kundenaufkommen die Qualität ihres Kaffees am US-Markt verbessert und sich sehr bemüht, dies öffentlich bekannt zu machen. Für Starbucks ist es wichtig, dass diese Ketten nicht als Ersatz gesehen werden. Die Marke muss ein Image wahren, dass sie eine gute Zacke darüber steht. Möglicherweise hat Starbucks dadurch, dass es zu viele Geschäfte eröffnet hat, die ursprüngliche emotionale Bindung seiner Verbraucher gefährdet; somit ist die Eröffnung von Röstereien, die ein außerordentliches Erlebnis bieten, eine Möglichkeit, zum Wesen der Marke zurückzufinden.

Bis zu einem gewissen Grad sind die Röstereien eine Möglichkeit, ebenso wie andere große Marken, ob Luxus oder nicht, eine Flagship-Marke zu setzen. Die hohe Qualität des dort angebotenen Kaffees dürfte den Verbrauchern wohl kaum entgehen, aber bei der Bekämpfung der Dichotomie, die dem Unternehmen Starbucks aufgrund seiner Größe innewohnt, spielen die Cafés eine größere Rolle. Viele davon werden wahrscheinlich zu MOP (Mobile Order and Pay, man bestellt per Mobiltelefon und holt dann die Ware ab) mit begrenzter oder gar keiner menschlichen Interaktion. Zusammen mit den Durchfahrschaltern ergibt das zwar ein sehr profitables Geschäftsmodell, allerdings eines mit zu schwacher menschlicher Interaktion, die doch im Zentrum des Konzepts vom Ort der dritten Art steht. Wahrscheinlich muss der Konzern ein Gleichgewicht zwischen seinen Kennzahlen und seinem Image finden. Die Röstereien können die von der europäischen Lebensart inspirierte Kaffeeleidenschaft neu entfachen – dort gibt es genau wie in Italien gepolsterte Sitzgelegenheiten, die die Menschen zum Verweilen einladen –, und sie vermitteln den Verbrauchern ein Gemeinschaftsgefühl.

Eigentlich geht es bei den Röstereien nicht darum, mit der dritten Welle zu konkurrieren – Starbucks ist ja nicht gerade eine kleine, unabhängige Marke –, sondern eher darum, die Verbindung zu den Verbrauchern zu bekräftigen und die Welt des Kaffees durch Qualität, Nachhaltigkeit und die Unterstützung lokaler Gemeinschaften in die Zukunft zu führen. Sie sind der maximale Ausdruck der Marke und haben wahrscheinlich keine Gewinnabsicht, denn ihre Rolle richtet sich eher auf PR und auf die allgemeine Wahrnehmung der Marke.

Soho House: Ein Club für die bessere Gesellschaft

Während mich Starbucks dazu gebracht hat, für einen Caramel Frappucino fünf Dollar auszugeben, gelingt es Soho House, einem für den Zugang zu etwas, das Zyniker als gut ausgestattetes Fitnessstudio mit Bar bezeichnen mögen, Tausende Dollar pro Kopf aus der Tasche zu ziehen. Ich wäre bereit gewesen, das zu bezahlen, aber Finanzmanager sind nicht das, was dieser Club will; für eine Mitgliedschaft zugelassen werden nur kreative Menschen, die von einem Ausschuss ausgewählt werden. Da könnte ich wie Groucho Marx sagen: „Ich trete keinem Club bei, der mich als Mitglied nehmen würde." Aber in diesem Fall habe ich ja nicht einmal die Wahl.

In Großbritannien haben Clubs für Mitglieder eine lange Tradition. Manche sind nach wie vor sehr altmodisch. In London gibt es Clubs nur für Männer, wo diese mit anderen Männern etwas trinken, eine Zigarre rauchen, etwas essen und gegebenenfalls auch übernachten können. Ich habe in London viele britische Freunde und Kollegen, die in Farmen auf dem Land wohnen und zur Arbeit pendeln, wobei manche von ihnen behaupten, in der Innenstadt zu wohnen sei eigentlich nur etwas für Ausländer, für echte englische Gentlemen sei das nichts. Und wenn sie abends in London ausgehen wollen, übernachten sie in ihrem Club. Als ich in Hongkong lebte, hatte ich viele Freunde und Geschäftskontakte, die örtlichen Clubs angehörten, und in einen davon konnte auch ich eintreten. In diesem Club ging es mehr um frische Luft, Essen mit Bekannten und Verwandten, Tennis, Squash, Bowling und Schwimmen: die Verkörperung des antiquierten Lebens ständig im Ausland lebender Menschen mit einer angenehmen Ausgewogenheit zwischen Hongkonger Mitgliedern und einer Mischung aus Briten, sonstigen Asiaten und Kontinentaleuropäern. In solchen Clubs gibt es Kleiderordnungen, ein gewisses Protokoll, livriertes Personal, mehrere Restaurants, Weinverkauf und eine ausgeprägte Oldschool-Atmosphäre.

Das Überraschende daran ist, dass die meisten Clubs in London (zum Beispiel Arts Club und Home House) oder in Hongkong (Ladies' Recreation Club, Royal Hong Kong Yacht Club, Hong Kong Country Club) Unikate sind. Obwohl manche dieser Unternehmen über 150 Jahre alt sind, hat keines von ihnen die Chance gesehen, mehrere Standorte aufzubauen, um Mitglieder zu gewinnen und als expansive Marke Synergien zu nutzen. Und keiner dieser Clubs peilt die jüngere Generation als Zielgruppe an, indem er seinen Fokus von der pompösen Zurschaustellung von Reichtum und Privilegien in Richtung Aufbau eines Ortes für unkonventionell lebende Angehörige der kreativen Berufe verschiebt, die dort eine „Gemeinschaft Gleichgesinnter" bilden können, wie es Nick Jones formuliert, der Gründer von Soho House.[1]

Das antiquierte Club-Modell hat sich in der jüngeren Vergangenheit dadurch geändert, dass dieser geniale britische Unternehmer im Jahr 1995 in London diesen Club für Mitglieder gegründet hat. Inzwischen ist Soho House mit 27 Standorten fast schon ein kleines Imperium. Einige gemeinsame Merkmale sind die Präsenz der im Besitz des Clubs befindlichen italienischen Kette Cecconi's, Fitnessräume, Vorführräume, die Naturkosmetik-Marke Cowshed, besondere Veranstaltungen, Pools und Bars auf Dächern sowie Designer-Hotelzimmer. Im Vergleich zu den traditionellen Londoner oder Hongkonger Clubs sind die Soho Houses jünger, hipper und für Personen aus „kreativen Branchen" gedacht (wenn Sie wie ich in der Finanzwirtschaft oder im juristischen Bereich tätig sind, vergessen Sie es). Außerdem besitzt das Unternehmen tolle Lagen in aufstrebenden Vierteln (zum Beispiel in New York im Meatpacking District sowie in White City und in London am Originalstandort Dean Street im Stadtteil Soho) mit ebenso toller Aussicht. Dazu, dass die meisten Mitglieder jung und agil sind, trägt die Tatsache bei, dass junge Menschen (bis einschließlich 27 Jahre) nur den halben Mitgliedsbeitrag bezahlen und dass der Club eher für soziale und kulturelle Verbindungen genutzt wird als für 8-Stunden-Jobs. Das Unternehmen hat mehrere Arbeitsbereiche namens Soho Works eingerichtet, eine gehobene Version von WeWork. Im Jahr 2017 hatte das Unternehmen 10.000 Mitglieder. Inzwischen sind es zehnmal so viele, und es gibt sowohl lokale Mitgliedschaften (2.200 US-Dollar zuzüglich Mehrwertsteuer und einer einmaligen Anmeldegebühr, wenn man in New York ist) als auch globale (die Every-House-Mitgliedschaft kostet 3.400 US-Dollar) für den Fall, dass man auf Reisen Zugang zum gesamten Netz haben will. Das Geniale an dem Modell ist, dass es Freizeitaktivitäten an einem Ort vereint, die andernfalls auf mehrere Freizeiteinrichtungen, Bars, Restaurants und andere Unterhaltungslokale verteilt wären, und dies durch Marketing und durch die bewusste Schaffung von Exklusivität multipliziert.

Wie sieht die Beziehung von Soho House zum Luxus aus? Ebenso wie Hermès hat Soho House Wartelisten; Anfang 2020 hofften rund 30.000 Menschen auf eine Mitgliedschaft. Die Nachfrage ist so groß, dass manche Mitglieder eine „Cities Without Houses"-Mitgliedschaft haben, weil sie in einer Stadt leben, in der der Club keine Räumlichkeiten hat. Dadurch kann das Unternehmen besser abschätzen, wo es den nächsten Standort eröffnen sollte. So kam es auch, dass es im September 2019 in Hongkong einen Club eröffnete. Soho House besitzt eine Preissetzungsmacht, die es auch einsetzt: Die Mitgliedsbeiträge werden regelmäßig erhöht, wobei die Mitgliedschaft von Anfang an nicht ganz billig war. Trotzdem verlor das Unternehmen während der globalen Finanzkrise 2008 kaum Mitglieder, denn die Lifestyle-Komponente von Soho House hatte zwar zur Folge, dass gehobene Verbraucher zwar Genüsse wie Restaurants, Kinobesuche, Nachtlokale und Fitnessstudios zurückfuhren, aber Soho House tatsächlich sogar verstärkt nutzten, weil es all das und noch mehr bietet.

Und schließlich kommt es bei Soho House ebenso wie bei Luxusartikeln nicht auf die konkreten Dinge an, die man mit der Mitgliedschaft erkauft, sondern darauf, wie man sich damit fühlt und dass man sich damit brüsten kann. Die Financial Times notierte im Juni 2018: „Die Technologie hat den jahrtausendealten Wunsch nach Gemeinschaftserlebnissen nicht beseitigt."[2] Soho House versinnbildlicht dies sehr gut.

Cannabis: Ein Ersatz für Luxus?

Weshalb bringt ein Buch, das sich auf die Zukunft des Luxus konzentriert, Zeit für Cannabis auf? Weil sich jüngere wohlhabende Verbraucher zu Erlebnissen hingezogen fühlen, die mit der Welt des Cannabis zusammenhängen, und weil diese als Ersatz für Luxusprodukte gesehen werden.

In Kanada ist der Gebrauch von Cannabis für medizinische Zwecke schon seit 2001 legal. Aber das, was in dieser Branche echtes Wachstum hervorrief und die Aufmerksamkeit auf sie lenkte, war der Cannabis Act, der im Oktober 2018 verabschiedet wurde und Kanada zum zweiten Land nach Uruguay machte, das den Anbau, den Besitz, den Verkauf und den Konsum von Cannabis zum Zweck der Entspannung legalisiert hat. Im gleichen Jahr legalisierte auch Georgien Cannabis, wenn auch nur den Besitz und den Konsum, nicht den Anbau und den Verkauf; und der oberste Gerichtshof Mexikos bestätigte eine frühere Entscheidung, wonach das Verbot von Cannabis verfassungswidrig ist. Im Jahr danach erlaubte Kanada essbares Cannabis, Cannabisextrakte und Cannabis zur lokalen Anwendung.

Laut einer Umfrage des Pew Research Center vom September 2019 befürworten 67 Prozent der Amerikaner die Legalisierung, wobei die Einstellung stark mit dem Alter korreliert (76 Prozent der Millennials sind dafür).[3] Die meisten US-Bundesstaaten erlauben es ab einem Alter von 21 Jahren, bis zu einer Unze (circa 28 Gramm) mit sich zu führen, manchmal auch 2,5 Unzen, aber die Gesetzgebung bezüglich des Anbaus von Pflanzen zum eigenen Konsum ist von Staat zu Staat unterschiedlich. Während ich dies schreibe, haben elf Bundesstaaten Cannabis zu Genusszwecken legalisiert, 33 Bundesstaaten für den medizinischen Gebrauch. Auch in der Hauptstadt Washington ist Cannabis für beide Zwecke erlaubt. Im November 2019 verabschiedete der Rechtssystem-Ausschuss des Repräsentantenhauses ein Gesetz, das Cannabis bundesweit legalisiert, aber es muss noch das Repräsentantenhaus und den Senat durchlaufen. Da die Spaltung zu diesem Thema entlang der Parteilinien verläuft (im Allgemeinen befürworten Demokraten die Legalisierung eher als Republikaner), ist es unwahrscheinlich, dass das Gesetz vor 2021 eingeführt wird. In den meisten Ländern der Welt ist Cannabis zur Entspannung nach wie vor verboten, aber in denjenigen US-Bundesstaaten, in denen es legalisiert wurde, scheint es ein weiterer Sektor für willkürliche Luxusausgaben zu sein.

Das kanadische Unternehmen Tilray ging im Juni 2018 als erster Cannabisproduzent an die Börse. Dadurch wurden die drei Gründer des Cannabis-Investmentfonds Privateer Holdings, die eine Mehrheitsbeteiligung an Tilray besaßen, zu Milliardären. Kurz danach, im August 2018, investierte Constellation Brands – ein großer Hersteller von Spirituosen und Bier sowie Eigentümer der Wodka-Marke Svedka, der Weinmarke Mondavi und der Biermarken Corona, Modelo und Pacifico – vier Milliarden Dollar in eine Beteiligung an einem anderen großen kanadischen Cannabisunternehmen namens Canopy Growth. Zum Zeitpunkt der Übernahme schätzte das Marktforschungsunternehmen Euromonitor, dass sich der amerikanische Markt für legales Cannabis von 2015 bis 2020 verdreifachen und ein Volumen von bis zu 16 Milliarden Dollar erreichen würde.[4] In letzter Zeit wurden viele Cannabiskonferenzen abgehalten, da der Sektor von mehr Infrastruktur und Mitteln profitiert und zu einer eigenen Anlageklasse wird. Inzwischen notieren Dutzende Cannabisunternehmen an der Börse, und es gibt sogar mehrere ETFs (börsennotierte Fonds), zum Beispiel Alternative Harvest, für Anleger, die sich in diesem Sektor engagieren wollen, ohne unternehmensspezifische Risiken einzugehen.

Hier einige Beispiele für Marken, die mit Cannabis zu tun haben und sich als Premium-Produkte anpreisen:

- Beboe wurde vor mehr als fünf Jahren gegründet und war wahrscheinlich die erste Luxus-Cannabismarke, die von den Medien nennenswerte Aufmerksamkeit bekam. Das Konzept entstand durch die unwahrscheinliche Paarung eines Modemanagers (Clement Kwan, zuvor bei Yoox und bei D&G) mit einem berühmten Tätowierungskünstler (Scott Campbell). Das Unternehmen wurde im Februar 2019 an Green Thumb verkauft, eines der größten börsennotierten Unternehmen in diesem Sektor.

- Dosist wurde 2016 gegründet und bietet präzise Dosierungen (per Vape Pen oder in Form löslicher Tabletten) mit sechs verschiedenen THC-CBD-Verhältnissen (das sind die beiden wichtigsten in Cannabis enthaltenen Wirkstoffe), je nachdem, worauf die Konsumenten aus sind. Ihr erstes Einzelhandelsgeschäft eröffnete die Marke am Abbot Kinney Boulevard in Los Angeles gegenüber einem Standort von MedMen (dem größten US-Einzelhändler, der medizinisches Cannabis verkauft) und konkurrierte dabei mit gehobenen Mode- und Freizeitmarken, Cafés und Eisdielen.

- Ignite wurde von einer Instagram-Sensation gegründet und rühmt sich als Referenz für Premium-CBD-Produkte. Aus Hanf hergestelltes CBD ist in den gesamten Vereinigten Staaten legal. Die Tatsache, dass alle Produkte von Ignite auf CBD basieren, sorgt dafür, dass sie sich besser landesweit verkaufen lassen.

- Astleys of London ist eine Lifestyle-Marke und ein ikonischer Pfeifenlieferant mit Sitz in der Londoner Jermyn Street, der wiederbelebt wurde und ein Lifting erhielt, um ihn an die Entwicklungen im Cannabisbereich anzupassen. Cannabis ist im Vereinigten Königreich illegal, aber die Marke verkauft ja kein Cannabis, sondern nur Gerätschaften.

- Im März 2019 eröffnete die inzwischen bankrotte gehobene Manhattaner Kaufhauskette Barneys in ihrem Flagship-Store in Beverly Hills ein Luxus-Cannabis-Lifestyle-Geschäft. An anderen Orten in Los Angeles haben Wiederverkäufer eröffnet, die mehrere Marken führen. Auch Higher Standards, das zunächst am Chelsea Market in New York ein Geschäft eröffnet hatte, besitzt einen weiteren Flagship-Store in Atlanta sowie „Shops in Shops" in Los Angeles und in Santa Ana, ebenfalls in Kalifornien.

Der Übergang vom geheimen Konsum zu Hause zum gesellschaftlichen Konsum bringt in Staaten, in denen Cannabis legal ist, neue Lifestyle-Trends mit sich, zum Beispiel Event-Dinners, Cannabistouren durch Colorado und cannabisfreundliche Boutique-Hotels. Ähnlich wie in den Branchen für hochwertigere Weine und braune Spirituosen (Whisky, Cognac) bietet die Cannabisbranche jetzt auch gehobenere Erlebnisse, unter anderem Dampf-Lounges, Cannabisproben, sogenannte Dinner Pairings sowie im Fass gereiftes Cannabisöl. Die Ähnlichkeiten mit traditionellen Luxusprodukten werden im Laufe der Zeit wahrscheinlich noch zunehmen, denn Cannabis konkurriert um Einzelhandelsflächen sowie um talentierte Manager und es gräbt den traditionellen Luxussegmenten Kundenbudgets ab.

Zeit und maßgeschneiderte Erlebnisse als Luxus

Im Jahr 1998 führte der große französische Autohersteller Renault eine Werbekampagne für das Crossover-Modell Espace, das den doppeldeutigen Slogan „Et si le vrai luxe, c'était l'Espace?" beinhaltete, der einerseits „Und wenn der Espace der wahre Luxus wäre?" bedeutet, andererseits „Und wenn Platz der wahre Luxus wäre?" Ich möchte behaupten, dass in unserer heutigen schnelllebigen Welt Zeit der wahre Luxus ist: arbeitsfreie Zeit, Zeit zum Nachdenken, zum Atmen, zum Meditieren und um sich von der Nachrichtenflut abzukoppeln. Manche Verbraucher sind bereit, für Zeit zu bezahlen. Man denke an den „TSA PreCheck®" an US-amerikanischen Flughäfen, mit dem man sich das Schlangestehen ersparen kann und der für fünf Jahre 85 Dollar kostet. Man denke an Uber, an Via oder irgendein anderes Mitfahrunternehmen, das es einem erspart, auf ein freies Taxi zu warten. Oder an die vielen Apps auf dem Smartphone, die einem die Restaurants in der Umgebung anzeigen, die einem sagen, wo sich Familienangehörige aufhalten, und die einem Wettervorhersagen liefern. Dank Siri oder Alexa kann man einen Freund anrufen, ohne die Nummer zu suchen, etwas über einen Künstler erfahren, ohne seinen Namen zu tippen, sich jederzeit einen zweiminütigen Nachrichtenausschnitt anhören oder das Rezept für den Lieblingscocktail des Ehepartners erfahren – indem man einfach nur fragt. Und die Zeit, die man nun hat, kann man (zusammen mit etwas Geld) für Unterhaltung aufwenden: Aufführungen, Bundesligaspiele, Streaming, Gaming, Netflix, Apple TV oder was immer einen reizt. Ist das ein Ersatz für Luxus? Nun, insofern man dafür Geld ausgibt und man sich dadurch gut fühlt, definitiv. Auf dem Höhepunkt der Corona-Pandemie hatten viele Verbraucher zusätzliche Freizeit. Hoffentlich haben sie das Beste daraus gemacht. Diejenigen, die in dieser Zeit virtuelle Ausstellungen besucht haben, sich Opern angeschaut haben oder zu Yoga-Experten geworden sind, erinnern sich an den Lockdown womöglich als eine Zeit zurück, in der sie endlich einmal mehr von dem gemacht haben, was sie gerne machen, oder sogar neue Leidenschaften entdeckt haben.

Im Jahr 2019 fing ich an, zum Spaß abends Weinverkostungskurse zu besuchen, erwarb meine WSET®-Qualifikation Level 2 (Wine & Spirit Education Trust) und im Januar 2020 Level 3. Das kostete mich zwar mehr als ein Trenchcoat von Burberry, aber a) erfuhr ich dort viel über die Weinherstellung, bin b) unglaublich stolz darauf, dass ich es in meinem hohen Alter geschafft habe, all das zu lernen und eine Prüfungsurkunde zu erhalten, und wenn ich wollte, könnte ich damit c) auf Dinnerpartys angeben und nicht nur in diesem Buch! Ob das ein Ersatz für ein Luxusprodukt ist? Absolut! Interessanterweise waren bei Level 2 die meisten Kursteilnehmer Menschen, die in der Weinbranche arbeiten (beispielsweise Mitarbeiter von Weinhandlungen, Betreiber von Pensionen, Bardamen und Hotelangestellte), aber bei dem schwierigeren und kostspieligeren Level 3 war etwa die Hälfte der Teilnehmer älter, reicher und arbeitete nicht in der Weinbranche, sondern machte den Kurs nur zum Spaß.

Ein weiteres Beispiel für eine Premium-Freizeitbeschäftigung ist MasterClass, eine 2014 gegründete amerikanische Online-Bildungsplattform, auf der bekannte Persönlichkeiten mittels Interviews Wissen über ihr jeweiliges Fachgebiet vermitteln. Dort kann man von den Starköchen Gordon Ramsay und Thomas Keller kochen lernen. Man kann von Margaret Atwood (der Autorin des Bestsellers The Handmaid's Tale) oder von Malcolm Gladwell etwas über kreatives Schreiben lernen. Von Martin Scorsese kann man etwas über das Filmemachen lernen, von Annie Leibowitz etwas über Fotografie, von Howard Schultz (Starbucks) etwas über Geschäftsführung, und vieles andere mehr. Das ist die Crème de la Crème, der Luxus, von den Besten lernen zu dürfen.

Es könnte durchaus sein, dass die nächste Generation eine Menge Zeit (und Geld) auf die Welt der künstlichen Intelligenz und der Träume verwenden wird. In den 1960er-Jahren schrieb der legendäre Science-Fiction-Autor Philip K. Dick eine Kurzgeschichte mit dem Titel „Erinnerungen en gros", auf deren Grundlage 1990 der Kinofilm „Total Recall" gedreht wurde. Darin ist die von Arnold Schwarzenegger gespielte Figur ein Kunde des Unternehmens Rekall, das Menschen Erinnerungen an Urlaubsreisen einpflanzt. Als die Figur Traum und Wirklichkeit nicht mehr unterscheiden kann und schließlich begreift, dass sie Geheimagent ist, laufen die Dinge aus dem Ruder. Für die Möglichkeit, Träume, virtuelle Urlaube oder Erinnerungen an Erlebnisse zu kaufen, lohnt es sich zu bezahlen, und dafür braucht man kein Geheimagent zu sein! Heute beginnen Produkte wie Oculus Quest, dessen Gründungsunternehmen Facebook gehört, den Weg vorzuzeichnen, wie VR-Unterhaltung (VR = Virtual Reality) aussehen kann. Das Produkt, das im Wesentlichen aus einem ausgefeilten VR-Headset zu einem Luxuspreis von 499

US-Dollar besteht, wurde Ende 2019 mit mehr als 50 Spielen aufgelegt. Seither ist es sehr erfolgreich und war in manchen Geschäften schon vor der Weihnachtssaison ausverkauft. Und wahrscheinlich ist das erst der Anfang der Popularität von KI-Produkten.

PROGNOSE NR. 16

Louis Vuitton, nach wie vor eine der größten und einflussreichsten Luxusmarken, wird sich im großen Stil auf das Gebiet des Reisens diversifizieren, und zwar nicht nur indem es wie heute Gepäckstücke und Stadt-Reiseführer verkauft, sondern auch VR-Pakete, mit denen Verbraucher stilvoll die Welt erkunden können, ohne ihr Wohnzimmer zu verlassen.

INTERVIEW: Über die Rolle der Kunst als ultimativer maßgeschneiderter Luxusartikel

Das Schwierige am Luxus ist, den Anschein der Knappheit zu erwecken. Den effektivsten Marken gelingt es, diese Illusion durch geschicktes Marketing zu erzeugen, aber nichts kann den Reiz eines einzigartigen Produkts ersetzen, ob es sich dabei um ein außergewöhnliches Erlebnis (man denke an Omotenashi, die japanische Kunst der Gastfreundschaft) oder um ein außergewöhnliches Objekt (man denke an zeitgenössische Kunst) handelt. Der Luxusbranche fällt die Nachbildung solcher Produkte schwer, da ihr Geschäftsmodell zumindest bis zu einem gewissen Grad auf der Reproduzierbarkeit basiert. Vielleicht ist das Beste, was der Sektor tun kann, sich immerhin davon inspirieren zu lassen. Ich glaube, dass die Luxusbranche von der Kunstwelt viel lernen kann. Es folgt nun ein Interview zu diesem Thema mit Francis Belin, dem Asien-Pazifik-Chef von Christie's.[5] (Aufstellungen der Auktionseinnahmen verschiedener Auktionshäuser und der Nationalitäten der Bieter finden Sie in den Tabellen auf Seite 227 f.)

Teil 3 | Die Zukunft

ERWAN RAMBOURG: Aufgrund Ihrer Luxus- und Einzelhandelserfahrung – sehen Sie Potenzial, dass Luxusmarken etwas von Auktionshäusern lernen, und im Gegenzug: Was können Aktionshäuser von der Welt des Luxus lernen?

FRANCIS BELIN: Die Kunst ist schon seit Langem vom Luxus fasziniert und ein Beleg dafür ist, dass Marken wie Cartier und Louis Vuitton eigene Stiftungen haben und beim Design von Produkten mit Künstlern zusammenarbeiten. Der Luxus möchte der Kunst näherkommen, als Mittel, die unverblümte Realität abzumildern, dass Luxusartikel in industrieller Massenproduktion gefertigt werden und die Marken kaum einzigartige Objekte verkaufen. Der Luxussektor ist nach wie vor eine große Maschinerie, die viele Produkte in viele Kanäle leitet und sich angesichts der Beschleunigung der Produktzyklen Anregungen bei der Einzigartigkeit holen kann, die die Kunst besitzt. Luxus braucht Marketing, Werbung, Verpackung, Öffentlichkeitsarbeit und anderes mehr. Kunst braucht überhaupt nichts.

Kunst dreht sich vollständig um das Objekt und nichts anderes, und um dieses Objekt herum braucht man kaum etwas zu tun. Man kann es erläutern, man kann es in einen Zusammenhang stellen, man kann zeigen, wieso es bedeutend ist, aber letztlich sollte es autark sein, und der Markt sollte entscheiden, was sich hält und etwas wert ist beziehungsweise was verschwinden wird. Da braucht man nicht viel zu bauschen. Ich glaube, dass Luxus Kunst braucht, aber ein Kunstwerk niemanden braucht. Kunstexperten, die außerordentliche Stücke verkaufen, können sogar der Meinung sein, dass sie weder einem Kunden noch einem Auktionshaus einen Dienst leisten, sondern der Kunst an sich dienen. Aufgrund der Preise, die dort aufgerufen werden, gibt es auch hier und da Spekulation, aber vom Wesen her fokussiert sich unser Geschäft wie ein Laserstrahl auf einzigartige Objekte. Die Kunst ist schon frühzeitig auf Reisen gegangen. Künstler suchten bei anderen Kulturen Inspiration, und indem sie das taten, wurden sie zu den ersten kosmopolitischen Influencern. Kunstsammler erzählen eine Geschichte, stellen ein Objekt in einen Zusammenhang, tragen dazu bei, ihm einen Sinn beizulegen, aber auch hier sollte das Objekt in der Lage sein, ein eigenständiges Leben zu führen.

Ein Problem im Ökosystem der Aktionen besteht darin, dass sich die Branche darauf konzentriert, Objekte zum Verkaufen zu finden; das hat Priorität und dadurch ist das Geschäftsmodell von seinem Charakter her sehr kurzfristig und auf den Augenblick gerichtet. Das, was die Luxusbranche vom Geschäftsmodell her in die Kunstwelt einbringen kann, ist eine eher langfristige und strategische Denkweise. Außerdem ist die Kunst von Natur aus mehr auf Gegenstände als auf Kunden zentriert, und auch in diesem Bereich können Geschäftsmodelle aus dem Luxussektor hilfreich sein.

Die größten Auktionshäuser nach Umsatz (2019)

	AUKTIONSHAUS	AUKTIONSEINNAHMEN (IN US-DOLLAR)	VERKAUFTE POSTEN
1	Christie's	3.647.885.000	15.320
2	Sotheby's	3.589.239.300	14.134
3	Poly Auction	617.015.000	4.575
4	China Guardian	587.802.200	8.659
5	Phillips	583.821.200	4.613

Christie's, das sowohl nach Umsatz als auch nach verkauften Posten führende Auktionshaus, schloss im Jahr 2019 fünf Transaktionen im Volumen von mehr als 50 Millionen Dollar ab, aber die Hälfte seiner Transaktionen lag unter 20.000 Dollar.

Quelle: adaptiert aus „The Art Market in 2019: Global Assessment", Artprice.com, o. D., https://www.artprice.com/artprice-reports/the-art-market-in 2019

Teil 3 | Die Zukunft

Kunstverkäufe bei Auktionen nach Ländern (2019)

	AUKTIONSEINNAHMEN (IN US-DOLLAR)	VERKAUFTE POSTEN	BESTES ERGEBNIS (IN US-DOLLAR)
Vereinigte Staaten	4.613.929.700	99.095	110.747.000
China	4.101.689.400	66.106	38.850.000
Vereinigtes Königreich	2.175.511.300	70.319	49.561.790
Frankreich	826.633.100	82.016	26.777.270
Deutschland	268.010.300	45.741	3.535.930

Im Jahr 2019 waren die Vereinigten Staaten sowohl bezüglich des Umsatzes als auch bezüglich der verkauften Posten weltweit führend. „Meules" (1890) von Claude Monet wurde im Mai des Jahres bei Sotheby's in New York für 110 Millionen Dollar verkauft – der höchste Preis, der in jenem Jahr bezahlt wurde, und ein Rekord für impressionistische Werke.
[Entgegen der Angabe des Autors (1890) stammt das versteigerte Gemälde aus dem Jahr 1891 und ist nicht mit den mehr als zwei Dutzend weiteren Werken zu verwechseln, die international als „Les Meules" bezeichnet werden; Anmerkung des Übersetzers.]

Quelle: Adaptiert aus „The Art Market in 2019: Global Assessment", Artprice.com, o. D., https://www.artprice.com/artprice-reports/the-art-market-in 2019

ERWAN RAMBOURG: Erläutern Sie bitte die Psychologie eines Verbrauchers beim Kauf eines Kunstwerks. Manche Preise können ja irrational erscheinen, aber gleichzeitig gibt es einen Wiederverkaufsmarkt. Erklären Sie, wie diese Spannung funktioniert.

FRANCIS BELIN: Der einmalige Charakter eines Kunstwerks führt zu der Art, wie es bewertet wird. Auch wenn das Gehirn gewöhnlich rational ist, so gibt es doch viele kontextuelle Elemente, die dazu führen können, dass die Preise von der ursprünglichen Preisforderung losgelöst sind. Ein Verbraucher kann von einem Kunstwerk besessen sein, weil er sich in seine Ästhetik verliebt, weil es für seine Nachfahren eine Bedeutung hat, weil es in seine sorgfältig kuratierte Sammlung passt, weil er findet, dass es gut zu einem anderen Werk in seinem Wohnzimmer passt, oder wegen einer anderen Komponente, die sein Urteil beeinflusst. Wie viel Geld man auszugeben bereit ist, ist eine sehr persönliche Entscheidung. Es gibt keine universelle Preisbildung, denn der Preis hängt von den Emotionen ab, die das Objekt hervorruft. Natürlich gibt es Richtwerte, eine Vorgeschichte früherer Transaktionen und so weiter, aber grundsätzlich geht es um die einzigartigen Überlegungen einer Person und manchmal auch um die Angst, den Kürzeren zu ziehen. Bei Auktionen können auch dann Rekordpreise erzielt werden, wenn nur eine Handvoll Bieter heftig miteinander konkurrieren. Diejenigen, die übrig bleiben, haben ganz spezielle persönliche Gründe, aus denen sie das Werk kaufen wollen.

ERWAN RAMBOURG: Luxuskonsumenten, welche die Luxuspyramide betreten, wollen meist Produkte und Marken haben, die es ihnen ermöglichen, dazuzugehören. Kunstwerke sind von ihrem Wesen her einzigartig. Wie haben sich die Kunden der Auktionshäuser in der jüngeren Vergangenheit bezüglich Geschlecht, Alter und Nationalität verändert und wer werden Ihren Erwartungen zufolge in den kommenden Jahren Ihre Hauptkunden sein?

FRANCIS BELIN: Die Geschäftstätigkeit von Auktionshäusern ist vom Prinzip her mit der Schaffung von Wohlstand korreliert, und dies weist auf die Schwellenländer im Allgemeinen sowie nach China im Besonderen. An manchen etablierten, wohlhabenden Märkten, etwa in Europa und in Japan, haben wir inzwischen mehr Verkäufer als Käufer. Neues Geld bedeutet jüngere Käufer, denn in Asien sind die Millionäre viel jünger als im Westen. Wir sehen eine Entwicklung bezüglich dessen, was chinesische Verbraucher kaufen, weil sie wagemutiger werden und sich in der Welt der Kunst besser auskennen. Logischerweise fängt man mit dem an, was einem näher liegt. Chinesische Kunstsammler fangen normalerweise mit klassischer chinesischer Kunst an, vor allem mit lavierten Tuschezeichnungen. Es kann sein, dass sie sich dann in Richtung der westlichen Kunst entwickeln, und dabei vor allem in Richtung Impressionismus. Mutigere Sammler oder solche, die in zweiter oder dritter Generation wohlhabend sind und im Ausland gelebt haben, wagen sich vielleicht auch an Kunst aus der Nachkriegszeit. Bei asiatischer Kunst herrschen asiatische Käufer vor, aber jetzt nimmt ihre Bedeutung auch beim Verkauf westlicher Kunst zu. Die Kunstwelt wird immer sensationeller, in den Galerien und bei den Messen geht es eigentlich mehr um einen gesellschaftlichen Ausflug als um den eigentlichen Kern: einzigartige Objekte.

ERWAN RAMBOURG: Wie sehen Sie das Wachstumspotenzial von Christie's und ist das Wachstum grundsätzlich eher an das Angebot (die Beschaffung neuer Aufträge) oder an die Nachfrage (Entstehung von Wohlstand) gebunden? Wieso glauben Sie, dass Christie's gut aufgestellt ist?

FRANCIS BELIN: Die Nachfrage wird immer größer, vor allem nach alten Meistern und Nachkriegskunst. Das Problem ist tatsächlich das Angebot, und kulturell betrachtet ist es zwar eine tolle Sache, dass immer mehr Museen entstehen, aber das erlegt auch der Angebotsseite der Gleichung Beschränkungen auf. Museen verkaufen von Natur aus nur selten Kunstwerke weiter. Jeder ist auf außergewöhnliche Objekte aus und die Preise steigen, vor allem am oberen Ende. Bei der zeitgenössischen Kunst ist das anders, weil es viele noch lebende Künstler gibt, die viele Werke produzieren. Das hat zur Entwicklung von Galerien und auch von internationalen Kunstmessen geführt.
Wir sind für viele Kunstsammler attraktiv, weil wir 150 Jahre Erfahrung in der Kunstszene haben und weil wir die Mittel haben, die Echtheit von Kunstwerken zu prüfen, Nachforschungen anzustellen und sie angemessen zu bewerten. Auch wissen die Sammler, dass, wenn sie zu uns kommen, die gekauften Objekte wahrscheinlich einen Wiederverkaufswert bewahren werden. Außerdem zertifizieren wir die Herkunft von Objekten und können beraten, wie man eine bestehende Sammlung schützen und verbessern kann.

Fazit

Alles lässt sich „premiumisieren", von Kaffee über Clubs und Cannabis bis hin zu Unterhaltung. Das Problem, vor dem die traditionellen Luxusmarken stehen werden, besteht darin, dass die nächste Verbrauchergeneration ihre Ausgaben weg von einfachen Produktkategorien wie Uhren oder Handtaschen auf Produkte oder Erlebnisse umlenken wird, die sie als hochkarätiger oder als besser zu ihren Werten passend empfinden. Einstweilen befindet sich der Luxussektor noch in einer Anwerbungsphase und er wird sich diesen Veränderungen widersetzen, solange dies noch der Fall ist. Sobald sich jedoch die traditionelle Luxusbranche zu einem Geschäft entwickelt, das auf Wiederholungskäufen basiert, wird die Bedrohung durch alternative Ausgabemuster wachsen.

9
VERREISEN – UND ANKOMMEN

*„Wenn Sie Abenteuer für gefährlich halten,
versuchen Sie es mal mit Routine – die ist tödlich."*
– PAULO COELHO

Vor zwei Jahren lernte ich eine der Mitgründerinnen und CEO der Gepäck- und Accessoire-Marke Away kennen, und als ich sie fragte, ob es im Bereich der Markenartikel ein Geschäftsmodell gebe, das sie bewundere, nannte sie sofort LVMH, und das überraschte mich nicht. Die Mission von Away besteht schlicht darin, zur größten Reisemarke der Welt zu werden. Für eine Marke, die es erst seit 2016 gibt, klingt das zwar unglaublich naiv oder arrogant, aber als ich mit Steph Korey sprach, meinte sie es todernst. In aller Kürze könnte man Away so anpreisen, dass es ähnliche Koffer wie Tumi herstellt und sie zu ähnlichen Preisen wie Samsonite verkauft, und zwar indem es durch Direktverkauf über seine Website den Vertrieb umgeht. Da ich selbst seit einer Weile einen Away-Koffer besitze, kann ich sagen, dass er sein Geld wert ist, mein Lieblingsmerkmal jedoch der aufladbare Akkusatz ist, der einem stets zupasskommt, wenn man viel reist. Im Jahr 2020 habe ich den Akku verloren, und als ich in das Geschäft in Downtown New York ging, bekam ich ohne herumzureden kostenlos einen neuen. Away fing online an und eröffnete später in Downtown Manhattan einen Vorführraum mit Café, aus dem ein dauerhaftes Geschäft wurde, eben das, in das ich wegen des Akkus ging. Während ich dies schreibe, hat die Marke zehn Läden, und wahrscheinlich hat das Unternehmen noch mehr in der Pipeline (sofern es COVID-19 zulässt), da Away vorhat, mit der Marke schnell nach Europa und Asien zu expandieren.

Welches Verhältnis besteht zwischen Reisen und Luxus? Wenn man nach einer Reise aus Florenz nach Schanghai heimkehrt und ein paar Souvenirs dabei hat, schöne Fotos auf dem Smartphone, die neueste Tasche von Gucci und ein paar Sneaker von Ferragamo, dann hat man seinen Freunden viel zu erzählen. Und dann stelle man sich vor, man würde Gucci und Ferragamo in der Nanjing Road kaufen. Das ist viel einfacher, aber dann muss man auch akzeptieren, dass man sich viel weniger damit brüsten kann.

Reisen hat einen gewissen Snobismus an sich. Ähnlich wie der Kauf von Luxusartikeln sagt es Freunden und Kollegen, man kenne sich aus und sei erfahren. Diese Auffassung ist nicht neu. Mein Vater arbeitete jahrzehntelang als Diplomat bei der UNO und verbrachte den größten Teil seines Lebens damit, beruflich nach Afrika zu reisen. Einmal bekam er von einem Bewunderer einen Brief, in dem er ihn als „James Bond der öffentlichen Verwaltung" bezeichnete. Dies wurde zu einer Lieblingsgeschichte, die wir uns in der Familie immer wieder erzählten, denn mein Vater konnte nicht anders als Tränen zu lachen angesichts des absoluten Kontrasts zwischen einerseits der Bürde langer Flüge, hektischer Flughäfen, des Jetlags, des schlechten Essens und der dumpfen Hotelzimmer, die seine beruflichen Reisen mit sich brachten, und andererseits der fehlerhaften Wahrnehmung, das seien aufregende Abenteuer.

PROGNOSE NR. 17

Wohlhabende Verbraucher werden Boutique-Hotels gegenüber Hotelketten bevorzugen. Letztere bieten zwar den Anreiz der Treueprogramme, aber sie werden unter dem Gefühl des „Copy and paste" sowie unter ihrer mangelnden Authentizität leiden.

---

9 | Verreisen – und ankommen

Von der Erfindung des bezahlten Urlaubs im Frankreich der 1930er-Jahre durch die regierende Volksfront über die Entwicklung des Massentourismus in den 1960er-Jahren bis hin zu dem viel jüngeren Boom der ins Ausland reisenden Chinesen – Reisen gelten als Luxus, weil sie implizieren, dass man das nötige Geld und die nötige Zeit hat, um weg zu sein.

Ende 2018 rechnete die IATA (International Air Transport Association) hoch, dass sich die Passagierzahlen bis zum Jahr 2037 auf 8,2 Milliarden verdoppeln und 100 Millionen Arbeitsplätze schaffen werden. Diese beeindruckenden Zahlen – die ein CAGR von 3,5 Prozent darstellen – werden das Ergebnis „einer zunehmenden Verlagerung des Branchenschwerpunkt nach Osten" sein. Es wird damit gerechnet, dass die Hälfte des Wachstums aus der Asien-Pazifik-Region kommen wird.[1] Der Prognose zufolge wird sich in China die Zahl der Fluggäste verdreifachen, sodass bis 2037 eine Milliarde hinzukommt und es insgesamt 1,6 Milliarden sein werden. Dabei soll das Land Mitte der 2020er-Jahre die Vereinigten Staaten als größten Markt für die Luftfahrt ablösen.

In den Schwellenländern gibt es inzwischen zahlreiche junge Konsumenten, die bereit und in der Lage sind, für Reisen viel mehr Geld auszugeben. Eine Studie des Teams von Visa Travel Insights ergab, dass bei internationalen Reisen nicht das Alter, sondern das Einkommen der bestimmende Faktor ist, und da nun viele Verbraucher aus Schwellenländern in die Lage kommen, sich Reisen leisten zu können, dürften die Touristenzahlen weiterhin steil steigen.[2]

Daneben legte die IATA ein pessimistisches Szenario der „Umkehr der Globalisierung" vor, wonach der Protektionismus zuschlagen und das CAGR auf „nur" 2,4 Prozent sinken würde, sowie ein optimistisches Szenario der „maximalen Liberalisierung", in dem das CAGR 5,5 Prozent erreichen würde. Welches Szenario auch eintreten mag, die Reisebranche wird eindeutig ein gutes Wachstum verzeichnen, wodurch die Infrastruktur und die Arbeitsplätze einen Schub erfahren werden. Die Pandemie des Jahres 2020 mag etwas daran ändern, wie die Menschen verreisen, aber den durch Corona bedingten schweren Rückgang des Reiseaufkommens im Jahr 2020 darf man wohl als Einzelfall betrachten.

Reisende Chinesen: Der Schlüssel zum Luxus

Im Jahr 2018 verdiente Estée Lauder erstmals in Flughäfen mehr Geld als in Einkaufszentren.[3] Der Grund? Reisende Chinesen. Zwar habe ich im zweiten Kapitel erläutert, dass die chinesischen Verbraucher nach und nach viel mehr Luxus im Inland als im Ausland kaufen werden, aber das bedeutet nicht, dass der Markt des Reise-Einzelhandels nicht mehr wachsen wird. Weit gefehlt. In China steigt die Reisepassquote sehr schnell. Wahrscheinlich liegt sie immer noch unter 15 Prozent, nachdem sie im Jahr 2014 lediglich vier Prozent betragen hatte (in den Vereinigten Staaten lag sie im Jahr 2019 bei 45 Prozent).[4] Vor dem Ausbruch der Coronakrise hatten es die meisten Länder Chinesen erleichtert, sie zu besuchen. Im Jahr 2019 erreichte die Zahl der Länder, die von chinesischen Besuchern kein Visum verlangten, auf den Höchststand von 74. Eine Mischung aus fortgesetzter Vermögensbildung und wachsendem Verbrauchervertrauen dürfte dieses Wachstum weiterhin befeuern. Auf Seite 237 finden Sie eine grafische Liste der zehn größten Märkte nach Fluggästen (aktuell und prognostiziert).

Wie in Kapitel 2 besprochen, würde der Anteil der Auslandsreisen an den gesamten Luxusausgaben der Chinesen selbst dann, wenn er allmählich auf weniger als 50 Prozent zurückgehen würde, noch mehr als 20 Prozent der heutigen weltweiten Ausgaben für Luxus darstellen. Der Umsatz der Marken mit chinesischen Reisenden wird nicht nur für die heutige Zeit, sondern auch für die Form der künftigen Wahrnehmung entscheidend sein.

Bislang verreisen Besucher aus der Volksrepublik China nicht allzu weit, aber das könnte sich nach und nach ändern. Hier die Aussichten nahe gelegener Reiseziele:

9 | Verreisen – und ankommen

Die zehn größten Fluggastbeförderungsmärkte, 2017–37

Die IATA prognostiziert, dass China Mitte der 2020er-Jahre die Vereinigten Staaten als weltgrößtes Herkunftsland von Flugreisenden überholen wird (Rangfolge anhand der Passagiere, die in ein Land hinein, aus einem Land heraus und innerhalb des Landes fliegen).

Quelle: adaptiert aus IATA, „IATA Forecast Predicts 8,2 Billion Air Travelers in 2037", Pressemitteilung Nr. 62, 24. Oktober 2018, https://www.iata.org/en/pressroom/pr/2018-10-24-02/

- **HONGKONG** ist seit Langem das wichtigste Reiseziel der Festlandchinesen, die dafür nur einen Erlaubnisschein benötigen. Es ist nicht weit, die Einkaufs- und Übernachtungsinfrastruktur ist sehr gut und es ist zollfreies Gebiet. Ende 2018 wurden in der Greater Bay Area zwei Infrastrukturprojekte eröffnet – die Hongkong-Zhuhai-Macau-Brücke und die Schnellfahrstrecke Guangzhou-Shenzhen-Hongkong –, die als Katalysatoren für weiteres Wachstum wirken könnten. In letzter Zeit besteht das Problem, dass die Kombination aus den Protesten in den Jahren 2019 und 2020, dem Ausbruch von COVID-19 und dem ungünstigen Währungskurs (ein im Verhältnis zum Renminbi starker Hongkong-Dollar) den Einreisestrom vom Festland her stark abflauen lassen. Schon bevor das Virus zuschlug, befürchteten chinesische Touristen Sicherheitsprobleme und hatten noch andere Reisemöglichkeiten. Für die Luxusbranche ist das problematisch, denn bislang ist Hongkong für die Marken des Sektors die profitabelste Region, wobei Chinesen vom Festland bei den meisten Marken für 60 bis 80 Prozent des Umsatzes verantwortlich sind. Die Grafik zeigt den Wert des Hongkonger Luxusmarkts in den vergangenen 13 Jahren.

Der Wert des Hongkonger Marktes für persönliche Luxusartikel (in Milliarden Euro)

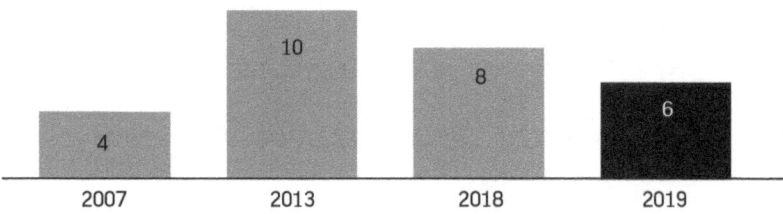

Von 2007 bis 2013 verzeichnete der Luxusumsatz in Hongkong ein kumuliertes jährliches Wachstum von 15 Prozent, wurde jedoch schon vor dem Ausbruch von COVID-19 durch Proteste gedrückt. Es ist abzusehen, dass der größte Teil dieses Marktes nach Festlandchina zurückkehrt.

Quelle: adaptiert aus Claudio d'Arpizio et al., „Eight Themes That Are Rewriting the Future of Luxury Goods", Bain and Company, 5. Februar 2020, https://www.bain.com/insights/eight-themes-that-are-rewriting-the-future-of-luxury-goods/

- **MACAU** ist als Teil von Großchina das am zweitmeisten von Festlandschinesen besuchte Reiseziel. Die Touristenströme tragen die dortige beträchtliche Spielebranche und die Luxuskäufe.

Nun beginnen die Festlandchinesen, zahlreiche Optionen außerhalb von Großchina zu entdecken:

- **JAPAN** ist groß in Mode und bietet eine viel größere Vielfalt als Hongkong und Macau, die im Grunde nichts weiter als Mekkas des Luxus sind. Japan hingegen bietet anderes Essen, eine andere Kultur, Skipisten, Tempel und vieles mehr, und außerdem hat es große Fortschritte gemacht, was die Anpassung seiner gastronomischen Infrastruktur und die Lockerung der Visumpflicht für chinesische Reisende angeht. Die Zahl der Auslandstouristen in Japan überschritt im Jahr 2018 die Marke von 30 Millionen – was weit über den Zielen der Regierung lag –, wovon chinesische Touristen fast ein Drittel stellten. Für das Jahr 2020 hatte Japan wegen der in Tokio geplanten Olympischen Sommerspiele 40 Millionen Besucher geplant, aber die Spiele wurden ja wegen der Coronakrise um ein Jahr verschoben.

- In **THAILAND** verlaufen die Besucherzahlen holprig. Im Jahr 2016 verbot die thailändische Regierung „Null-Dollar-Touren" – kostenlose Rundfahrten, bei denen die Veranstalter die Touristen zwangen, bestimmte Einkaufszentren zu besuchen, um ihre Investition wieder hereinzuholen. Ein Schiffsunglück im Juli 2018, in das chinesische Touristen verwickelt waren, wirkte abschreckend, und im September 2018 folgte ein Ausbruch von Denguefieber. Jedoch eröffnete im November 2018 in Bangkok südlich des Flusses das gigantische Einkaufszentrum Iconsiam und im Jahr danach verzichtete Thailand zugunsten von Einreisegebühren auf Visa. Anders gesagt tut das Land alles, um Chinesen zu motivieren, herzukommen und Geld auszugeben.

- **SINGAPUR** ist ein traditionelles Ziel des Medizintourismus, aber auch des Luxustourismus, wobei dort eine gewisse Sättigung an Luxus-Einkaufszentren besteht. Nach und nach schleicht sich Konkurrenz seitens anderer Reiseziele ein, woran die Nachbarländer Malaysia, Vietnam und Thailand Anteil haben.

- **TAIWAN** litt nach der Wahl von Tsai Ing-wen (Demokratische Fortschrittspartei) zur Präsidentin unter gespannten Beziehungen zur Volksrepublik und rückläufigen Einreisezahlen, aber inzwischen hat der Tourismus schon wieder angezogen.

- Auch in **SÜDKOREA** ist der Touristenstrom nach einigen wegen der Entscheidung, ein von den Vereinigten Staaten entworfenes Raketenabwehrsystem namens THAAD einzurichten, angespannten Jahren wieder angeschwollen.

Abgesehen von den benachbarten asiatischen Ländern reisen wohlhabende chinesische Verbraucher auch nach Australien und haben dort im Jahr 2019 mehr Geld ausgegeben als die Touristen aus den Vereinigten Staaten, Japan, Neuseeland und dem Vereinigten Königreich zusammengenommen. Europäische Destinationen stellten im Jahr 2019 ein bisschen mehr als zehn Prozent des chinesischen Tourismus, und damit war Europa nach Asien ihr zweitbeliebtester Reisekontinent. Aber auch hier können Währungsschwankungen (etwa das seit dem Brexit-Votum im Juni 2016 attraktivere Britische Pfund) und Sicherheitsprobleme (zum Beispiel die Gelbwestenbewegung in Frankreich, die im Oktober 2018 begann) in beide Richtungen ausschlagen. Und schließlich wurde der Zustrom chinesischer Reisender in die Vereinigten Staaten durch Währungsschwankungen, Handelsspannungen und ebenso wie überall auf der Welt durch die Auswirkungen von COVID-19 herabgezogen, aber ich würde mir diesen Rückgang nicht als strukturell denken.

9 | Verreisen – und ankommen

Die globale Reisetätigkeit: Vielversprechend, jedoch unter dem großen Vorbehalt der Umweltbelastung

Ich bin nicht der Auffassung, dass die Ausbreitung des Virus, die im Jahr 2020 die Reisetätigkeit weltweit zum Erliegen brachte, den Trend zum Reisen für einen längeren Zeitraum unter Druck setzen wird. Der Tourismus dürfte weltweit weiterhin durch drei große sozioökonomische Faktoren vorangetrieben werden:

1. Die Flugpreise sind dank des Aufkommens von Billigfluglinien, transparenterer Preise und Deregulierung eingebrochen. Das Aufkommen von Airbnb und ähnlicher Wohnungsvermietungen drückt in vielen Städten die Übernachtungskosten, sodass die Hotels über den Preis konkurrieren müssen.

2. Die Verbraucher wählen ihre Reiseziele bewusster, denn dank des Internets, der Reiseblogs und dank Instagram können zuvor obskure Destinationen aufsteigen, und die sozialen Medien haben eine Kultur geschaffen, in der Reisen wie nie zuvor dokumentiert werden. In einer neueren Marktforschung von Expedia heißt es: „Für junge Menschen, die ins Ausland reisen, hat es oberste Priorität, wie Instagram-tauglich ihr Reiseziel ist."[5]

3. Mehr Sicherheit ermöglicht mehr Reisen. Es mag einem vielleicht nicht so vorkommen, aber in den letzten rund zehn Jahren sind viele Teile der Welt aufgrund stabilerer politischer Umfelder und des Endes von Konflikten viel zugänglicher für Touristen geworden. Ein Beispiel dafür ist Kroatien, wo von 1991 bis 1995 Krieg herrschte und das jetzt zu den touristischen Hotspots Europas gehört.

Diese schnelle Entwicklung des Tourismus bringt gewisse Bedenken mit sich, vor allem hinsichtlich überlaufener Orte und Umweltverschmutzung. Manche Destinationen werden durch ihre Beliebtheit abstoßend und zu Umweltgefährdungen. In der EU gibt es 105 Bereiche, in denen „der Tourismus die Schwelle der physischen, ökologischen, sozialen, wirtschaftlichen, psychischen und/oder politischen Tragfähigkeit überschreitet".[6] Die kroatische Stadt Dubrovnik musste die Anzahl der Kreuzfahrtschiffe einschränken, die dort nach der enthusiastischen Reaktion auf die Serie „Game of Thrones" anlegten, die zum Teil dort gedreht wurde. Dabei beschränken sich die Probleme nicht auf Europa. Die schöne Insel Boracay wurde im Jahr 2018 von der philippinischen Regierung sechs Monate lang gesperrt, um sie zu sanieren, nachdem Abwässer ins Meer geleitet und Gebäude zu nahe am Ufer errichtet worden waren. Im gleichen Jahr schloss Thailand die Maya Bay auf der Insel Koh Phi Phi wegen Überfüllung und wegen Schädigungen des Korallenriffs. Wie Yogi Berra gesagt hätte: „Da geht heute niemand mehr hin. Zu überlaufen."

Und natürlich bringt die Anreise ihre eigenen Umweltprobleme mit sich. Der Kerosinverbrauch der Luftfahrt lässt sich angesichts des zunehmenden Tourismus schwerlich begrenzen. Die Luftfahrtindustrie senkt den Treibstoffverbrauch von Flugzeugen durch bessere Aerodynamik und leichtere Verbundwerkstoffe, aber das Verkehrsaufkommen nimmt so schnell zu, dass diese Maßnahmen mehr als kompensiert werden, und daher wird vorhergesagt, dass sich die Emissionen der Luftfahrt bis zum Jahr 2050 mindestens verdoppeln werden.[7] Was politische Maßnahmen angeht, so drängen zahlreiche Regierungen die EU, neue Besteuerungen der Fluggesellschaften oder des Kerosins einzuführen.

Die größten Kreuzfahrtgesellschaften der Welt haben zwar auf den meisten Schiffen Reinigungsanlagen, aber deren Technologie verwandelt eigentlich nur die Luftverschmutzung in Wasserverschmutzung. Es gibt zwar Vorschriften, wonach die Kreuzfahrtschiffe diese beseitigen sollen, aber nach wie vor verklappen viele von ihnen Umweltgifte im Meer. Es wurden Vorschriften erlassen, gemäß denen die Branche überwacht, bestraft oder zu Änderungen gezwungen wird, um die Umweltverschmutzung einzudämmen.

9 | Verreisen – und ankommen

PROGNOSE NR. 18

Die Kombination aus umweltfreundlicher Einstellung und den Auswirkungen der Coronakrise wird einen Wandel der Kreuzfahrten und der kommerziellen Luftfahrt bewirken. Aus dem inzwischen als „Flugscham" eingedeutschten Begriff „flygskam" wird wohl mehr als ein obskures schwedisches Konzept werden; Hochgeschwindigkeitszüge und selbstfahrende Elektrofahrzeuge werden zu bevorzugten Fortbewegungsmitteln werden.

Wie ich in Kapitel 10 noch ausführlicher darlegen werde, haben die Bedenken im Hinblick auf Umweltprobleme vor allem bei der jüngeren Generation eindeutig zugenommen. Das kann so weit gehen, dass man versucht, seinen Fußabdruck zu verkleinern, indem man weniger Auto fährt, CO_2-Gutschriften erwirbt, um die Flüge auszugleichen (und in manchen Ländern die Flugscham bekämpft), und insgesamt ein besseres Bewusstsein dafür entwickelt, welche Folgen die eigene Mobilität für den Planeten hat.

INTERVIEW:
Die Zukunft des Reisens und des Gepäcks
Wer könnte besser über das Reisen sprechen als der führende Vertreter der Gepäckbranche? Die Marke Samsonite wurde 1910 geboren, sie hat sich im Laufe der Zeit zu einem Konzern mit vielen Marken entwickelt und ist nach wie vor hinsichtlich des Umsatzes mit reisebezogenen Produkten mit Abstand führend (ein Foto eines der innovativen Produkte von Samsonite, die aus recycelten Materialien bestehen, sehen Sie auf Seite 247). Nun teilt Kyle Gendreau, der CEO von Samsonite, seine Einblicke mit uns.[8]

Teil 3 | Die Zukunft

ERWAN RAMBOURG: Wenn Sie an die Zukunft des weltweiten Reisens denken, welche sind die stützenden Faktoren und die Begrenzungen? Was macht Sie bezüglich des langfristigen Potenzial des Reisens zuversichtlich? Welche Indikatoren beobachten Sie?

KYLE GENDREAU: Aus der Generationenperspektive gibt es an beiden Enden des Spektrums wichtige Stützen. Zunächst einmal will jede neue Generation reisen und lieber Erfahrungen als materielle Besitztümer anhäufen. Zweitens tragen die Babyboomer die Reisebranche. Die Menschen leben heute länger und setzen sich mit einem gewissen Vermögen zur Ruhe, das es ihnen ermöglicht, die Welt zu sehen. Was die in die Zukunft weisenden Indikatoren betrifft, so könnten wir uns die kurzfristigen Kennzahlen der Luftfahrtbranche anschauen, und hier steigen seit einer Weile Jahr für Jahr die internationalen Ankünfte zweistellig. Auf längere Sicht schauen wir uns Indikatoren wie Flugzeugbestellungen, den Bau neuer Flugzeuge und die Wachstumsprognosen von Hotelketten an. Alle diese Indikatoren weisen in eine sehr positive Richtung. Eine signifikante Entwicklung der jüngeren Vergangenheit ist die Tatsache, dass das Reisen für jede neue Generation billiger geworden ist und dass daher immer mehr Menschen reisen können. Auch sehen wir in manchen Schwellenländern eine schnelle Zunahme des Zugangs zu Reisen, insbesondere in China, Indien und Indonesien, wo die Reisebranche blüht. Deren Bürger erleben aufregende Zeiten.

Was Gegenwind angeht, so hören wir einigen Lärm um die Umweltfolgen des Reisens, der das Reisen ins falsche Licht setzt, und wir sind überzeugt, dass es andere Möglichkeiten gibt, die Auswirkungen des Reisens einzuschränken.

ERWAN RAMBOURG: Wie haben sich die internationalen Reisenden hinsichtlich Alter, Geschlecht und Nationalität entwickelt, und wirkt das sich darauf aus, wie Sie Ihre Gepäckstücke gestalten und Ihre Preise festlegen?

9 | Verreisen – und ankommen

KYLE GENDREAU: Aus der Perspektive des Alters haben wir eine gute Mischung aus Millennials und jungen Familien auf der einen Seite und einer Rentnergeneration auf der anderen Seite. Und obwohl die asiatischen Reisenden an Einfluss gewinnen, bleibt die Branche wahrhaft global. Aus der Perspektive der Geschlechter trifft es zu, dass der Gepäckmarkt seit Langem eher männlich geprägt ist, sodass große Chancen darin liegen, im Bereich des Reisens die Verbraucherinnen zu bedienen, aber beispielsweise auch in großen Business-Reisetaschen und Rucksäcken. Dass wir ein aus mehreren Marken bestehendes Portfolio besitzen, versetzt uns in die Lage, sehr unterschiedliche Bedürfnisse zu bedienen. Mit unserer Marke American Tourister sprechen wir familienorientierte und wertbewusste Verbraucher an, mit Samsonite erfahrenere und gehobene Verbraucher und mit Tumi die neuen Luxusreisenden.

Wir bieten alle Preisklassen an und haben für alle Konsumentenbedürfnisse relevante Produkte, somit sind wir weit vom Ansatz des Einheitsprodukts entfernt.

ERWAN RAMBOURG: Welche Wettbewerbsvorteile haben Sie in der Gepäckindustrie und sehen Sie Bedrohungen durch neue Akteure?

KYLE GENDREAU: Im Jahr 2020 feiern wir 110 Jahre Kompetenz als hinsichtlich Innovationen und Technologie führendes Unternehmen des Sektors und entwickeln die nächste Produktgeneration: langlebigere und leichtere Gepäckstücke. Die Verbraucher betrachten uns als vollständig vertrauenswürdig und wir bieten auf unsere Produkte weltweite Garantien. Unsere Größe ist nicht nur im Vergleich zu unseren Konkurrenten ein Vorteil, sondern auch aufgrund der Effizienzen unserer Geschäftstätigkeit, und dank unserer Infrastruktur können wir für Produkte aller Preisklassen liefern. Dank unserer dezentralen Strategie können wir flexibel sehr landesspezifische Produkte anbieten. Anders ausgedrückt betreiben wir unser Unternehmen auf sehr lokale Art, jedoch mit den Vorteilen einer beträchtlichen globalen Größe. Aufgrund dieser Größe können wir wie kein anderer Akteur dieser stark zersplitterten Branche in Forschung und Entwicklung investieren. Auch hat sie zur Folge, dass wir Kurs halten und unserer DNA treu bleiben können, die sich um echte Innovationen und ein breites Spektrum von Produkten zur Erfüllung vieler Konsumentenbedürfnisse dreht. Wir haben eine ureigene Vorgeschichte der Entwicklung echter Produkte der nächsten Generation. Unsere drei größten Marken – Samsonite, Tumi und American Tourister – haben einen globalen Fußabdruck mit starken lokalen Managern, während unsere Konkurrenten sehr lokal sind.

Der nächste Fokus, der uns begeistert, ist die Nachhaltigkeit. Wir arbeiten daran, wie wir mit allen unseren Produkten allen unseren Verbrauchern nachhaltigere Merkmale anbieten können. Als Branchenführer werden wir in dieser sehr wichtigen Entwicklung die Vorhut bilden. Nicht alle Verbraucher sind auf Nachhaltigkeit aus, aber wir müssen in der Lage sein, etwas abzuliefern, was irgendwann zu einer unentbehrlichen Voraussetzung werden dürfte: dass der Großteil der Materialien nicht nur bei ein paar Paletten, sondern bei allen Gepäckstücken recycelt ist. Je mehr nachhaltige Materialien wir integrieren können, umso größer der positive Einfluss, den wir auf die Umwelt haben können.

ERWAN RAMBOURG: Wie planen Sie den Vertrieb Ihrer Produkte bezüglich der Aufteilung zwischen Ihrem eigenen Einzelhandel, Ihren Großhandelspartnern und dem Online-Verkauf?

KYLE GENDREAU: Als wir an die Börse gingen, machten die Direktverkäufe an Verbraucher rund 22 Prozent unseres Umsatzes aus. Durch die Übernahme von Tumi wurden daraus 30 Prozent. Derzeit liegt der Anteil des Direktverkaufs zwischen 30 und 40 Prozent des Umsatzes, der des stationären Handels bei 25 Prozent und des Onlineverkaufs bei zehn Prozent. In den nächsten vier bis fünf Jahren sehe ich einen Anstieg auf 40 Prozent des Gesamtumsatzes, wobei vor allem der Onlineverkauf viel mehr zu unserer Gewinn-und-Verlustrechnung beiträgt. Bei Tumi ist der Einzelhandelsverkauf sinn-

9 | Verreisen – und ankommen

voll, weil bei Premium-Angeboten die Verbreitung der Produkte viel eingeschränkter ist, als wenn man an allen Märkten gleich stark vertreten sein will. Der Gerechtigkeit halber muss man sagen, dass der Übergang vom stationären Handel zum Onlinehandel keine Eigenheit des Gepäcksektors ist. Wir erleben diesen Wandel bei Verbrauchern in allen Segmenten des Konsums und wir möchten diese Veränderungen schlicht vorwegnehmen. Insbesondere konzentrieren wir uns extrem auf den E-Commerce, weil wir sehen, dass die Verbraucher das auch tun. Da wir in der Lage sind, unsere Produkte für verschiedene Bedürfnisse zu differenzieren und zu konstruieren, können wir anders als die meisten unserer Konkurrenten in einem sehr breiten Spektrum von Kanälen relevant sein. Wir können auf Amazon verkaufen, bei Macy's, auf unserer Website und eigentlich überall. Schließlich werden wir uns mehr auf den Direktverkauf an die Verbraucher ausrichten, weil sich die Welt in diese Richtung bewegt.

Die Werbung für die Eco Collection von Samsonite betont die Nachhaltigkeitsaspekte der neuen Produktlinie. Fotonachweis: Mit freundlicher Genehmigung von Samsonite

Teil 3 | Die Zukunft

ERWAN RAMBOURG: Wie hoch ist die Lebenserwartung eines Gepäckstücks und wie sehr beruht Ihr Wachstum auf Bestandskunden und auf Neukunden?

KYLE GENDREAU: Unser Umsatzwachstum ist eine Kombination aus Neulingen und Wiederholungskäufern. American Tourister erfasst viele Neukunden in Form jüngerer Familien, während Samsonite sowohl von Konsumenten profitiert, die zu gehobeneren Produkten übergehen, als auch von Wiederholungskäufern. Die Lebenserwartung ist schwer einzuschätzen, aber geänderte Regulierungen tragen zur Förderung leichterer Gepäckstücke bei – und bei diesem Wandel sind wir dank unserer Innovationen mit unserer Produktreihe Samsonite Cosmolite führend, die wir vor über zehn Jahren aufgelegt haben; dazu kommen Neuauflagen dieser Reihe und Initiativen wie die 2019 aufgelegte Magnum-Reihe. Der Trend zu Produkten, die genauso stabil und haltbar sind, aber leichter, wird sich wahrscheinlich fortsetzen. Grundsätzlich gehen wir davon aus, dass Handgepäck etwa drei bis fünf Jahre lang benutzt wird, während Gepäckstücke, die aufgegeben werden, eine längere Lebensdauer von fünf bis sieben Jahren haben. Im Laufe der Zeit haben wir unser Geschäft mit nicht für das Reisen gedachten Taschen auf mehr als 40 Prozent ausgeweitet, und hier verläuft der Ersetzungszyklus langsamer.

ERWAN RAMBOURG: Sind die Verbraucher bei Gepäckstücken markenbewusst oder ist ihnen die Marke egal?

KYLE GENDREAU: Abgesehen von den Einstiegsmodellen (unter 60 US-Dollar) sind sie absolut markenbewusst. Die Verbraucher wollen Seelenfrieden und Sicherheit, vor allem wenn sie häufig reisen, und Marken flößen einem Vertrauen in die Art ein, wie die Produkte hergestellt wurden. Dieses Vertrauen in Marken bringt hohe Erwartungen an die Qualität und die globale Garantie für die gekauften Artikel mit sich. Die Marke Tumi ist sehr stark und wirkungsvoll; sie hebt das Image, sodass Verbraucher sie mit Stolz tragen. Das sind in vielfacher Hinsicht Trophäenprodukte.

Fazit

Die Trends der Reisebranche werden stark von der Schaffung von Wohlstand getragen und werden künftig ein positiver Faktor für die Nachfrage nach Luxus sein, denn mit Reisen kann man sich brüsten. Insofern dürfte das coronabedingte Zuhausebleiben im Jahr 2020 selbst dann langfristig keinen großartigen Einfluss ausüben, wenn die Verbraucher auf Sicherheit aus sind. Strukturelle Faktoren werden es ermöglichen, dass die Reisebranche floriert, vor allem die sinkenden Kosten, das größere Bewusstsein für Reiseziele und die zunehmende Sicherheit in der Welt. Wie bei der allgemeinen Luxusnachfrage wird der anhaltende Aufstieg wohlhabender chinesischer Verbraucher auch die Trends der Reisebranche und der entsprechenden Ausgaben dominieren. Diese Verbraucher werden sich bezüglich ihrer Reiseziele nach Währungskursschwankungen, politischen Bedenken, Sicherheitsbedenken und Modetrends richten.

Eine große Besorgnis jedoch bleibt: Das Reisen bringt hohe Treibhausgasemissionen mit sich, und wie wir im nächsten Kapitel sehen werden, wird es den aufstrebenden Luxuskonsumenten immer wichtiger, umweltfreundlich zu sein.

10
LUXUS IM UMBRUCH
DAS KOMMENDE JAHRZEHNT

*„Die Schlange, welche sich
nicht häuten kann, geht zugrunde.*
– FRIEDRICH NIETZSCHE

Ich stehe denen, die sagen, die Technologie werde in der Luxusbranche eine Disruption bewirken, skeptisch gegenüber. Der Grund dafür ist ganz einfach: Man kauft Luxusartikel (anders als ein iPhone) nicht wegen technischer Merkmale, sondern weil sie einem ein gutes Gefühl vermitteln. Wenn das Produkt technische Elemente beinhaltet, dank deren man sich noch besser fühlt, ist das gut und schön; und wenn die Technologie dazu führt, dass einem das Produkt unterhaltsamer präsentiert wird (Online-3D-Darstellung, unterhaltsame VR-Darstellung), umso besser. Aber Luxusprodukte werden auf absehbare Zeit nicht durch Technologie verdrängt werden. Luxus ist von seinem Wesen her nicht nötig, es ist zwar „schön, ihn zu haben", aber niemals ist er eine absolute Notwendigkeit. Und diese Eigenschaft als „Sahnehäubchen" oder dass man sich mal etwas gönnt, das macht es so schwierig, der Versuchung zu widerstehen – und deshalb hält sich der Luxus auch so hartnäckig.

Vor welchem Risiko stehen also Luxusmarken, abgesehen davon, dass sie nicht groß genug sind, um gegen die größeren Konkurrenten anzukommen? Die größten Gefahren – und für diejenigen, die die Voraussicht besitzen, sie vorwegzunehmen und sich im Voraus daran anzupassen, auch die größten Chancen – betreffen die Rohmaterialien, aus denen Luxusprodukte hergestellt werden, und die Marken werden zunehmend in der Pflicht stehen, besser zu erklären, wo und wie ihre Produkte gefertigt werden.

Verbraucher, denen ethische und umweltfreundliche Produkte wichtig sind, bewirken in vielen Branchen umfassende Veränderungen, vor allem in der Lebensmittelindustrie. Aufgrund des wachsenden Bewusstseins für die signifikanten Auswirkungen von Fleisch- und Milchkonsum auf die Umwelt werden immer mehr Verbraucher zu Vegetariern oder Veganern. Laut der Welternährungsorganisation ist die weltweite Produktion von landwirtschaftlichen Erzeugnissen und Lebensmitteln für 25 Prozent aller weltweiten Emissionen verantwortlich, und davon gehen rund zwei Drittel auf das Konto der Viehzucht.[1] Die Fleischindustrie verbraucht enorme Mengen an Energie, Wasser und sonstigen Ressourcen, und sie ist ein Faktor, der zu den weltweit hohen Quoten der Abholzung beiträgt: Im Amazonasbecken ist die Rinderhaltung für 80 Prozent der Rodungen verantwortlich, und weltweit ist die Fleischproduktion für 60 Prozent des bisherigen Verlusts der Artenvielfalt verantwortlich.[2] Die UNO schätzt, dass die weltweite Umstellung auf fleischarme oder fleischlose Ernährung bis zum Jahr 2050 die finanziellen Kosten für die Dämpfung des Klimawandels um 70 bis mehr als 80 Prozent reduzieren würde.[3]

Die Probleme, die Fleisch- und Milchprodukte verursachen, gehen über die Umwelt hinaus. Der übermäßige Verzehr von rotem Fleisch wird mit Herzproblemen und erhöhtem Cholesterinspiegel in Zusammenhang gebracht. Auch Bedenken wegen des Tierwohls spielen eine Rolle: Jedes Jahr werden 70 Milliarden Tiere für die Lebensmittelherstellung aufgezogen und in den Vereinigten Staaten werden 99 Prozent in fabrikartigen Farmen gehalten. Wie bereits erwähnt, dürfte sich wohl jeder, der das eine oder andere Video über die industrielle Fleischproduktion gesehen hat, unbehaglich damit fühlen, in den Vereinigten Staaten Fleisch oder Geflügel zu kaufen.

Der Gesamteffekt all dessen ist eine Verschiebung in Richtung von Lebensmitteln auf pflanzlicher Basis. In den Vereinigten Staaten ist laut Nielsen der Umsatz mit pflanzlich basierten Lebensmitteln im Jahr 2018 zehnmal so schnell gewachsen wie der mit Nahrungsmitteln insgesamt.[4] Die Parlamente Dänemarks, Deutschlands und Schwedens diskutieren bereits über die Einführung einer Fleischsteuer, ähnlich der Besteuerung von Alkohol und Tabak; dies würde noch breitere Bevölkerungsgruppen anspornen, vom Fleischkonsum abzurücken.

Jugendprotest gegen den Klimawandel in Maastricht am 11. Mai 2019.
Fotonachweis: Vincent M.A. Janssen.

Die Zeiten, um im Fleischgeschäft tätig zu sein, sind nicht gut – aber für das Geschäft mit vegetarischen Lebensmitteln sind sie fantastisch. Am 2. Mai 2019 stellte das gesamte Stockwerk, auf dem ich arbeite, die Arbeit ein, um sich den Börsenstart von Beyond Meat anzuschauen. Das Unternehmen hat bereits im Jahr 2009 angefangen, war aber weitgehend unbekannt, bevor sich seine pflanzlichen Burger, Hotdogs und anderen Fleischersatzprodukte den Ruf erwarben, so gut wie nicht von echtem Fleisch unterscheidbar zu sein –

und das geht so weit, dass Nichtvegetarier den Löwenanteil der Kunden von Beyond Meat stellen, laut einer Studie 93 Prozent.[5] Zunächst wurde die Aktie zu einem Preis von 21 bis 23 Dollar angeboten, jedoch startete der Handel mit dem doppelten Preis (46 Dollar) und erreichte im Laufe des Tages einen Höchststand von 73 Dollar, was in etwa eine Verdreifachung ihres Wertes bedeutete. Im Laufe des Sommers verdreifachte sie sich erneut und ihr höchster Schlusskurs betrug 240 Dollar. Anders ausgedrückt verzehnfachte sich der Aktienkurs innerhalb von Wochen und es war die Erstemission mit der besten Performance seit fast 20 Jahren. Beyond Meat läuft weiterhin gut und auch in Europa fassen vegetarische Produkte Fuß, was beweist, dass Veränderungen gesellschaftlicher Einstellungen das große Geschäft bedeuten können.

Wer wird das Beyond Meat der Luxusbranche sein? Auf Umwelt und Ethik bezogene Überlegungen werden das Fast-Fashion-Segment beeinträchtigen und der nachhaltigen Bekleidung zu Wachstum verhelfen. Pelze und exotische Ledersorten werden nicht mehr verwendet werden, und Diamanten aus dem Bergbau werden wahrscheinlich Marktanteile an Diamanten verlieren, die zu einem Fünftel der Kosten im Labor gezüchtet wurden. In manchen Kategorien wird die nächste Generation versuchen, ihren Kohlendioxid-Fußabdruck dadurch zu verkleinern, dass sie Güter mietet, anstatt sie zu kaufen. Diese Bewegung geht weit über Luxusartikel und Bekleidung hinaus, was zum Beispiel die Automobilbranche zu spüren bekommt. Und schließlich wird eine umweltbewusstere Gesellschaft auf den Konsum lokaler Produkte achten, um möglichst etwas zu bewirken.

Eines der vielen Memes zu COVID-19, die im Jahr 2020 durch die sozialen Medien gingen, lautete „climate change needs to hire coronavirus's publicist". Damit ist gemeint, dass der Klimawandel eine ähnliche Öffentlichkeitswirkung wie das Coronavirus gut gebrauchen könnte. Zu den Hoffnungsschimmern im Zuge der Krise gehört es, dass sie die Verbraucher zweifellos veranlassen wird, anders darüber nachzudenken, wie und wo die Produkte hergestellt werden, die sie konsumieren, und ob sie den Marken, die sie herstellen, vertrauen können. Jahrelang waren der Klimawandel und andere Befürchtungen bloß ein kleiner Nebengedanke. Es könnte sein, dass COVID-19 als Weckruf wirkt.

PROGNOSE NR. 19

Die meisten Koffer und Sportschuhe von Spitzenmarken werden aus recycelten und/oder recycelbaren Materialien bestehen. Indes werden die meisten Handtaschen immer noch aus echtem Leder hergestellt werden, allerdings in vielen Ländern geächtet sein, weil Substitute an ihre Stelle treten (auch wenn sie nicht unbedingt die Natur schützen, weil sie aus Kunststoffen gefertigt werden).

Fast Fashion: Geld einstecken und dann schnell weg!

Als die *New York Times* das Buch „Unfair Fashion: Der hohe Preis der billigen Mode" rezensierte, war die Überschrift nicht zimperlich: „Fast Fashion zerstört den Planeten."[6] Das mag vom Ton her zwar extrem wirken, aber dem liegt die Realität zugrunde, dass die Arbeitsbedingungen in der Bekleidungsindustrie häufig erbärmlich sind und die Textilindustrie zu den Branchen gehört, die am meisten die Umwelt verschmutzen. Die meisten Textilfasern sind Synthetics, die aus fossilen Brennstoffen gewonnen werden, und in den Vereinigten Staaten landen 85 Prozent der Kleidung auf Deponien, wo sie jedoch nicht verrotten. Ein düsterer Dokumentarfilm namens „The True Cost – Der Preis der Mode", der 2015 auf dem Filmfestival in Cannes gezeigt wurde, befasste sich mit den Arbeitsbedingungen nach dem Einsturz eines Gebäudes der Textilfabrik Rana Plaza in Bangladesch, durch den mehr als 1.000 Mitarbeiter ums Leben kamen. Zwar konzentriert sich die Dokumentation auf die Folgen des globalen Kapitalismus, sie öffnete aber auch vielen Menschen die

Augen, denen nicht bewusst gewesen war, wie schädlich die Textilindustrie tatsächlich ist. Thomas behauptet in ihrem Buch, dass die Verbraucher trotz Ereignissen wie Rana Plaza immer noch süchtig nach Fast Fashion seien, denn sie ist billig, leicht zu tragen und in der betreffenden Saison modisch.

Manche Modeketten wechseln ihre Bekleidungssortimente bis zu 24-mal im Jahr, wodurch sie die Verbraucher bezüglich der Auswahl verwöhnen und sie in Versuchung führen, häufig einzukaufen. Diese Kleider sind schneller abgetragen, weil sie nicht auf Dauer ausgelegt sind, und sie werden nur ein paarmal während einer Saison getragen, bevor sie ausrangiert werden. Ein aktueller Bericht von McKinsey zeigt, dass die Verbraucher heute im Vergleich zu vor 15 Jahren 60 Prozent mehr Kleidungsstücke kaufen und sie nur halb so lange behalten.[7]

Die Modeindustrie ist für 20 Prozent der Abwässer verantwortlich. Ein großes Thema ist hier das Färben, aber auch die Baumwollproduktion verbraucht enorme Mengen an Wasser: pro Kilo 10.000 bis 20.000 Liter (das reicht gerade einmal für ein Paar Jeans und ein Hemd). Da Mode rund zehn Prozent der weltweiten Treibhausgasemissionen stellt (mehr als Luftfahrt und Schifffahrt zusammen) und zunehmend über Umweltprobleme berichtet wird, werden nachhaltige Marken bei den Millennials und bei der Generation Z immer beliebter.

Manche Marken stehen in letzter Zeit im Rampenlicht, weil sie umweltfreundlich an die Produktion herangehen. Reformation ist eine nachhaltige und vertikal integrierte Marke für Damenbekleidung, die in Downtown Los Angeles entstanden ist. Sie ist stolz darauf, dass sie für ihre Entwürfe nachhaltige Rohmaterialien verwendet, vor allem solche, die es als A-Materialien und B-Materialien bezeichnet. „A" steht für „Allstars", das sind Naturfasern, die schnell erneuerbar und pflanzlicher Herkunft sind sowie das Potenzial der Kreislaufwirtschaft haben. „B", die „Besser als die meisten"-Fasern sind fast vollständig natürlich oder recycelt. Ziel ist, dass A- und B-Fasern 75 Prozent der Waren ausmachen. Das Motto des Unternehmens ist witzig und leicht zu merken: „Die nachhaltigste Möglichkeit ist, nackt zu gehen. Wir sind Nummer 2." Allbirds ist ebenfalls eine sehr sichtbare und kommerziell erfolgreiche Marke; sie verkauft Schuhe aus Eukalyptusfasern, Merinowolle und einem aus Zuckerrohr hergestellten Schaumstoff. Diese Marke hat unter Verbrauchern den Ruf, bequem zu sein, machte aber auch dadurch Schlagzeilen, dass sie einen großen Teil ihrer Produktion nach dem Open-Source-Prinzip gestaltet. Das französische Unternehmen Veja, das in Brasilien Sportschuhe herstellt, ist ein Beispiel für eine Schuhmarke, die der Transparenz und dem fairen Handel Priorität einräumt.

Falscher Pelz, echte Vorteile

Viele Luxusmarken verwenden keine Tierpelze mehr, insbesondere Gucci, Chanel, Versace, Michael Kors und neuerdings auch Prada. Und im Jahr 2019 verbot Kalifornien als erster US-Bundesstaat den Verkauf von Pelzartikeln. Der Gerechtigkeit halber muss gesagt werden, dass überhaupt nur noch sehr wenige Marken Pelzartikel führen. Manche Organisation, zum Beispiel PETA (People for the Ethical Treatment of Animals), äußern sich sehr vernehmlich und wirkungsvoll, um das Bewusstsein für gewisse zweifelhafte Produktionsmethoden zu steigern. Während ich dies schreibe, ist eine bekannte verbliebene Bastion Fendi, das vor fast 100 Jahren in Rom als Pelz- und Ledergeschäft gegründet wurde.

Im Jahr 2017 lancierten Gustave Maisonrouge und Chloé Mendel mit der Idee, zur ersten Luxusmarke mit falschen Pelzen zu werden, Maison Atia, und jetzt konkurrieren auf diesem Feld viele Marken. Ich sehe das so, dass es bezüglich der Wärmeleistung zwar keinen Ersatz für Naturpelz gibt, aber es scheint, als kämen die falschen Pelze dem inzwischen recht nahe. Ein anderer Vorbehalt besagt, dass Kunstpelze gewöhnlich aus synthetischen Fasern wie Modacryl hergestellt werden, letztlich also aus Kunststoff. Das heißt, wenn man auf falsche Pelze umsteigt, schützt man zwar Tiere, aber theoretisch nicht den Planeten, und es gibt Artikel, die die Begründung infrage stellen. Darauf antwortet die Kunstpelzindustrie zu recht, dass ein echter oder falscher Pelz ein Ausnahmeprodukt sein sollte und dass man einen solchen kaufen sollte, um ihn sein Leben lang zu tragen, sodass er den Planeten in nächster Zeit nicht verseuchen dürfte.

Sind Diamanten doch nicht ewig?

Ironischerweise ist die Diamantenbranche notorisch undurchsichtig. Im Jahr 2012 wollte die am ganz oberen Ende angesiedelte Schmuckmarke Graff an die Börse gehen. Während ich an diesem Deal mitarbeitete (der schließlich zurückgezogen wurde), flog ich nach Südafrika und nach Botswana, wo mir Branchenkontakte empfahlen, ein 943 Seiten langes Buch aus dem Jahr 2007 mit dem Titel „From Mine to Mistress" zu lesen, um die Grundlagen der Branche zu verstehen. Es half mir zwar, Angebot und Nachfrage in diesem geheimnisumwitterten Geschäft bis ins Einzelne zu verstehen, aber inzwischen wird wohl ein neues Buch über die Diamantenbranche gebraucht, und Paul Zimnisky von Diamond Analytics könnte durchaus sein Autor werden. Zimnisky ist ein ehemaliger auf Metalle und Bergbau spezialisierter Investor, der heute mit seiner eigenen Beratungsfirma mit Investoren, Private-Equity-Firmen und Marken zusammenarbeitet. In meinen Gesprächen mit ihm habe ich etwas über zwei Realitäten und ihre nicht unmittelbar einleuchtenden Konsequenzen erfahren. Erstens ist der Preis für Diamanten aus dem Bergbau seit dem Höhepunkt 2011 drastisch gesunken, dürfte jedoch künftig wieder gut unterstützt sein. Zweitens könnten sich die künstlichen Diamanten oder Labordiamanten, die in der Schmuckszene aufgetaucht sind, für Teile der Branche durchaus als disruptiv erweisen.

Es wirkt seltsam, dass trotz des Aufkommens von im Labor gezüchteten Diamanten die Preise konventioneller Diamanten wahrscheinlich steigen werden. Das scheint eigentlich keinen Sinn zu ergeben, aber es gibt dafür gute Gründe. Da die Nachfrage hoch und das Angebot niedrig war, löste die Preisspitze im Jahr 2011 Investitionen in Diamantminen aus, die in den letzten Jahren in Form der Eröffnung von drei Bergwerken ihren Höhepunkt erreichten: der Renard-Mine im kanadischen Quebec, Ende 2016 der GK-Mine (Gahcho Kué) in den kanadischen Northwest Territories und im gleichen Jahr der Liqhobong-Mine in Lesotho. Diese Projekte kamen kurz nach dem Rückgang der Jahre 2014 und 2015 in China, der durch die Antikorruptionskampagne der Regierung Xi Jinping ausgelöst wurde, in Gang. Da der durchschnittliche Preis eines ein Karat schweren Diamanten seit 2011 um 25 Prozent gesunken ist, glaubt Zimnisky, dass einige Minenbetriebe unweigerlich werden schließen müssen.

Es gibt noch andere Arten, Diamanten aus der Erde zu holen. Eine Entwicklung besteht darin, dass man den Meeresboden vor der Küste Namibias absucht, indem man von Schiffen aus buchstäblich die Sedimente absaugt. Dies wirft einerseits Umweltfragen auf und andererseits reicht die Menge nicht aus, um etwas an der Knappheit des Diamantangebots zu ändern. Und im Labor hergestellte Diamanten könnten zwar eine Bedrohung werden, aber ich glaube, die derzeit noch geringe Größe dieses Marktes und die Unterschiede in der Verwendung dürften die Preise natürlich abgebauter Diamanten derzeit noch nicht beeinträchtigen. Und schließlich dürfte die Nachfrage auf lange Sicht höhere Preise tragen können: Während die Anzahl der Hochzeiten schwindet, nehmen die Geschenke und der Selbstkauf zu, die jeweils ein Drittel der Verwendung von Diamantschmuck darstellen.

Während die Entstehung natürlicher Diamanten Millionen Jahre dauert und immense Ressourcen gebraucht werden, um sie aus der Erde zu holen, lassen sich künstliche Diamanten im Labor innerhalb von Wochen herstellen. Historisch werden künstliche Diamanten seit den 1950er-Jahren (General Electric entwickelte Ende 1954 das Hochdruck-Hochtemperatur-Verfahren, auch HPHT genannt – High Pressure, High Temperature) als Industriediamanten für Anwendungen in der Hochtechnologie, der Optik, der Lasertechnik, der Medizintechnik und für Quantencomputer hergestellt. Bis heute ist dies der Hauptverwendungszweck künstlicher Diamanten, viel bedeutender als die Verwendung für Schmuck. Das Unternehmen De Beers, das in der Diamantindustrie bis vor 20 Jahren ein faktisches Monopol besaß, gründete im September 2018 ein eigenes Unternehmen für Labordiamanten namens Lightbox. Es besitzt inzwischen die Kapazität, in einer Anlage in Oregon bis zu 500.000 Karat synthetische Diamanten pro Jahr zu produzieren. Außerdem haben viele chinesische und indische Unternehmen die Produktion hochgefahren, wobei über 90 Prozent der Industrie- und Schleifdiamanten aus China kommen. Die Quellen von Diamanten für die Schmuckherstellung sind ein bisschen vielfältiger, aber auch hier ist China führend.

Jedes Jahr werden rund 150 Millionen Karat an natürlichen Diamanten gefördert, während derzeit nur etwas mehr als zwölf Millionen Karat an Diamanten im Labor hergestellt werden, also nicht einmal ein Hundertstel. Und die Preise fallen dramatisch: Noch vor sechs Jahren waren Labordiamanten fast so teuer wie Bergbau-Diamanten, aber jetzt nähern sie sich einem Zehntel von deren Preis. Während ich dies schreibe, stellen laut Paul Zimnisky Labordiamanten weltweit nur drei Prozent der bewerteten Diamanten, und er glaubt, dass es bis zum Jahr 2035 rund fünf Prozent sein werden, wobei er das Argument ins Feld führt, dass der Markt im Jahr 2023 ein Volumen von gut fünf Milliarden US-Dollar haben wird, und im Jahr 2035 das Dreifache, also rund 15 Milliarden Dollar.[8]

Studien von MVI Marketing deuten darauf hin, dass der Anteil der Verbraucher, die bereit wären, einen Verlobungsring mit Diamanten aus dem Labor zu kaufen, von 55 Prozent im Jahr 2016 auf 70 Prozent im Jahr 2018 gestiegen ist.[9] Abgesehen von ESG-Bedenken wollen jüngere Verbraucher unbedingt wissen, wie die Preise ihrer Produkte zustande kommen, und Diamanten von Menschenhand lassen sich viel leichter rückverfolgen. Ein Investor eines Diamantenlabors hat das einmal so ausgedrückt: „Wenn man in ein Schmuckgeschäft geht, ist der Diamant im Durchschnitt bereits durch 32

Hände gegangen, bevor er zu einem gekommen ist, und die zugehörigen Menschen lassen sich nicht rückverfolgen. Ein im Labor produzierter Diamant wandert hingegen aus der Fabrik direkt zum Juwelier."[10]

Viele Luxus-Schmuckhändler macht es verständlicherweise etwas nervös, dass Labordiamanten zu einem üblichen Anblick geworden sind, aber aus mehreren Gründen werden sie den High-End-Markt wahrscheinlich nicht vollständig verdrängen:

- Zunächst einmal sind die sinkenden Kosten ein riesiges Thema: Wenn man für 20.000 Dollar einen Ring mit einem künstlichen Diamanten kauft und die Branche der Labordiamanten die Preise durch ihren Wettlauf in den Keller treibt, wie fühlt man sich dann wohl, wenn der Ring nach einem Jahr nur noch die Hälfte wert ist?

- Makellosigkeit besitzt keinen Charme: Das Wissen, dass jeder natürliche Diamant ein Unikat ist, während künstliche Diamanten makellos sind, ist unter Marketinggesichtspunkten nicht gerade toll. Wahrscheinlich will man doch einen einzigartigen Stein haben.

- Und schließlich sind die Umweltproblematik und die soziale Problematik nicht so einfach, wie man sich das vielleicht vorstellt. Über den amerikanischen Labordiamanten-Hersteller Diamond Foundry wurde viel in der Presse berichtet, weil seine Diamanten zu 100 Prozent in den Vereinigten Staaten hergestellt werden, weil das Unternehmen behauptet, sie würden ethisch und kohlendioxidneutral produziert (was aber nur dadurch gelingt, dass man Solargutschriften kauft), und weil er den Schauspieler Leonardo DiCaprio zu seinen Investoren zählt, der nicht nur aktiv für den Umweltschutz eintritt, sondern auch eine Hauptrolle in dem Film „Blood Diamond" aus dem Jahr 2006 spielte, der die verstörende Geschichte des Bergbaus in Afrika beleuchtet. Die Realität sieht allerdings so aus, dass Diamond Foundry nur rund 100.000 Karat jährlich produziert. Die größten Hersteller von Labordiamanten befinden sich in Indien (sie produzieren mehr als das Zehnfache) und verwenden dafür staatlich subventionierten Strom, der häufig mit Kohle erzeugt wird und somit den Ausstoß von Treibhausgasen erhöht.

Natürlich bewirken im Labor produzierte Diamanten weder Abholzung noch Bodenerosion und stammen wahrscheinlich nicht aus Konfliktgebieten, aber so richtig umweltfreundlich sind sie auch nicht. Dazu kommt, dass der traditionelle Bergbau häufig ganze Gemeinwesen trägt: So stellt beispielsweise der Diamanthandel 30 Prozent des BIPs von Botswana und beschäftigt dort mehr als 30.000 Menschen. In dieser Region renaturiert und schützt De Beers im Rahmen der sogenannten Diamond Route auf jeden Hektar Land, auf dem es Bergbau betreibt, sechs Hektar. Auch versucht das Unternehmen, Kimberlit-Gestein zu nutzen, um Kohlendioxid zu binden, und wirbt mit der zunächst nicht einleuchtenden Vorstellung, dass sich seine Maßnahmen am Ende gar als kohlendioxidpositiv erweisen könnten. Mit anderen Worten: Die Debatte, ob Labordiamanten ökologischer sind als natürliche, ist nicht eindeutig.

Und wie wird das Spiel nun ausgehen? Der Schmucksektor wird wohl warten müssen, bis sich die Preise für Labordiamanten stabilisieren. Und wenn das passiert, werden sich die Marken, so glaube ich, in drei Kategorien spalten:

1. Die Luxusmarken werden wahrscheinlich bei den Minendiamanten bleiben, weil die Verbraucher sie als einzigartig wahrnehmen und überzeugt sind, dass das Produkt seinen Wert bewahren wird. Ich glaube, das, was für die Luxusmarken den wahren Unterschied ausmachen wird, ist das Vertrauen und vor allem auch die Rückverfolgbarkeit der Steine, ein Gebiet, auf dem Tiffany einen klaren Vorsprung hat. Im Jahr 2018 kündigte die Marke an, sie werde anfangen, die Herkunft aller neu be-

schafften, einzeln registrierten Diamanten, die es im Rahmen seiner Diamond Source Initiative verkauft, offenlegen. Luxusmarken könnten Labordiamanten für Uhren oder kleinere Diamanten für Ringe verwenden, bei denen der Hauptstein aus dem Bergbau stammt, aber ich glaube nicht, dass die Spitzenmarken so bald aufhören werden, Minendiamanten zu verwenden. Die Vorstellung, seiner Freundin mit einem im Labor gefertigten Diamanten von Cartier die ewige Liebe zu erklären, klingt ein bisschen unbeholfen und ehrlich gesagt unromantisch.

2. „Bridge"-Marken oder Modeschmuck-Marken wie Swarovski, Pandora und APM Monaco werden wahrscheinlich Labordiamanten und andere künstliche Steine wie Rubine, Smaragde und Saphire verwenden, um ihr Wert-Preis-Angebot zu steigern. Diese Marken bedienen Verbraucher, die mehr auf Spaß und auf bunte, austauschbare Produkte aus sind. Im Juni 2018 legte die Schauspielerin Penélope Cruz bei Swarovski die erste nachhaltige Schmuckpalette auf, eine aus 13 Stücken bestehende Kapselkollektion mit dem Anspruch, „verantwortlich beschaffte Materialien" zu verwenden, unter anderem fair gehandeltes Gold, „kreierte" Diamanten und Edelsteine wie Rubine und Saphire. JCPenney und Macy's starteten zur Weihnachtssaison 2018 Brautkollektionen mit Labordiamanten, und wahrscheinlich werden andere Schmuck-Wiederverkäufer diesen Trend übernehmen. Signet, einer der weltgrößten Schmuck-Einzelhändler sowie Eigentümer von Kay Jewelers und Zales, verkauft künstliche Saphire und Rubine, aber aus irgendeinem Grund nur Diamanten aus dem Bergbau, keinen künstlichen Ersatz. Ich bin sicher, das könnte sich irgendwann ändern.

3. Und schließlich werden wir es erleben, dass neue Marken aufkommen, Pure Plays, die Produkte mit Labordiamanten am oberen und unteren Ende des Spektrums anbieten werden. Im

Mai 2018 wurde an der Place Vendôme, der Geburtsstätte aller Pariser Luxusjuweliere, eine neue Marke namens Courbet aufgelegt. Sie wird von einem ehemaligen Manager von Richemont (Besitzer von Cartier und Van Cleef & Arpels) geleitet. Das Produktsortiment sieht zwar gut aus, das Design ist allerdings verhältnismäßig klassisch und dicht an den traditionellen Schmuckmarken, und das ist fast schon schade: Wenn eine Marke von Grund auf mit einem neuen Produkt anfängt, kann sie doch gleich völlig neue Codes nehmen. Lark & Berry wurde im gleichen Monat mit einem Design gestartet, das es selbst als „dialogorientiert, modern und unkonventionell" bezeichnet. Und Ende 2018 erschien eine neue Marke mit Labordiamanten namens Kimai. Rechnen Sie damit, dass in Kürze noch viele andere auftreten werden.

Ich bin überzeugt, dass konventionelle und künstliche Diamanten in der Schmuckbranche koexistieren und florieren könnten, weil sie den Verbrauchern völlig unterschiedliche Kaufgründe bieten. Eine größere Bedrohung für konventionell abgebaute Diamanten ist der kulturelle Wandel: Es besteht die Wahrnehmung, dass Verlobungsringe mit Diamant eine etwas sexistische und überholte Tradition seien. Lange verließ sich die Branche auf die unglaubliche Marketing- und PR-Feuerkraft von De Beers, um Produkte zu kreieren und diesen Markt über Wasser zu halten, aber Anfang der 2000er-Jahre wurde dieses Monopol nach und nach zerschlagen, als russische, kanadische und australische Minen in diesen Markt einzutreten begannen. Verbraucher meines Alters kaufen Diamanten wahrscheinlich immer noch mit dem Vermächtnis und Motto von De Beers im Kopf („A diamond is forever"), aber wer unter 30 ist, hat das wahrscheinlich noch nie gehört. Jedoch dürfte es, wie im ersten Kapitel dieses Buches beschrieben, für die Schmuckindustrie neben dem Verlobungsring noch viele andere Wege zum Wachstum geben.

10 | Luxus im Umbruch – Das kommende Jahrzehnt

PROGNOSE NR. 20

Cartier, Tiffany und Bulgari werden für ihre Uhren und ihren Schmuck vorwiegend Labordiamanten einsetzen, jedoch werden die Mittelsteine gehobener Schmuckstücke weiterhin aus Bergwerken stammen.

Mieten und gebraucht kaufen: Die Luxus-Kreislaufwirtschaft

Eine attraktive Alternative zum Kauf von Fast-Fashion-Marken ist der Secondhand-Kauf gehobener, anspruchsvollerer Produkte. Dies leistet einen Beitrag zu einer Kreislaufwirtschaft, die letztlich weniger Müll produziert (siehe Seite 266). Kürzlich arbeitete ich zusammen mit einer Konsumforschungsagentur an einer Erhebung zur Bereitschaft gehobener Verbraucher, Luxusartikel gebraucht zu kaufen. In China stand diesem Gedanken ein zu vernachlässigender Prozentsatz der Käufer offen gegenüber, während in den Vereinigten Staaten über 20 Prozent der Befragten sagten, sie würden das in Betracht ziehen.

Im Jahr 2011 gründete die E-Commerce-Unternehmerin Julie Wainwright The RealReal. Dieses Unternehmen, das 2019 an die Börse ging, beschäftigt Gutachter, die gebrauchte Luxusprodukte auf Echtheit prüfen, um sie dann auf Kommission zu verkaufen. Das funktioniert auch in physischen Geschäften in New York und Los Angeles, und das ist das US-amerikanische Aushängeschild für das Prinzip des „Re-Commerce" im Luxusbereich. Rebag ist eine aus New York stammende Website, die 2014 als Plattform für den An- und Verkauf von Designer-Handtaschen gestartet wurde. Inzwischen besitzt sie zwei stationäre Geschäfte. Und eine gewissermaßen extreme Form des Gebrauchtwarenhandels ist der unter japanischen Millennial-Verbrauchern aufkeimende Markt für gebrauchtes Make-up, wobei Marken wie Chanel auf Wiederverkaufs-Websites lebhaft gehandelt werden.

Teil 3 | Die Zukunft

Auch viele andere Unternehmen greifen das Secondhand-Prinzip auf und gehen gewissermaßen vom Vintage-Standpunkt an den Luxus heran. Vestiaire Collective ist zehn Jahre alt und hat acht Millionen Mitglieder, die auf Echtheit geprüfte Luxusmode kaufen und verkaufen. Ähnliche Unternehmen sind unter anderem Material World, Thredup, Poshmark und Depop. Im Bereich des harten Luxus wurde im Jahr 2002 Watchfinder & Co. als Online-Uhren-Secondhand-Händler gegründet und im Jahr 2018 von Richemont aufgekauft. Meiner Meinung nach wird der Wiederverkaufsmarkt den Modemarkt hinsichtlich des Wertes überholen.

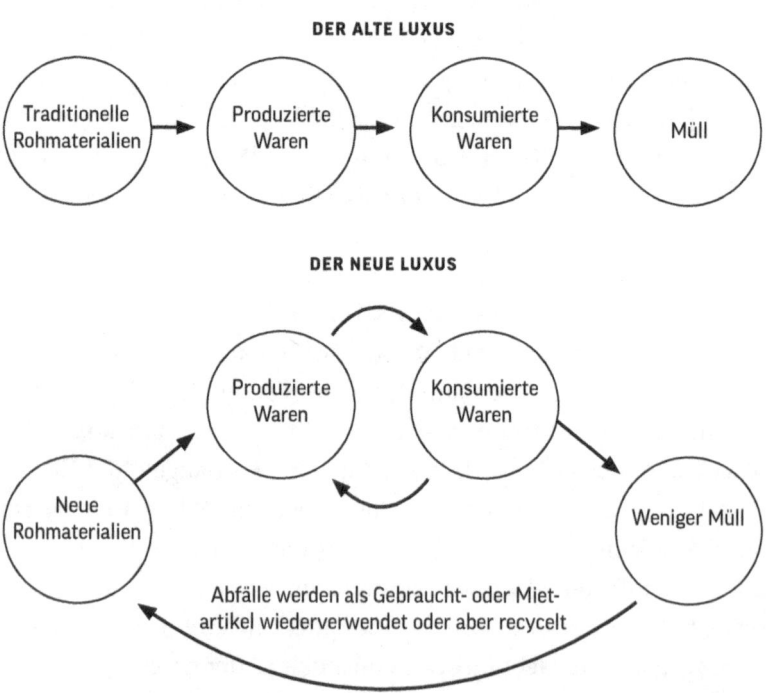

Wenn sich der Luxus in Richtung Kreislaufwirtschaft bewegt, wird das Müllaufkommen deutlich reduziert.   Quelle: Erwan Rambourg

Ein ähnliches Ethos vertritt Rent the Runaway, wenn auch mit einem ganz anderen Geschäftsmodell. Im Jahr 2009 wurde es als reines E-Commerce-Konzept gestartet, besitzt inzwischen jedoch in den Vereinigten Staaten eine Handvoll stationärer Standorte. Dort können Verbraucher Designerkleidung für vier beziehungsweise acht Tage zu zehn Prozent des Einzelhandelsverkaufspreises mieten, chemische Reinigung inklusive. Dadurch kommt man an das außerordentliche Kleid, dass man sich für einen bestimmten Anlass kaufen wollte, für ein Zehntel des Preises heran, ohne dass jemand sagt: „Ach, darin habe ich sie schon einmal gesehen."

Apropos: Kate Middleton, die Herzogin von Cambridge, ist bekannt dafür (und wird von manchen Fans dafür geschätzt), dass sie das gleiche Outfit mehrmals trägt. Dies wird als Zeichen dafür gesehen, dass auch Royals bodenständig sein und einen zeitlosen Geschmack haben können. Wichtiger noch: Es sendet die Botschaft, dass Müllvermeidung eine gute Sache ist.

Da die jüngere Generation vom Eigentum abrückt und eher danach strebt, Erlebnisse als Dinge anzusammeln, werden solche Konzepte wahrscheinlich im Laufe der Zeit Fahrt aufnehmen. Dazu ist anzumerken, dass die meisten derartigen Initiativen ihren Ausgangspunkt in westlichen Ländern haben. Das bedeutet nicht, dass ihr weltweites Potenzial begrenzt wäre, sondern es ist nur ein Anzeichen dafür, dass die asiatischen Luxuskonsumenten vorläufig noch mehr darauf aus sind, das Neueste und Tollste zu kaufen, und dass sie sich weniger daran orientieren, welchen Wert sie für ihr Geld bekommen, als die westliche Kundschaft.

Globale Bürger, regionale Verbraucher

Der nachhaltige Ansatz, „global zu denken und regional zu kaufen", gewinnt nun schon seit einigen Jahren an Popularität. Immer mehr Verbraucher werden zu „Locavores" – was bedeutet, dass sie regional erzeugte Produkte bevorzugen, die ihr lokales Gemeinwesen oder Ökosystem unterstützen. Sehr auffallend ist das bei Lebensmitteln.

Teil 3 | Die Zukunft

Im Jahr 2007 berichteten zwei Kanadier in dem Buch „The 100-Mile Diet: A Year of Local Eating" von den Erfahrungen, die sie machten, als sie ihre Ernährung auf regionale Lebensmittel beschränkten. In Italien werden Lebensmittel, die nicht verarbeitet wurden, die nicht weit transportiert und nicht gelagert wurden, als Null-Kilometer-Nahrungsmittel bezeichnet. Das belastet nicht nur die Umwelt weniger, sondern garantiert auch Qualität und Frische.

PROGNOSE NR. 21

Da Louis Vuitton inzwischen an Standorten in Kalifornien und in Texas „in den USA für die USA" produziert, wird sich der regionale Konsum bald auch darauf erstrecken, dass man neben Lebensmitteln auch andere Produkte kaufen möchte, die näher am Wohnort hergestellt wurden. Die Lieferketten des Luxussektors werden viel näher an ihre Absatzmärkte heranrücken: Aus „made in Italy" oder „made in France" wird nach und nach „an einem Produktionsstandort in Ihrer Nähe hergestellt". Bei Armbanduhren wird sich „made in Switzerland" halten, aber weniger Kunden werden solche Uhren kaufen.

Als im März 2020 in Manhattan die meisten Restaurants und Geschäfte wegen der Coronakrise geschlossen waren, ging ich zum Markt an der Upper West Side. Da war überraschend viel los, wenn man bedenkt, wie viel Wert damals auf Social Distancing gelegt wurde. Warum? Ganz einfach weil die Verbraucher Produkte kaufen wollten, denen sie vertrauen können und die sehr nahe am Ort des Verkaufs beschafft wurden. Einer der Hoffnungsschimmer dank des Virus war neben der weltweit geringeren Umweltverschmutzung (weil Produktion, Transport und die allgemeine Wirtschaftsaktivität zurückgingen), dass die Verbraucher einen Anreiz hatten, mehr darauf zu achten, was sie kauften, sowie darauf, wie und wo die Produkte erzeugt wurden. Abgesehen von Lebensmitteln verweisen auch manche Modemarken auf die Produktion vor Ort, zum Beispiel die Unterwäschemarke Le Slip mit „100 % made in France" oder die schottischen Schals, die Green Thomas in Glasgow produziert. Zyniker könnten sagen, Louis Vuitton habe 2019 nur einen Produktionsstandort in Texas eröffnet, um es der amerikanischen Regierung recht zu machen, indem es amerikanische Arbeitsplätze schuf, aber das könnte auch dazu führen, dass Verbraucher stolz darauf sind, ein Produkt zu kaufen, das nicht um die halbe Welt gereist ist, um zu ihnen zu gelangen.

Da die Disruption in die Industrie einsickert, werden es die besseren Marken und ihre Muttergesellschaften akzeptieren, dass sie sich verändern müssen, wenn sie nicht ihre Relevanz verlieren wollen. Sie werden gezwungen sein, die eigene Disruption zu betreiben. Auch dürfte es in ihrem Interesse liegen, bezüglich neuer Technologien auf dem Laufenden zu bleiben, die das Spiel vollständig verändern könnten (beispielsweise die Blockchain-Technologie zur Überwachung authentischer Produkte), und auch in Bezug auf Start-ups, von denen sie etwas lernen können. Kering befasst sich mit Gründern nachhaltiger Unternehmen und LVMH hat in ein Accelerator-Programm investiert, um zu gewährleisten, dass es zu neuen Trends etwas beitragen und ihre Vorteile nutzen kann.

INTERVIEW:
Über die Bedeutung der Nachhaltigkeit für die Luxusbranche

Über die Umbrüche im Luxusbereich, über Nachhaltigkeit und über Herausforderungen dieses Sektors habe ich mit zwei einflussreichen Profis gesprochen, nämlich mit Marie-Claire Daveu von Kering und mit Miroslava Duma von Future Tech Lab. Neben anderen Führungspersönlichkeiten wie Stella McCartney und Ellen MacArthur haben sowohl Daveu als auch Duma das Denken über Nachhaltigkeit und Kreislaufwirtschaft im Luxusbereich stark beeinflusst. Als Erste kommt Marie-Claire Daveu an die Reihe, die bei Kering leitende Nachhaltigkeitsbeauftragte und Leiterin im Bereich Institutionelle Angelegenheiten ist.[11]

ERWAN RAMBOURG: Ihre Laufbahn führte Sie vom französischen Ministerium für Ökologie und nachhaltige Entwicklung zur Leitung des Bereichs Nachhaltigkeit bei Kering. Welche Schritte haben Sie als erste unternommen, um Kering zu einer derart vernehmlichen Stimme der Nachhaltigkeit im Luxussektor zu machen, und wie stark war die Unterstützung, auf die Sie stießen, als Sie in den Konzern eintraten?

MARIE-CLAIRE DAVEU: Einer der Hauptgründe, weshalb ich in dieses Unternehmen gegangen bin, war das tiefgreifende Bekenntnis des Konzernchefs François-Henri Pinault [der das Vorwort zu diesem Buch geschrieben hat] zu Nachhaltigkeitsthemen. Schon lange, bevor der Konzern die Reputation aufbaute, sich gesellschaftlich sehr zu engagieren, stand Nachhaltigkeit auf Konzernebene im Mittelpunkt der Strategie. Schon frühzeitig wurden Bonuszahlungen an Marken-CEOs und andere Schlüsselmanager an die Ergebnisse von Nachhaltigkeitskennzahlen geknüpft, und wir führten Nachhaltigkeitsbeurteilungen sowie eine Reihe von Leistungsindikatoren ein, dank deren wir die diesbezügliche Leistung verfolgen können.

Wir hatten schon immer die Vorstellung, auch andere daran zu beteiligen, denn wir finden, damit alle Fortschritte machen können, ist es entscheidend, viele unserer Errungenschaften offenzulegen. Im Jahr 2015 legten wir die Ergebnisse unserer konzerninternen Umwelt-Gewinn-und-Verlustrechnung (EP&L = Environmental Profit & Loss) und deren Methodologie offen. Im Jahr 2018 machten wir das mit unseren Rohmaterialstandards. Im Jahr 2019 teilten wir unsere Herangehensweise an das Tierwohl. Da wir an die Zukunft denken, ist es sinnvoll, unsere Initiativen mit einer breiteren Gemeinschaft zu teilen.

Die Nachhaltigkeit bildet den Kern unserer internen Governance und die Konzernebene setzt sich diesbezüglich mit den Marken streitbar auseinander. Nachdem wir in den Jahren 2013 bis 2016 bereits einige Initiativen ergriffen hatten, beschlossen wir 2017, den Wandel zu beschleunigen, und schlugen ein neues Kapitel auf: die Entwicklung einer Strategie für das Jahr 2025, die wir mit den Marken und allen ihren Partnern teilen und die sich um eine breit angelegte Agenda in den Bereichen Umwelt, Soziales und Innovation dreht. Dahinter steht der Gedanke, nach einem strengen Zeitplan sowie unter interner und externer Transparenz messbare Ergebnisse zu erzielen, damit wir, falls die Umsetzung nicht wie geplant läuft, schnell wissen, warum nicht, und Korrekturmaßnahmen treffen können.

Auch hier wird der Wandel dadurch erleichtert, dass die oberste Spitze unserer Organisation Veränderungen in Richtung Nachhaltigkeit erwartet und unterstützt. Dies versetzte den Konzern in die Lage, manche grundlegenden Veränderungen bereits vorzunehmen, lange bevor diese Themen im Trend lagen.

ERWAN RAMBOURG: Wie schätzen Sie das Interesse der Verbraucher an Umwelt- und sozialen Themen ein, und sehen Sie bei dem, was die Konsumenten von den Marken erwarten, Unterschiede, was Alter, Geschlecht oder Nationalität angeht? Warum ist Nachhaltigkeit im Luxussektor im Vergleich zu anderen Branchen besonders wichtig?

MARIE-CLAIRE DAVEU: Wenn Verbraucher ein Luxusprodukt kaufen, erwarten sie, dass es in jeder Hinsicht perfekt ist, ob es nun um die eigentliche Qualität des Produkts geht, um das Know-how, um das Design, aber natürlich auch darum, dass der Artikel wirklich im Sinne der Sorge um unseren Planeten und der Menschen hergestellt wurde, die am Herstellungsprozess beteiligt waren. Kunden, die Luxusartikel kaufen, sollten von alledem als selbstverständlich ausgehen können, und die Nachhaltigkeit ist unabhängig vom Alter der Verbraucher oder von ihrem Herkunftsland ein integraler Bestandteil der Qualitätswahrnehmung. Und so sehen wir das auch bei Kering: Nachhaltigkeit wohnt der Qualität untrennbar inne. Allerdings stellen wir fest, dass die Verbraucher der Millennial-Generation und der Generation Z besonders sensibel auf Produkteigenschaften achten, die mit Nachhaltigkeit zu tun haben, zum Beispiel auf die Rückverfolgbarkeit des Produkts, auf den Ausstoß von Treibhausgasen, auf Artenvielfalt und Tierwohl. Besonders die Generation Z stellt Fragen zur Rückverfolgbarkeit und zu den Rohmaterialien. Daher würde ich sagen, es handelt sich eher um einen echten Generationenwandel als um große Unterschiede nach Nationalität, und wahrscheinlich tragen auch die sozialen Medien dazu bei, dass dieser Diskurs schneller vorankommt.

Von den Kunden abgesehen muss einem klar sein, dass auch die Mitarbeiter von diesen Themen angetrieben werden und dass der kulturelle Wandel, den eine neue Generation von Managern mit sich bringt, die in Luxusfirmen eintreten, auch bedeutet, dass Nachhaltigkeitsthemen eine Rolle dabei spielen können, wie gewisse begabte Studenten das Unternehmen auswählen möchten, dem sie sich irgendwann anschließen werden. Wenn man die besten Talente anziehen und halten will, muss einem klar sein, dass die Mitarbeiter wahrscheinlich stolz darauf sind, wenn sie in einem Unternehmen mit Umweltbewusstsein und einer nachgewiesenen diesbezüglichen Erfolgsbilanz arbeiten. Es ist toll, bei einem Luxusunternehmen angestellt zu sein, aber darüber hinaus sind wir alle vor allen Dingen und in erster Linie Bewohner dieser Welt. Und deshalb arbeite ich aktiv mit mehreren Universitäten und Modeschulen in Frankreich, dem Vereinigten Königreich, in den Vereinigten Staaten und in China zusammen, weil Nachhaltigkeitsthemen nach und nach auch den Bildungssektor immer mehr durchdringen.

ERWAN RAMBOURG: Kering hat schon frühzeitig eine Abrechnung namens EP&L entwickelt. Wie funktioniert das und wie sehen die konkreten Anreize für Kering-Mitarbeiter aus, Maßnahmen einzuführen, die den Fußabdruck des Konzerns verkleinern?

MARIE-CLAIRE DAVEU: Wir verwenden, die EP&L, um unsere Auswirkungen auf den Planeten zu ermitteln und sie dann zu vermindern, und das ist eng mit unserem Maßnahmenplan 2025 verknüpft. Wir sind das anfängliche Ziel, unseren Fußabdruck bis zum Jahr 2025 um 40 Prozent zu reduzieren, Marke für Marke durchgegangen, wobei der Schwerpunkt darauf lag, welche Produkte oder Prozesse weiterentwickelt werden könnten, und natürlich gibt es da zwischen den Mode- und den Schmuckmarken, die in unserem Portfolio enthalten sind, große Unterschiede. Daran sind alle Marken beteiligt und müssen die entsprechende Arbeit leisten, und wenn wir neue Projekte bewerten, fragen wir die Markenchefs neben der üblichen Gewinn-und-Verlustrechnung auch, wie ihre Umweltrechnung aussehen könnte. Und indem wir konkret von den Erkenntnissen ausgehen, die wir aus der EP&L gewonnen haben, setzen wir dann die richtigen Programme um, wobei wir uns hauptsächlich auf die Beschaffung und Verarbeitung von Rohmaterialien konzentrieren. Wir haben, um nur ein paar zu nennen, in der Mongolei ein nachhaltiges Kaschmirwolle-Programm eingeführt und ein metallfreies Verfahren zum Färben von Leder entwickelt – damit packen wir Probleme bei zwei Materialien an, die für den Planeten wichtig, aber auch schädlich sind.

ERWAN RAMBOURG: Im Jahr 2017 haben Sie einen sehr ehrgeizigen Maßnahmenplan für das Jahr 2025 erstellt. Was sind die obersten Prioritäten der kommenden fünf Jahre und worin sehen sie entscheidende Herausforderungen?

MARIE-CLAIRE DAVEU: Der schwierigste Teil sind tatsächlich die Umweltaspekte. Wenn wir uns die heutigen Best Practices anschauen, dann können von dem Ziel der Reduktion unseres CO_2-Fußabdrucks um 40 Prozent nur 20 Prozentpunkte erreicht werden. Um sicherzustellen, dass bezüglich der Differenz von 20 Prozentpunkten etwas geschieht, müssen wir also disruptive Innovationen finden, und wir befinden uns in dem Prozess, Start-ups zu identifizieren, die neue Materialien und neue Verfahren entwickeln, die uns in die Lage versetzen, viel mehr zu erreichen. Die andere Herausforderung ist, dass bei jeglichem Projekt alle systematisch an die Umwelt denken müssen. Die Nachhaltigkeit muss den Managern zur zweiten Natur werden; unsere Gewohnheiten müssen sich ändern, und mit ihnen auch die Gewohnheiten unserer Zulieferer.

ERWAN RAMBOURG: Im Vorfeld des G7-Gipfels 2009 wurde der Kering-Konzern vom französischen Präsidenten Emmanuel Macron ausgewählt, um einen umweltorientierten Modepakt abzuliefern, der von 32 Konzernen (die 150 Marken vertreten) unterzeichnet wurde. Wie schwierig war das zu managen, worin besteht der Kern des Pakts und was sind die nächsten Schritte?

MARIE-CLAIRE DAVEU: Unser Konzern bekam Ende April 2019 den Auftrag, bis Ende August 2019 eine Koalition aufzubauen, die ein breites repräsentatives Spektrum der Bekleidungsindustrie beinhalten sollte. Der Zeitplan war zwar sehr eng, aber es war erfrischend, zu sehen, wie bereitwillig und schnell die Marken, an die wir uns wandten, letztlich reagierten. Wir waren von den Beiträgen und von der Offenheit der meisten Konzerne, an die wir herantraten, überwältigt, ob es nun Stützen der Luxusbranche waren (etwa Chanel und Hermès), italienische Namen (etwa Moncler, Zegna und Ferragamo), aber auch allgemein von führenden Sportartikel-Herstellern wie Nike, Adidas und Puma oder größeren Bekleidungsketten. Im Rahmen dieses historischen Zusammenschlusses ist es uns gelungen, 56 Konzerne (die insgesamt 250 Marken repräsentieren) zur Zusammenarbeit zu bewegen, obwohl sie sehr unterschiedliche Größen, Unternehmenskulturen, Nationalitäten und Lieferketten haben. Nach dem G7-Gipfel äußerten weitere Marken ihren Willen, dem Pakt beizutreten. Eigentlich konzentriert er sich auf drei Schlüsselbereiche: Klimawandel, Biodiversität und Schutz der Meere. Unser aller Endziel besteht darin, bis zum Jahr 2050 CO_2-neutral zu werden, was mit dem allgemeinen Ziel im Einklang steht, unter dem Ziel einer maximalen globalen Erwärmung von 1,5 Grad Celsius zu bleiben. Das Projekt überwindet Elemente des Wettbewerbs und der Egoismen, und alle Konzerne haben ein Interesse, daran teilzunehmen. Diese Koalition wird mindestens einmal im Jahr Rechenschaft ablegen und einen Fortschrittsbericht vorlegen. Auch außerhalb der Welt der Mode gibt es hilfreiche Initiativen. So hat beispielsweise Emmanuel Faber, der CEO von Danone, eine Koalition der Lebensmittelindustrie ins Leben gerufen, der im September 2019 zunächst 19 Unternehmen beitraten, um in Sachen Nachhaltigkeit und Artenvielfalt in der Landwirtschaft sowie insbesondere regenerative Landwirtschaft zusammenzuarbeiten, und von diesem Thema können wir alle etwas lernen. In der Welt des Luxus haben wir das Glück, dass die Kunden größere Veränderungen wollen, dass sie Meinungsbildnern (KOLs = Key Opinion Leaders) vertrauen und unsere Artikel kaufen. Auch ist anzumerken, dass die gleichen Kunden – zu Recht – auch dem trauen und das befolgen werden, was Wissenschaftler vorhersagen werden, nicht nur den KOLs. Und wenn das passiert, sollte es uns doch allen besser gehen!

INTERVIEW:
Über das Potenzial von Investitionen in eine nachhaltigere Modewelt

Miroslava Duma ist Gründerin und CEO von Future Tech Lab, eines Wagniskapital-Fonds, der mit Start-ups an der Entwicklung und Förderung nachhaltigerer Praktiken in der Modebranche arbeitet.[12]

ERWAN RAMBOURG: Nach einer erfolgreichen Karriere als Mode-Influencerin und als Digitalunternehmerin haben Sie im Jahr 2017 Future Tech Lab (FTL) gegründet. Welche entscheidenden Erkenntnisse haben Sie bewogen, dieses Unternehmen zu gründen?

MIROSLAVA DUMA: Die Idee zu FTL hatte ich vor über drei Jahren. Ich war mit meinem dritten Kind schwanger und begann, anders zu denken und neue Perspektiven zu entwickeln. Ich langweile mich ziemlich schnell und bemühe mich ständig, in das, was ich tue, einen Sinn hineinzubringen, und wenn mir etwas gefällt, dann werde ich regelrecht besessen davon – ein bisschen so, wie wenn einem ein bestimmtes Musikstück gefällt oder ein bestimmtes Gericht schmeckt; ich kann dann einfach nicht mehr aufhören. Genauso war es mit der Modebranche. Zehn Jahre lang begann ich jeden Tag um sieben Uhr morgens mit einem Medienfrühstück, war den ganzen Tag in Sendungen, ich ging auf Partys und zu Veranstaltungen. Dann wurde mir plötzlich klar, dass ich die Modemanager öfter sah als meine Familie. Das war ein bisschen wie der Murmeltiertag, jeder Tag schien auf dem gleichen Drehbuch zu basieren, und irgendwann hatte ich die Nase voll. Auch wurde zur damaligen Zeit klar, dass viele Praktiken in der Modeindustrie unmoralisch waren. Nach dem Rana-Plaza-Skandal 2013 fragte ich mich: „Wie kann ich etwas beitragen? Ich bin ein kleines Rädchen einer Modepropaganda-Maschinerie. Ich brauche in dieser Welt eine neue Rolle."

Zur gleichen Zeit, im Jahr 2016, gründete ein Freund von mir in San Francisco VitroLabs, ein Bioengineering-Unternehmen, das im Labor Leder und Felle für die Modebranche und andere Sektoren züchtet. Da begann ich, mit Wissenschaftlern zu sprechen, und dachte darüber nach, worin mein Beitrag bestehen könnte. Als ich Social-Media-Influencerin war, wuchs die Zahl meiner Follower schnell an, und ich hätte diese Anhängerschaft natürlich nutzen können, um mehr Handtaschen zu verkaufen, aber ich fand, das höre sich wirklich erbärmlich an und ich könnte diese Anhängerschaft doch eigentlich für einen guten Zweck nutzen. Der Eureka-Moment kam, als mein kleiner Sohn mich fragte: „Bist du Schauspielerin? Wieso kennen dich so viele Leute? Du musst ja schon etwas Wichtiges machen." Das holte mich wirklich auf den Boden zurück und ich dachte über die philosophische Frage nach, warum ich auf dieser Erde bin und was ich tun kann. Jeden Morgen, wenn ich aufwache, fühle ich mich privilegiert, da ich den Luxus einer Ausbildung hatte, einer fürsorglichen Familie, und dass ich mich nicht fragen musste, wie ich etwas zu essen auf den Tisch bringe.

Was ich bislang mit FTL gemacht habe ... ich beschaffe alternative Technologien, die der Modebranche helfen, davon wegzukommen, dass sie einer der größten Umweltverschmutzer ist; ich spüre sie auf, grabe nach. Ich habe mich mit mehr als 300 Unternehmen aus der ganzen Welt getroffen, von Spinnenseide bis Algenfasern, habe mir Forschung und Entwicklung angeschaut und kleinen, klugen Konzepten dazu verholfen, dass sie sich vergrößern konnten.

ERWAN RAMBOURG: FTL ist in drei Aktivitäten unterteilt: Investment, Beratung und ein Experimetallabor. Können Sie uns die Zwecke aller drei erklären und uns sagen, wie sie sich in Zukunft Ihrer Meinung nach entwickeln werden? Gibt es noch etwas, das Sie in Ihrem Unternehmen brauchen?

MIROSLAVA DUMA: Future Tech Lab schlägt eine Brücke zwischen Mode und Technologie, um bei dem Übergang in eine nachhaltigere Zukunft voranzugehen. Wir arbeiten mit den vielversprechendsten Start-ups zusammen, die das Potenzial haben, den positiven Einfluss von wissenschaftlichen und technologischen Innovationen voranzutreiben und zu fördern.

Wir helfen Ingenieuren und Wissenschaftlern auf der ganzen Welt, ihre Ideen in den Bereichen Materialforschung, Biotechnologie, Nanotechnologie, Smart Textiles und Wearable Tech weiterzuentwickeln. Indem wir zwei Welten miteinander verbinden, die derzeit noch weit voneinander entfernt sind – Wissenschaft und Technik einerseits, Mode und Design andererseits –, fördern wir die Konzeption und Produktion einzigartiger Produkte. Unser Team ist über die ganze Welt verteilt und verbringt viel Zeit damit, irgendwo auf dem Globus – von China über die Vereinigten Staaten über Frankreich bis nach Israel – den nächsten Durchbruch aufzuspüren.

ERWAN RAMBOURG: Wie erklären Sie es, dass die Verbraucher und die Medien sehr gern über das Thema Nachhaltigkeit sprechen, aber viele Unternehmen aus den Bereichen Luxus und Mode anscheinend hinterherhinken und die Best Practices nicht frühzeitig einführen? Sehen Sie voraus, dass sich diese Diskrepanz bald auflösen wird?

MIROSLAVA DUMA: Manche Konzerne, etwa Patagonia, The North Face, Nike und Adidas, investieren massiv in Forschung und Entwicklung und sind auf ihren Gebieten Botschafter der Nachhaltigkeit. Wie die Trendforscherin Li Edelkoort so gerne sagt: „Mode ist altmodisch." Oft ist die Branche von den neuesten technologischen Trends abgekoppelt, und ihr ist zwar klar, dass Nachhaltigkeit ein großer Trend und keine vorübergehende Modeerscheinung ist, aber viele investieren hier nur zu Marketingzwecken. Nur eine Minderzahl der Marken begreift, dass wir in die „Welt 2.0" eingetreten sind, und sie fachen die Hoffnung an. Wie Clayton Christensen 1997 in „The Innovator's Dilemma" betonte, ist man als Unternehmen, je größer man ist, umso mehr der Gefahr ausgesetzt, einer Disruption zu erliegen. Ein gutes Beispiel dafür war Kodak, dem 85 Prozent der Branche der Entwicklung von Fotografien gehörte, das zu einem gewissen Zeitpunkt 130.000 Mitarbeiter hatte und dann von einer Innovation ausgelöscht wurde. In der Modebranche besteht immer noch eine gewisse Arroganz, und der beste Rat, den man ihr geben kann, stammt von Apple-Gründer Steve Jobs: „Bleib hungrig, bleib tollkühn."

ERWAN RAMBOURG: Beinhaltet Ihr Investmentportfolio Konzepte, von denen Sie besonders begeistert sind? Gibt es Lücken, die Sie schließen wollen, und wenn ja, in welcher Art von Branche oder Technologie?

MIROSLAVA DUMA: FTL arbeitet mit einigen der inspirierendsten und innovativsten Unternehmen zusammen, denen allen die Vision gemeinsam ist, einen globalen Wandel herbeizuführen. Das in unserem Portfolio enthaltene Unternehmen Diamond Foundry erzeugt in einem Labor in San Francisco einzigartige reine Diamanten, die Unikate sind, anatomisch mit Diamanten aus Bergwerken identisch, aber auch moralisch rein! Dann ist da noch Bolt Threads, das Spinnenseide herstellt, fester als Stahl und leichter als eine Wolke (und noch viele andere leistungsorientierte Fasern). VitroLabs als Hersteller von Leder und Pelzen ohne Schädigung des Tierwohls habe ich ja schon erwähnt. Wir sind wirklich überzeugt, dass diese Pionierunternehmen einige von vielen anderen sind, die die Speerspitze des Übergangs der Industrie in Richtung einer verantwortungsvollen Zukunft bilden werden.

ERWAN RAMBOURG: Innerhalb der Luxusbranche äußern sich manche Konzerne, beispielsweise Kering, und manche kreativen Geister wie etwa Stella McCartney recht vernehmlich über ihre Nachhaltigkeitsanstrengungen. Pflegen Sie Partnerschaften oder Kooperationen mit gewissen Marken oder Konzernen, oder haben Sie das Ziel, die gesamte Branche zu beliefern und in gewissem Maße auch zu erziehen?

MIROSLAVA DUMA: Wir funktionieren wirklich wie eine Investmentgesellschaft und handeln als strategischer Investor. Um auf das Beispiel VitroLabs zurückzukommen, ich habe das Unternehmen im Google Lab in Paris vorgestellt. Wir teilen unsere Handelsflüsse mit allen Konzernen, investieren in manche Gesellschaften gemeinsam und präsentieren uns wirklich als Brücke zwischen der Welt der Mode und der Welt der Technologie. Auch sind wir Partner von Fashion For Good, einer Plattform für nachhaltige Innovationen in der Modebranche, und ich habe Veranstaltungen gemeinsam mit Stella McCartney moderiert.

Ich sehe das so: Wenn man eine Marke ist, findet der Tsunami statt, egal, ob man dabei ist oder nicht. Man hat die Wahl, auf die Welle aufzuspringen und darauf zu reiten, oder aber von ihr weggespült zu werden.

ERWAN RAMBOURG: Nehmen Sie Unterschiede bezüglich Geschlecht, Alter oder Nationalität wahr, was die Annahme neuer Technologien oder Produkte angeht? Gibt es bestimmte Barrieren, vor denen die Verbraucher bei der Einführung neuer Materialien stehen (kann beispielsweise sogenanntes veganes Leder jemals Rindsleder ersetzen)?

MIROSLAVA DUMA: Das wird nur langsam angenommen, und das geschieht je nach Markt in unterschiedlich schnell. Die Vereinigten Staaten stehen an vorderster Front des Wandels, zum Beispiel durch den Aufstieg von Everlane (haltbare Onlinebekleidung mit transparenter Preisgestaltung) und Allbirds (umweltfreundliches Schuhwerk). Heute dreht sich viel um Authentizität. Victoria's Secret leidet darunter, mit dem Traum von einem unmöglichen Körper in Verbindung gebracht zu werden, Gucci hat eine interessante Kampagne mit echten Menschen geführt und dabei wahre Schönheit gezeigt.

Die Vereinigten Staaten, Australien, die skandinavischen und andere europäische Länder bewegen sich diesbezüglich ebenfalls, und dort sind noch mehr Themen im Spiel. Im Modebereich haben wir uns an Reformation beteiligt, einer Marke für nachhaltige Bekleidung und Accessoires für Damen. Auch andere Unternehmen tun etwas, allerdings nie schnell genug. Chanel kündigte an, es werde Ende 2018 exotische Häute verbannen; Prada kündigte kürzlich an, es werde bei seiner neueren ikonischen Re-Nylon-Kollektion recyceltes Nylon namens Econyl verwenden. Alle diese Initiativen gehen in die richtige Richtung.

ERWAN RAMBOURG: Was macht Sie am meisten optimistisch, dass Ihr Abenteuer ein rauschender Erfolg wird? Was sind die hauptsächlichen Hürden, vor denen sie stehen?

MIROSLAVA DUMA: Ich bin von Natur aus Optimistin, allerdings bin ich auch überzeugt, dass wir es zu weit getrieben haben und dass dem Planeten, wie wir ihn heute kennen, nur noch 15 bis 30 Jahre bleiben. Das heißt nicht, dass wir stehen bleiben sollten. Wir leben im sogenannten Anthropozän, also im Zeitalter des Menschen, in dem der Mensch die Gegenwart gestaltet. Wenn die Menschheit die

Gegenwart gestalten kann, dann kann sie doch sicherlich auch die Zukunft gestalten. Ich befasse mich mit Investitionen und Kooperationen, die das Potenzial haben, genau das zu tun.

Fazit

Ethische Transparenz, rückverfolgbare Produktion und Nachhaltigkeit bezüglich der Umwelt sind für die junge Generation keine bloßen Schlagwörter. Ob nun aufgrund künstlicher Diamanten, falscher Pelze oder Secondhand-Bekleidung, das kommende Jahrzehnt wird bedeutsame Umbrüche in einem Sektor bringen, von dem man mit Fug und Recht behaupten kann, dass er selbstgefällig geworden ist, während er ein Jahrzehnt mit starken Wachstumsraten genossen hat. Die bestehenden Luxusunternehmen müssen Alternativen im Kopf haben und möglichst in sie investieren, um sich dagegen abzusichern, dass ihre derzeitigen Geschäftsbereiche durch die aufstrebenden Kategorien beeinträchtigt werden.

Die Anerkennung von Kreislaufwirtschaft, umweltbezogener Nachhaltigkeit und guter Unternehmensführung wird mehr als nur ein in Mode gekommener Diskurs oder eine Gelegenheit zum Greenwashing sein. Es ist eine echte Transformation von Prozessen notwendig, denn der kommende Verbraucher wird sich nichts vormachen lassen, sondern Fragen stellen. Es gibt beträchtliches Wachstumspotenzial, das noch darauf wartet, geerntet zu werden.

Es stellt sich die Frage, ob die Luxusindustrie mutig genug sein wird, den Umbruch selbst zu vollziehen. Manchmal kommt es erst dann zu einer Veränderung, wenn die Manager keine Wahl mehr haben. Im Jahr 2020 kursierte folgender Scherz: „Wer hat Ihre digitale Transformation organisiert? Ihr Technikvorstand? Ihr Vorstandsvorsitzender? Nein – das Coronavirus!" Externe Schocks können einen Silberstreif am Horizont beinhalten: Solange die Marken nicht vergessen, wem sie etwas verkaufen, können Ereignisse wie die Pandemie Katalysatoren für Veränderungen sein, die längst erforderlich sind, um nicht irrelevant zu werden.

FAZIT
DER NEUE LUXUS

*„Das Geheimnis des menschlichen Daseins ist,
nicht nur zu leben, sondern auch etwas
zu haben, für das man lebt."*
– FJODOR DOSTOJEWSKI,
„DIE BRÜDER KARAMASOW"

Gibt es so etwas wie Luxuskonsum, der einen Sinn hat? Vielleicht kann „Schöne neue Welt" von Aldous Huxley eine Antwort liefern. Fast hundert Jahre nach seinem Erscheinen wirkt der Roman immer noch modern und macht Angst. In Huxleys Dystopie leben die Menschen in einer Welt der festgelegten Kasten und die Führer der Welthauptstadt London haben Methoden entwickelt, die Bürger friedlich zu halten, damit es zu keinerlei Aufstand gegen die herrschenden Mächte kommt. Die Menschen haben nicht nur Zugang zu einer Droge namens Soma, die Gefühle der Entspannung und des Glücks erzeugt, sondern sie sind auch aufgefordert, möglichst viel davon zu konsumieren – angeblich, um zur Stützung der Weltwirtschaft beizutragen, aber auch um zu verhindern, dass sie Fragen stellen.

Die Bürger dieser schönen neuen Welt werden mit Slogans berieselt, die für Gruppendenken und intensives Konsumverhalten werben. Hier vier schlagende Beispiele dafür:

- „Wenn man dasitzt und Bücher liest, kann man nicht viel konsumieren." Das heißt, man soll nicht nachdenken, sondern einfach kaufen. Übrigens möchte ich hier erwähnen, wie sehr es mich freut, dass Sie mein Buch bis hierher gelesen haben!

- „Wer anders ist, wird einsam." Man soll konform gehen, sonst wird man abgelehnt.

- „Ending is better than mending." Man soll Dinge wegwerfen und sich neue kaufen, anstatt sie zu reparieren.

- „The more stitches, the less riches." Man soll neue Kleider tragen anstatt abgetragene zu flicken, das sei nämlich ein Zeichen von Wohlstand.

So viel zu unvernünftigem Konsumverhalten! In Huxleys fiktiver Welt werden intensives Konsumverhalten und die Ermunterung zum Kauf von immer mehr Waren als Möglichkeit präsentiert, wie der Staat die wirtschaftliche Stabilität gewährleisten und seine Bürger unter Kontrolle halten kann. Obwohl der Roman Jahrzehnte davor veröffentlicht wurde, zeigt er eine übertriebene Version des amerikanischen Konsumverhaltens in den Wachstumsjahren nach dem Zweiten Weltkrieg in den 1950er- und 1960er-Jahren, und er weckt auch Anklänge an die 1980er-Jahre, als die Ideen der Hippies den Tod fanden und der Konsumrausch gedieh. Der große Unterschied zu unserer heutigen Welt besteht allerdings darin, dass der Zugang der Verbraucher zu Wissen in Huxleys Buch massiv eingeschränkt ist, während in der wirklichen Welt – vor allem in der heutigen – überall Informationen zu finden sind und Fragen gestellt werden.

Man kann zwar behaupten, der Wirbel der letzten Jahre um die Fast-Fashion-Marken sei ein Beispiel für „ending" statt „mending", ich bin jedoch überzeugt, dass der künftige Luxuskonsument das exakte Gegenteil der Mentalität verkörpern wird, die den Bewohnern der schönen neuen Welt aufgezwungen wird. Ich glaube, dass eine

Moderevolution bevorsteht, weil die Verbraucher wissen wollen, wo ihre Kleidungsstücke hergestellt werden, wie sie produziert werden und wie man dafür sorgen kann, dass sie sie für immer behalten können, sie reparieren können, sie wiederverwerten können oder sie anderen Menschen geben können – anstatt sie wegzuwerfen. Es könnte sein, dass der Kreislaufkonsum von Luxusartikeln eher die Regel als die rühmliche Ausnahme sein wird.

Das wäre dann wirklich eine schöne neue Welt der Premium-Artikel, eine Welt, in der es einen Sinn gibt. Einer der Verfechter einer solchen Welt ist Patagonia, das von den Medien als Unternehmen mit Gewissen bezeichnet wird.

Das Patagonia-Paradoxon

Die in Kalifornien ansässige Outdoor-Bekleidungs-Marke Patagonia wurde 1973 von dem schillernden Unternehmer Yvon Chouinard gegründet (der als Bigwall-Kletterer anfing und später zu einem der lautstärksten Verfechter von Umweltthemen in der Unternehmenswelt wurde) und ist ein Paradebeispiel für die Vorsätze, weniger zu kaufen, den Planeten zu schützen und etwas zurückzugeben (ein Beispiel für einen Werbetext finden Sie auf Seite 286). Chouinard beginnt sein Buch „Lass die Mitarbeiter surfen gehen: Die Erfolgsgeschichte eines eigenwilligen Unternehmens" mit den Worten: „Ich bin seit fast fünfzig Jahren Unternehmer. Dieses Wort auszusprechen fällt mir so schwer, wie einzugestehen, dass man Alkoholiker oder Rechtsanwalt ist. Ich habe diesen Beruf nie respektiert."[1] Ein weiteres provokatives Zitat: „Wir glauben, dass das akzeptierte Modell des Kapitalismus, das grenzenloses Wachstum verlangt und Schuld an der Zerstörung der Natur trägt, ersetzt werden muss."[2] Seit 1985 spendet Patagonia ein Prozent seines Jahresumsatzes an Projekte zum Schutz des Planeten. Ende 2018 wurde die Mission des Unternehmens an sich in die Aussage geändert, Patagonia sei „im Geschäft, um unseren Heimatplaneten zu retten" – nichts Geringeres. Dafür sorgen, dass sich die Verbraucher wohlfühlen, wenn sie draußen sind? Sie vor den Elementen schützen? Klar, aber das versteht sich ja von selbst. Der Sinn des Unternehmens liegt auf einer viel höheren Ebene.

Im November 2011 schaltete Patagonia in der *New York Times* eine Anzeige, die immer noch als Fallstudie für Branding dienen kann. In der Anzeige war eine Patagonia-Jacke zu sehen und darunter stand: „Kaufen Sie diese Jacke nicht. Die Umweltkosten von allem, was wir machen, sind erstaunlich." Sie wurde am Black Friday geschaltet, einem Tag, an dem die US-amerikanischen Verbraucher auf Schnäppchenjagd gehen, unvernünftig viel Geld ausgeben und wahrscheinlich viel davon vergeuden. Die Werbeanzeige forderte die Kunden von Patagonia außerdem dazu auf, im Rahmen der Common Threads Initiative ein Versprechen abzugeben. Dabei handelt es sich im Grunde um eine Abmachung zwischen der Marke und der Allgemeinheit, Waren verantwortungsvoller zu konsumieren. Sie beinhaltet folgende fünf Verpflichtungen:

REDUZIEREN

WIR stellen nützliche Ausrüstung her, die lange hält.
SIE kaufen nichts, was Sie nicht brauchen.
[Das ist gewissermaßen das Gegenteil von „Fast Fashion".]

REPARIEREN

WIR helfen Ihnen, Ihre Patagonia-Ausrüstung zu reparieren.
SIE versprechen, zu reparieren, was kaputt ist.
[Das ist im Verhältnis zu den Verhaltensweisen in „Schöne neue Welt" gesunder Menschenverstand oder zumindest Müllvermeidung. Die amerikanische Damenbekleidungsmarke Eileen Fisher bietet seit Kurzem für ihre Bekleidung ein ähnliches Programm namens Renew an.]

WIEDERVERWENDEN

WIR helfen Ihnen, ein Heim für Patagonia-Ausrüstung zu finden, die Sie nicht mehr benötigen.

SIE verkaufen sie oder geben sie weiter (Ebay ist ein toller Ausgangspunkt). [Das ist – zusammen mit dem nächsten Versprechen – sozusagen die Definition der Kreislaufwirtschaft.]

WIEDERVERWERTEN
WIR nehmen Ihre abgenutzte Patagonia-Ausrüstung zurück. SIE versprechen, Ihre Sachen von Deponien und Verbrennungsanlagen fernzuhalten.

NEU DENKEN
GEMEINSAM denken wir uns eine neue Welt aus, in der wir nur das nehmen, was die Natur wieder ersetzen kann.[3]

Man könnte dies als naiv oder als selbstmörderisch bezeichnen, aber das sogenannte Patagonia-Paradox, also der theoretische Widerspruch zwischen Gewinn und Sinn, lässt sich auflösen, wenn die Verbraucher die Werte des Unternehmens teilen. Patagonia hat seine Kundenbindung gestärkt und durchaus, obwohl es nicht unmittelbar einleuchtet, auch seinen Umsatz gesteigert: Viele Verbraucher greifen lieber zu einer Marke mit Überzeugungen und Werten als zu einer, der es nur darum geht, Geld zu verdienen. Chouinard sieht Unternehmer kritisch, die ein Unternehmen groß machen, Geld verdienen und erst im Ruhestand etwas zurückgeben. Seiner Ansicht nach hat man die Verantwortung, die ganze Zeit etwas zurückzugeben. Auch wirft er vielen Unternehmen „Greenwashing" vor, also dass sie so tun, als wären sie umweltfreundlich, um die Verbraucher versöhnlich zu stimmen, während sie in Wirklichkeit nur davon besessen sind, ihr Wachstum voranzutreiben.

Der Luxus des ureigenen Sinns
Ich will nicht sagen, die Luxusmarken sollten es so machen wie Patagonia, aber wenn sie sich den Gedanken zu eigen machen, „weniger, aber dafür Besseres zu kaufen", und einen ureigenen Sinn an-

bieten, der weder eine Masche noch erfunden ist, dann bringt das schon viel.

Stella McCartney, eine erfolgreiche Verfechterin der Nachhaltigkeit in der Welt der Mode, betrachtet diese Branche mit kühlem gesunden Menschenverstand. Wenn nichts getan wird, erzeugt die Modebranche wahrscheinlich bis zu 25 Prozent der globalen Emissionen. McCartney ist überzeugt, dass die Verbraucher die Modebranche zwingen werden, sich zu ändern, denn ihnen sind die Probleme bewusst. Einstweilen kündigte sie Ende 2018 die Auflegung einer UNO-Charta für nachhaltige Mode an. In einem Interview nach dieser Ankündigung sagte sie gegenüber Business of Fashion, in ihren Augen bedeute Luxus, in einer Welt mit sauberer Luft und sauberem Wasser zu leben.[4]

Da ist etwas dran. Luxus muss nichts mit auffallenden Farben oder Logos zu tun haben. Je mehr Zeit, Wissen und Geld die Verbraucher haben, umso höher steigen sie in Maslows Bedürfnispyramide und in der Pyramide des Luxus für die Masse auf. Noch wichtiger ist jedoch, dass sie dann auch von der Einstellung nach dem Motto „Schau mal, ich hab's geschafft!" zu einer Einstellung gelangen, wonach es beim Kaufen eher um sie selbst und um den Einklang mit ihren Werten geht. Gemäß dem alten Paradigma des Luxus strömten die Verbraucher als Erstes zu den Marken und kauften ihnen Produkte ab, egal ob sie Werte hatten oder nicht. In Zukunft werden zuerst die Werte kommen, dann die Produkte und zum Schluss die Marken.

DANKSAGUNGEN

Ein erstes Buch zu schreiben ist nicht so schwer, wie mancher zu glauben scheint, aber ich habe gemerkt, dass es viel schwieriger war, mein zweites zu schreiben! Es war mir eine große Hilfe, die Begeisterung meiner Kinder zu sehen, als ich ihnen sechs Jahre nach meinem ersten Buch sagte, ich könnte mir vielleicht vorstellen, ein zweites herauszubringen. Bei diesem zweiten Abenteuer erwies sich meine Frau Dorothée wieder einmal als außerordentlich geduldig und lieferte mir konstruktive Kritik, wie man sie nur von seiner besten Freundin erhoffen kann. Ich danke dir!

Ich danke allen Ansprechpartnern – von den Sekretärinnen bis zu den CEOs – bei Verbraucherverbänden, Marken, Zulieferern, Einzelhändlern und Medien dafür, dass sie ihre Erkenntnisse mit mir geteilt haben. Der Luxussektor ermöglicht es mir, einige der faszinierendsten Städte Europas, Asiens und Nordamerikas zu bereisen. Wenn man eine Leidenschaft für Produkte und für die Orte besitzt, an denen sie verkauft werden, dann entwickelt man auch eine Leidenschaft für die Menschen innerhalb dieser Branche, denn ihr Enthusiasmus ist ansteckend, und deshalb bin ich vielen aus der Luxusbranche dankbar dafür, dass sie mich dahin gebracht haben, wo ich bin. Luxus-Manager sind ewige Optimisten und mit Leidenschaft für ihre Branche tätig. Vielen, vielen Dank, dass ihr diese Leidenschaft mit mir teilt!

Ich danke David May, Jon Marsh, Andrew Inglis-Taylor, Chris Brown-Humes, James Pomeroy, Lucy Dwyer, Antoine Belge, Anne-

Laure Bismuth, David Harrington, Nicholas Smithie, John Gerzema und allen, die mich über die Jahre und ganz besonders bei diesem Projekt unterstützt haben. Besonderer Dank an Alexis Cooper und Tessie Petion – für eure Beiträge und eure kostbare Zeit. Ebenso an Tom Doctoroff und Farid Mokart – eure Erkenntnisse und eure Freundschaft sind Inspiration und Geschenk zugleich.

Chris Labonté und Michael Leyne von Figure 1 Publishing danke ich dafür, dass sie so unkompliziert und gelassen waren und mir gezeigt haben, dass das Verlagswesen kein antiquiertes Geschäft zu sein braucht.

Allen Studenten und Luxus-Managern der nächsten Generation danke ich für ihre Inspiration und wünsche ihnen viel Glück bei ihren künftigen Unternehmungen.

21 PROGNOSEN FÜR 2021 UND DANACH

1. Da der Absatz von Luxusartikeln im Wesentlichen durch Käufe von Frauen bestimmt wird, wird die begrenzte Anzahl von Frauen im Top-Management in diesem Sektor schnell peinlich – zumindest sollte es so sein. Die Luxusbranche wird schon seit Langem von einer Macho-Kultur bestimmt, obwohl es an weiblichen Talenten in der Branche nicht mangelt. Ich sage voraus, dass in zehn Jahren die meisten Verwaltungsratsmitglieder und mindestens 25 Prozent der CEOs von Luxusmarken weiblich sein werden.

2. Zwar dürften die Glaubwürdigkeit und der Absatz chinesischer Marken in Subsegmenten wie Basiskonsumgütern und Elektronik dramatisch zunehmen, aber ich sage voraus, dass in traditionellen Luxussegmenten wie hochwertigen Lederwaren, Armbanduhren und Schmuck sowie bei Sportartikeln und Kosmetik auch in zehn Jahren noch die westlichen Marken dominieren werden.

3. Eine der Auswirkungen von COVID-19 im Jahr 2020 wird darin bestehen, dass sich die Verlagerung des Konsums der chinesi-

schen Verbraucher zurück ins Heimatland beschleunigt. Das Jahr 2020 dürfte sich hinsichtlich des Luxus ein bisschen als Ausnahmejahr erweisen, weil die Chinesen derzeit ungern reisen. Ich glaube trotzdem, dass in zehn Jahren mehr als 75 Prozent der Luxusverkäufe an chinesische Staatsbürger in ihrem Heimatland stattfinden werden.

4. Noch trägt der indische Verbraucher nur marginal zum gesamten Umsatz mit Luxus bei, aber in der Zukunft wird er einen entscheidenden Beitrag zum Wachstum des Sektors leisten, was eine gewisse Hoffnung weckt, während sich das Wachstum in China ab jetzt bis Ende der 2020er-Jahre nach und nach verlangsamen wird.

5. Die Gründer von Kering und LVMH haben einigen ihrer Kinder Führungsverantwortung übertragen. Da der durchschnittliche Luxuskonsument jung ist, sollten auch die Manager jung sein. Nicht alle jungen Manager haben das Format, CEO einer Luxusmarke zu werden wie der 1992 geborene Alexandre Arnault, der Erbe von LVMH-Chef Bernard Arnault, der seit 2017, als er 25 Jahre alt war, Rimowa leitet – aber eine neue Generation steht in den Startlöchern. Es wäre nicht überraschend, wenn Ende der 2020er-Jahre die Marken-CEOs eher zwischen 30 und 50 Jahre alt wären, nicht wie heute älter als 50 Jahre.

6. Bernard Arnault, der Verwaltungsratsvorsitzende und CEO von LVMH, wird konsequent die Liste der reichsten Personen der Welt anführen, noch vor Jeff Bezos von Amazon, wie es Ende 2019 schon einmal kurz der Fall war. Aus den 77 Marken, die sein Konzern besitzt, während ich dies schreibe, werden 90 bis 100 werden.

7. Nur sehr wenige Luxusmarken werden unabhängig bleiben, mögliche Ausnahmen sind Hermès, Chanel und Rolex. Die

21 Prognosen für 2021 und danach

meisten werden fusionieren, bankrottgehen, andere aufkaufen oder selbst aufgekauft werden. Uhrenhersteller werden fusionieren, weil der Absatz von Armbanduhren nach wie vor unter Druck steht und sich die Verkäufe zunehmend in Geschäfte oder auf Websites verlagern, die unmittelbar von den Marken betrieben werden.

8. Nike wird mehr als 50 Prozent seines Umsatzes online erzielen, und zwar größtenteils über direkt betriebene Apps und eigene Websites. Den restlichen Umsatz wird es vor allem über eigene Geschäfte und Outlets zu Verkaufspreisen erzielen. Stationäre Großhandelspartner werden weniger als 25 Prozent zum Konzernumsatz beitragen.

9. Wenn man seinen Lieblingsladen betritt, wird man entscheiden können, ob man den Netzhautscanner am Eingang nutzen will. Dieser ruft gegebenenfalls den persönlichen Lieblingsverkäufer auf, spielt alle Angaben zu Ihren bisherigen Transaktionen, Ihren Lieblingsfarben, Stichtagen und sonstige Informationen auf das Handy des Verkäufers auf und sagt ihm, was er Ihnen heute zeigen sollte. Bei Sephora kann man schon jetzt zwischen einem roten Einkaufskorb („Ich brauche Hilfe und möchte bedient werden") und einem schwarzen („Ich möchte in Ruhe gelassen werden und auf eigene Faust einkaufen") wählen. Der Scanner ist bloß eine etwas modernere Version davon. Willkommen in der Zukunft des Luxus!

10. Der Luxus wird einer der wenigen Sektoren sein, in denen der stationäre Handel und die physische Interaktion gegenüber dem Onlineverkauf Priorität haben. Die meisten Luxusmarken werden in den nächsten zehn Jahren höchstens 20 Prozent ihres Umsatzes online erzielen (im Gegensatz zu den 50 Prozent bei Nike). Die meisten Luxusmarken werden vom Online-Großhandel abrücken, nachdem sie es bereits auf breiter Front unter-

lassen, sich dem stationären Großhandel auszusetzen. Die eigenen Websites der Luxusmarken werden zwar online Zugang zu ihren Produkten bieten, aber sie sollten vor allem für das Storytelling statt für Verkaufszwecke eingesetzt werden.

11. Da es so komplex ist, ein langsam wachsendes Unternehmen zu managen, das erschwingliche Luxus-Handtaschen verkauft, rechne ich damit, dass Michael Kors, Coach, Tory Burch und/oder Furla in zehn Jahren die Besitzer gewechselt haben werden.

12. Außer Swarovski und Pandora hat keine erschwingliche Schmuckmarke weltweit Erfolg. Das ist meiner Ansicht nach eine klare Lücke und ich rechne damit, dass im kommenden Jahrzehnt Neueinsteiger den Markt für erschwinglichen Markenschmuck revolutionieren werden.

13. Nike, Adidas und Puma werden, da sie über einige der besten Führungsteams im Consumer-Bereich, ein großartiges Storytelling, emotionale Kundenbindung und einige der inspirierendsten Markenbotschafter verfügen, die es gibt, im kommenden Jahrzehnt drei der hinsichtlich des Umsatzes am schnellsten wachsenden Konsumgüterunternehmen sein.

14. Apple wird als Unternehmen bekannt sein, das die Gesundheit überwacht, Video-Unterhaltung bietet (vor allem Filme und Spiele), als Bank und noch als vieles mehr. Das iPhone, das im Jahr 2018 noch mehr als 60 Prozent des Umsatzes stellte, wird nur noch weniger als ein Drittel des Geschäftsaufkommens ausmachen.

15. Im kommenden Jahrzehnt werden Reisen, Gastronomie, Cannabis, Delikatessen, E-Sport und E-Learning die am schnellsten wachsenden Luxussegmente sein.

16. Louis Vuitton, nach wie vor eine der größten und einflussreichsten Luxusmarken, wird sich im großen Stil auf das Gebiet des Reisens diversifizieren, und zwar nicht nur indem es wie heute Gepäckstücke und Stadt-Reiseführer verkauft, sondern auch VR-Pakete, mit denen Verbraucher stilvoll die Welt erkunden können, ohne ihr Wohnzimmer zu verlassen.

17. Wohlhabende Verbraucher werden Boutique-Hotels gegenüber Hotelketten bevorzugen. Letztere bieten zwar den Anreiz der Treueprogramme, aber sie werden unter dem Gefühl des „Copy and paste" sowie unter ihrer mangelnden Authentizität leiden.

18. Die Kombination aus umweltfreundlicher Einstellung und den Auswirkungen der Coronakrise wird einen Wandel der Kreuzfahrten und der kommerziellen Luftfahrt bewirken. Aus dem inzwischen als „Flugscham" eingedeutschten Begriff „flygskam" wird wohl mehr als ein obskures schwedisches Konzept werden; Hochgeschwindigkeitszüge und selbstfahrende Elektrofahrzeuge werden zu bevorzugten Fortbewegungsmitteln werden.

19. Die meisten Koffer und Sportschuhe von Spitzenmarken werden aus recycelten und/oder recycelbaren Materialien bestehen. Indes werden die meisten Handtaschen immer noch aus echtem Leder hergestellt werden, allerdings in vielen Ländern geächtet sein, weil Substitute an ihre Stelle treten (auch wenn sie nicht unbedingt die Natur schützen, weil sie aus Kunststoffen gefertigt werden).

20. Cartier, Tiffany und Bulgari werden für ihre Uhren und ihren Schmuck vorwiegend Labordiamanten einsetzen, jedoch werden die Mittelsteine gehobener Schmuckstücke weiterhin aus Bergwerken stammen.

21. Da Louis Vuitton inzwischen an Standorten in Kalifornien und in Texas „in den USA für die USA" produziert, wird sich der regionale Konsum bald auch darauf erstrecken, dass man neben Lebensmitteln auch andere Produkte kaufen möchte, die näher am Wohnort hergestellt wurden. Die Lieferketten des Luxussektors werden viel näher an ihre Absatzmärkte heranrücken: Aus „made in Italy" oder „made in France" wird nach und nach „an einem Produktionsstandort in Ihrer Nähe hergestellt". Bei Armbanduhren wird sich „made in Switzerland" halten, aber weniger Kunden werden solche Uhren kaufen.

VORSTELLUNG EINIGER LUXUSARTIKEL-UNTERNEHMEN

Es folgen Momentaufnahmen einiger großer Unternehmen, deren Geschäft Luxusartikel sind. Diese Liste ist nicht erschöpfend.

Konzerne mit mehreren Marken
Einige Familien haben veritable Luxusimperien aufgebaut, indem sie sich durch Übernahmen eine Markensammlung zugelegt haben. Es gibt zwar noch viel mehr davon, aber hier einige der wichtigsten Multibrand-Konzerne des Sektors.

Kering (ehemals PPR)
Kering ist vor allem von Waren des weichen Luxus geprägt und beherbergt eine der größten Marken der Szene: Gucci. Neben dieser Marke, die einen Umsatz von annähernd zehn Milliarden Euro erwirtschaftet, betreibt der Konzern noch viele kleinere Marken wie Bottega Veneta (kürzlich neu aufgestellt), Balenciaga (ein aufgehender Stern) und Saint Laurent (ehemals Yves Saint Laurent). Bevor die Unternehmensgruppe in Kering umbenannt wurde, war sie in zahlreiche Einzelhandelsfirmen sowie in die Sportartikelmarke Puma investiert, hat diese aber inzwischen veräußert.

Seit 15 Jahren wird der Konzern von François-Henri Pinault geleitet, dem Ehemann der Schauspielerin Salma Hayek und dem Sohn des Firmengründers François Pinault. Der Verfasser des Vorworts zum vorliegenden Buch, der bei Kering intern den Spitznamen F-H-P hat, übernahm die Zügel des Konzerns, als er noch PPR genannt wurde – nach Pinault-Printemps-Redoute, aber dieser Name verschwand schon bald mitsamt den damit verbundenen Beteiligungen: dem Printemps, einem der führenden Pariser Kaufhäuser, und La Redoute, einem ins Schwimmen geratenen Versandhaus. F-H-P übernahm damals ein stark diversifiziertes Konglomerat, verwandelte es in einen reinen Luxus-Akteur und benannte diesen im Jahr 2013 in Kering um. Der Umsatz des Konzerns halbierte sich in den Jahren 2008 bis 2017, während sich gleichzeitig der Gewinn vervierfachte!

Pinaults Vater François ist heute als einer der prominentesten Sammler zeitgenössischer Kunst bekannt und führte einst die Schlacht um den Kauf von Gucci gegen einen anderen französischen Selfmade-Milliardär, nämlich Bernard Arnault, den Leiter des LVMH-Konzerns (siehe unten). Während ich dies schreibe, hält die Familie Pinault mittels einer Holding-Struktur namens Artémis fast 41 Prozent der Kering-Aktien.

LVMH – Moët Hennessy Louis Vuitton

Der nach eigenen Angaben „Weltmarktführer bei hochwertigen Produkten" ist der mit Abstand größte diversifizierte Luxuskonzern. LVMH ging 1987 aus der Fusion von Louis Vuitton – der damals mit einem Jahresumsatz von umgerechnet fast 13 Milliarden Euro größten Luxusmarke – mit Moët Hennessy hervor, das seinerseits im Jahr 1971 aus der Fusion der führenden Cognac-Marke Hennessy mit dem starken Champagnerhaus Moët & Chandon entstanden war. Der Konzern generiert einen Jahresumsatz von fast 55 Milliarden Euro und beschäftigt über 160.000 Menschen.[1] Derzeit betreibt er 77 Marken in den folgenden fünf Sparten:

Vorstellung einiger Luxusartikel-Unternehmen

1. Mode und Lederwaren: Vorherrschend ist Louis Vuitton, aber auch Christian Dior, Marc Jacobs, Givenchy, Fendi, Celine, Loewe und Berluti gehören dazu.

2. Weine und Spirituosen: Bei Champagner ist LVMH mit den Marktführern Moët & Chandon (und dessen gehobenem Vintage-Champagner Dom Pérignon) und Veuve Clicquot mit Abstand führend; bei Cognac mit Hennessy ebenfalls. Außerdem gehören dazu mehrere Weingüter und die Scotch-Marke Glenmorangie.

3. Parfüms und Kosmetika: Diese Sparte beinhaltet einige der führenden gehobenen Parfümmarken (Parfums Christian Dior) sowie Guerlain, Givenchy und kleinere Kosmetikmarken.

4. Uhren und Schmuck: Die größten Marken sind hier der römische Juwelier Bulgari, der kürzlich von der New Yorker Kultmarke Tiffany übernommen wurde, und der Uhrenhersteller TAG Heuer.

5. Ausgewählte Einzelhändler: Dazu gehören der Duty-free-Gigant DFS und der auf Parfüm und Kosmetika spezialisierte Einzelhändler Sephora.

Neben diesen fünf Kernsparten besitzt LVMH noch elf „Häuser", die mit Kultur und Lebensart zu tun haben. Dazu gehören Beteiligungen an der französischen Presse, an Jachten, der italienischen Café-Kette Cova sowie im Gastgewerbe (zum Beispiel Cheval Blanc und die kürzlich übernommene Belmond-Kette mit 46 Standorten).

Auch wenn LVMH ein professionell geführter, diversifizierter Konzern ist, so ist es doch auch ein Familienbetrieb unter der Leitung von Bernard Arnault. Auch Delphine und Antoine, seine Kinder aus erster Ehe, sind dem Konzern verbunden. Delphine wurde im Jahr 2003 das erste weibliche Mitglied im Verwaltungsrat des Konzerns, und seit 2013 ist sie Direktorin und stellvertretende Generaldirektorin von Louis Vuitton, der Schlüsselmarke des Konzerns, die fast die Hälfte des Konzerngewinns erwirtschaftet. Antoine begann seine Laufbahn bei Louis Vuitton, wo er denkwürdige Werbekampagnen leitete (unter anderem die auf Kernwerte bezogene Kampagne mit Michail Gorbatschow, Muhammad Ali, Sean Connery und Keith Richards); inzwischen ist er CEO von Berluti und Verwaltungsratsvorsitzender von Loro Piana, beides gehobene Mode- und Accessoire-Marken. Die jüngeren Kinder aus zweiter Ehe klettern ebenfalls auf der Karriereleiter empor und gelten als potenzielle Nachfolger: Alexandre ist seit dem Alter von 25 Jahren CEO der gehobenen Gepäckmarke Rimowa und federführend bei der Gestaltung der digitalen Strategie des Konzerns; Frédéric, der wie sein Vater sehr gut Klavier spielt und wie er die renommierte École Polytechnique absolviert hat, arbeitet seit Ende 2018 bei TAG Heuer, der größten Uhrenmarke des Konzerns. Während ich dies schreibe, hält die Familie Arnault mehr als 47 Prozent der Aktien von LVMH.

Richemont

Früher war Richemont ein diversifizierter Konzern, der unter anderem Tabakproduzenten und Pay-TV beinhaltete. Heute konzentriert er sich auf harten Luxus und umfasst die führende diversifizierte Marke Cartier, den Schmuckhersteller Van Cleef & Arpels sowie viele Marken der Uhrenindustrie, zum Beispiel IWC, Panerai, Jaeger-LeCoultre und Montblanc. Im Jahr 2018 gab Richemont ein Gebot für die 50 Prozent des führenden Luxus-E-Commerce-Konzerns YNAP ab, die ihm noch nicht gehörten.

Richemont wurde 1988 von dem südafrikanischen Finanzier und Visionär Johann Rupert ins Leben gerufen, der wegen seiner düsteren Prognosen vor der globalen Finanzkrise 2008 manchmal auch „Rupert the Bear" genannt wird. Der Konzern entstand, als Rupert die internationalen Beteiligungen der Rembrandt Group ausgliederte, die sein Vater Anton in den 1940er-Jahren gegründet hatte. Aufgrund von Mehrstimmrechten besitzt er zwar nur 9,1 Prozent der Unternehmensaktien, jedoch 50 Prozent der Stimmrechte. Johann Ruperts Sohn Anton Rupert Jr. gehört seit 2017 dem Verwaltungsrat des Konzerns und auch dem von Watchfinder & Co. an, einem Gebrauchtuhren-Unternehmen, das der Konzern 2018 aufgekauft hat. Im Unterschied zu Arnaults Kindern bei LVMH ist es meiner Meinung nach unwahrscheinlich, dass Ruperts Kinder Teil der Nachfolgeplanung von Richemont sind.

The Prada Group
Manche halten Prada vielleicht für ein Monobrand-Unternehmen, weil die Marke Miu Miu gewissermaßen eine überschwängliche und ausschließlich weibliche Version der größeren und stärker institutionalisierten Schwestermarke Prada ist. Beide Marken verkaufen vorwiegend Lederwaren und Accessoires. Zwar werden die Aktien des Konzerns seit dem Börsengang im Juni 2011 an der Hongkonger Börse gehandelt, jedoch halten CEO Patrizio Bertelli, seine Frau Miuccia Prada (gleichzeitig Creative Director) und andere Familienmitglieder annähernd 80 Prozent davon.

The Swatch Group
Diesem führenden Schweizer Uhrenhersteller (allerdings werden inzwischen jedes Jahr mehr Apple Watches als Schweizer Uhren verkauft) gehören viele Marken. Zwar gehört auch die gleichnamige Marke Swatch zum Portfolio, größer sind indes Omega, Tissot, Longines, Rado und Mido. Es herrscht die Auffassung, die Swatch Group habe die Schweizer Uhrenindustrie vor der Bedrohung durch Uhren vom Typ Casio gerettet, indem sie in den 1980er-Jahren auf mechanische Uhrwerke setzte und in die gesamte Industrie investierte. Ebenso wie die anderen Multibrand-Konzerne wird auch die Swatch Group von einer Familie betrieben. Nick Hayek Jr. übernahm im Jahr 2010 das Ruder von seinem Vater und Konzerngründer. Schwester Nayla ist Verwaltungsratsvorsitzende und CEO der Schmuck-

marke Harry Winston, die der Konzern Anfang 2013 übernommen hat. Naylas Sohn Marc Hayek ist für einige gehobenere Marken (Blancpain, Breguet, Jaquet Droz) sowie für Lateinamerika zuständig. Während ich dies schreibe, hält die Familie Hayek 53 Prozent der Namensaktien der Swatch Group.

Capri

Michael Kors Holdings heißt seit 2019 Capri Holdings. Der amerikanische Designer Michael Kors gründete seine Marke im Jahr 1981. Nachdem die Marke 1993 bankrottgegangen war, arbeitete er für andere Labels und wurde vor allem der Prêt-à-porter-Designer der französischen Marke Céline [sie wurde erst 2018 in „Celine" umbenannt; Anmerkung des Übersetzers]. 1997 wurde sein früheres Unternehmen wiederbelebt und im Jahr 2003 verließ der Designer Céline, um sich auf seine eigene Marke zu konzentrieren, die zu einem scharfen Konkurrenten der erschwinglichen Luxusmarke Coach (Teil des Tapestry-Konzerns) wurde, wobei sie sich für die modernen Angehörigen des Jetsets als Zielgruppe aufstellte. Ein bisschen wie Coach innerhalb von Tapestry ist auch Michael Kors innerhalb von Capri hinsichtlich des Umsatzes die mit Abstand größte Marke. Im Jahr 2017 kaufte der Konzern Jimmy Choo (Schuhe) und ein Jahr später die italienische Mode-Kultmarke Versace. Ebenso wie Tapestry notiert Capri an einer amerikanischen Börse und keine Familie hält einen Mehrheitsanteil oder ist wesentlich an der Unternehmensführung beteiligt, wenn man davon absieht, dass Donatella Versace, die Schwester des Firmengründers Gianni Versace, künstlerische Direktorin der gleichnamigen Marke ist.

Tapestry

Dieser amerikanische Konzern, der Lederwaren und Accessoires verkauft sowie als Erfinder des demokratischen beziehungsweise erschwinglichen Luxus gilt, wurde 1941 unter dem Namen Coach gegründet und war für seine haltbaren Lederprodukte bekannt. Die Marke wurde im Jahr 2000 aus Sara Lee ausgegliedert und ging im gleichen Jahr an die Börse. Im Jahr 2015 kaufte das Unternehmen den Schuhhersteller Stuart Weitzman und im Jahr 2017 Kate Spade, eine Marke, die ebenfalls Handtaschen und Accessoires verkauft und die außerdem dafür bekannt ist, dass sie sich optimistisch-feminin positioniert. Im gleichen Jahr benannte sich Coach Inc. in Tapestry Inc. um. Da sich die Integration von Kate Spade schwieriger gestaltete als gedacht, drehte sich bei dem Konzern Ende 2019 das Führungskarussell.

The Tod's Group

Technisch betrachtet handelt es sich zwar um einen Konzern mit vier Marken – Tod's, Hogan, Fay und Roger Vivier –, jedoch bildet die Kernmarke Tod's, eine italienische Lederschuh-Ikone, nach wie vor das Kerngeschäft. Der Gründer und Verwaltungsratsvorsitzende Diego Della Valle investiert in den italienischen Fußball, ihm gehört die Modemarke Schiaparelli und er sitzt in diversen Aufsichtsräten, zum Beispiel bei Ferrari, Maserati und LVMH. Daneben beteiligt er sich finanziell an der Restaurierung des Kolosseums in Rom. Während ich dies schreibe, gehören der Familie Della Valle fast drei Viertel des Gesellschaftskapitals.

Unternehmen mit einer Marke

Andere Unternehmen sind dadurch gekennzeichnet, dass sie sich auf eine einzelne Marke konzentrieren. Dieser Ansatz kann strategisch effizienter sein als der Betrieb eines mehrere Marken umfassenden Projekts, es ist jedoch theoretisch auch viel riskanter, denn wenn die Marke aus irgendeinem Grund in Ungnade fällt ... dieses Thema habe ich in Kapitel 4 des Buches behandelt. Hier nun ein paar Beispiele.

Burberry

Diese britische Marke, die ursprünglich für Oberbekleidung und ihren ikonischen Trenchcoat bekannt war, hat es geschafft, sich erfolgreich in breiter angelegte Subsegmente zu diversifizieren, vor allem Lederwaren, Accessoires und Parfüm. In der jüngeren Vergangenheit hat die Marke viele Veränderungen durchlaufen, wobei die letzte Neuaufstellung, die im Jahr 2018 begann, die Marke zu einer gehobenen Luxus-Modemarke erheben sollte – mit einem neuen Designer und einem neuen CEO, die beide aus dem LVMH-Konzern stammten. Burberry ist die einzige britische Marke, die in der Luxusbranche von Bedeutung ist.

Chanel

Chanel ist in den Köpfen der Verbraucher, der Konkurrenten und der Vertriebe die wahrscheinlich renommierteste Luxusmarke. Das Unternehmen, das 1909 von Gabrielle „Coco" Chanel gegründet wurde, ist in den Bereichen Mode, Parfüm und Kosmetik stark vertreten. Seit einiger Zeit baut es seine dritte Sparte auf: Uhren und Schmuck. Bekannt ist vor allem die 1999 aufgelegte Uhrenlinie J12. Die Marke Chanel legt ihre Bücher offen, seit die Unternehmensleitung im Jahr 2018 beschlossen hat, den Hauptsitz von New York nach London zu verlegen; in jenem Jahr generierte die Marke einen Umsatz von elf Milliarden US-Dollar und stand damit in einer Reihe mit den großen Marken Louis Vuitton und Gucci. Das Unternehmen befindet sich im Besitz der Brüder Gérard und Alain Wertheimer, wobei Letzterer seit 2016 CEO ist. Ihr jüngerer Halbbruder Charles Heilbronn leitet die New Yorker Investmentfirma Mousse Partners, die das Familienvermögen verwaltet.

Hermès

Hermès ist für seine Produkte aus Seide und für seine Handtaschen (Kelly, Birkin, Bolide und andere) bekannt, für die es Wartelisten gibt. Diese von einer Familie kontrollierte Marke steht für den absoluten Luxus. Sie ist eine der wenigen, bei denen die empfundene Knappheit nicht unvereinbar mit Wachstum ist. Zwar ist das Unternehmen an der Börse gelistet, aber während ich dies schreibe, hält die Familie circa zwei Drittel der Aktien und wehrt sich gegen Angriffe potenzieller Beutegreifer wie etwa LVMH, weil sie unabhängig bleiben will. Seit 2014 leitet mit Axel Dumas ein weiteres Mitglied der Familie das Unternehmen.

Moncler
Das Motto dieses Herstellers von Luxus-Outdoor-Bekleidung, der für seine gehobenen Daunenjacken bekannt ist, erklärt sich selbst: „Komme aus den Bergen, bin aber in der Stadt zu Hause." Seinen Sitz hat das Unternehmen tatsächlich in einer richtigen Stadt, nämlich in Italiens Modehauptstadt Mailand. Dem Verwaltungsrats- und Vorstandsvorsitzenden Remo Ruffini gehörten zum Zeitpunkt der Drucklegung 22 Prozent der umlaufenden Aktien. Moncler beherrscht seine Nische dadurch, dass es nicht unmittelbar mit eher funktional ausgerichteten Outdoor-Marken wie Canada Goose, The North Face und Patagonia konkurriert.

Rolex
Die weltweit führende Uhrenmarke befindet sich in Privatbesitz und ist von der Rechtsform her eine Stiftung. Während viele Uhrenmarken unterschiedliche Formen und Stile führen, ist Rolex dafür bekannt, dass es an runden Armbanduhren festhält.

Außer den hier beschriebenen gibt es im Luxusbereich noch viele andere Unternehmen. Beispiele für weiche Luxusartikel: Armani, Hugo Boss, Brunello Cucinelli, D&G, Escada, Ferragamo, Missoni, Ralph Lauren, SMCP. Beispiele für harte Luxusartikel: Audemars Piguet, Asprey, Chopard, Graff, Patek Philippe.

ANMERKUNGEN

**Einführung:
Eine große, glänzende Zukunft für den Luxus**

1   Claudia D'Arpizio et al., „The Future of Luxury: A Look into Tomorrow to Understand Today", Bain & Company, 10. Januar 2019, https://www.bain.com/insights/luxury-goods-worldwide-market-study-fall-winter-2018/

2   Lauren Landry, „Tory Burch to Babson Graduates: ‚If It Doesn't Scare You, You're Not Dreaming Big Enough'", BostInno, 18. Mai 2014, https://www.americaninno.com/boston/transcript-of-tory-burchs-2014-commencement-speech-at-babson/

1. Die Zukunft ist weiblich

1   Katie Mettler, „Hillary Clinton Just Said It, but ‚The Future Is Female' Began as a 1970s Lesbian Separatist Slogan", Washington Post, 8. Februar 2017, https://www.washingtonpost.com/news/morning-mix/wp/2017/02/08/hillary-clinton-just-said-it-but-the-future-is-female-began-as-a-1970s-lesbian-separatist-slogan/

2   Siehe beispielsweise „When It Comes to Spending Decisions, Women Are in Control", Insights, 22. Juni 2011, https://www.nielsen.com/us/en/insights/article/2011/when-it-comes-to-spending-decisions-women-are-in-control/; Michelle King, „Want a Piece of the 18 Trillion Dollar Female Economy? Start with Gender Bias", Forbes, 24. Mai 2017, https://www.forbes.com/sites/michelleking/2017/05/24/want-a-piece-of-the-18-trillion-dollar-female-economy-start-with-gender-bias/; Vivian Ni, „Consumption Trends and Targeting China's Female Consumers", China Briefing, 8. März 2012, https://www.china-briefing.com/news/consumption-trends-and-targeting-chinas-female-consumer/; Corinne Abrams, „Indian Women Seize Spending Power: ‚I Just Tell My Husband I Am Buying This Stuff'", Wall Street Journal, 1. April 2018, https://www.wsj.com/articles/indias-women-gain-consumer-clout-1522580408

3   Ryan Gorman, „Women Now Control More Than Half of US Personal Wealth, Which ‚Will Only Increase in Years to Come'", Business Insider, 7. April 2015, https://www.businessinsider.com/women-now-control-more-than-half-of-us-personal-wealth-2015-4

4   „Women's Wealth Is Rising", Economist, 8. März 2018, https://www.economist.com/graphic-detail/2018/03/08/womens-wealth-is-rising

5   Daichi Mishima, „Japan Sees Record Number of Women Working, but Challenges Remain", Nikkei Asian Review, 30. Juli 2019, https://asia.nikkei.com/Economy/Japan-sees-record-number-of-women-working-but-challenges-remain

6   Jessica Semega et al., „Income and Poverty in the United States: 2018", U.S. Department of Commerce, U.S. Census Bureau, September 2019, https://www.census.gov/content/dam/Census/library/publications/2019/demo/p60-266.pdf

7   „World Marriage Data 2017", United Nations, Department of Economic and Social Affairs, Population Division, 2017, https://www.un.org/en/development/desa/population/theme/marriage-unions/wMD2017.asp

8   „Historical Marital Status Tables", United States Census Bureau, November 2019, https://www.census.gov/data/tables/time-series/demo/families/marital.html

9   Quoctrung Bui und Claire Cain Miller, „The Age That Women Have Babies: How a Gap Divides America", New York Times, 4. August 2018, https://www.nytimes.com/interactive/2018/08/04/upshot/up-birth-age-gap.html

10 Jonathan Woetzel, „The Power of Parity: How Advancing Women's Equality Can Add $12 Trillion to Global Growth", McKinsey & Company, September 2015, https://www.mckinsey.com/featured-insights/employment-and-growth/how-advancing-womens-equality-can-add-12-trillion-to-global-growth

11 Cae Luzio, „A Missing Factor in Women's Leadership: Leave the Mean Girl Behind", Forbes, 24. Juli 2019, https://www.forbes.com/sites/cateluzio/2019/07/24/a-missing-factor-in-womens-leader-leave-the-mean-girl-behind/

12 Emma Hinchliffe, „Funding for Female Founders Stalled at 2.2% of VC Dollars in 2018", Fortune, 28. Januar 2019, https://fortune.com/2019/01/28/funding-female-founders-2018/; „Imposons la mixité dans l'économie numérique", Les Echos, 3. Dezember 2018, https://www.lesechos.fr/idees-debats/cercle/imposons-la-mixite-dans-leconomie-numerique-202503

13 Avivah Wittenberg-Cox, „What Do Countries with the Best Coronavirus Responses Have in Common? Women Leaders", Forbes, 13. April 2020, https://www.forbes.com/sites/avivahwittenbergcox/2020/04/13/what-do-countries-with-the-best-coronavirus-reponses-have-in-common-women-leaders/

14 Linda Landers, „Top Strategies for Marketing to Millennial Women", Business 2 Community, 23. April 2018, https://www.business2community.com/marketing/top-strategies-for-marketing-to-millennial-women-02048109; „Women in 2020: Understanding the New Female Consumer", Insights in Marketing, o.D., https://www.insightsinmarketing.com/media/1170/women2020_millennial_051415__2_.pdf

15 Brecken Branstrator, „Study: 51 Percent of Millennial Women Buy Jewelry for Themselves", National Jeweler, 10. August 2018, https://www.nationaljeweler.com/independents/retail-surveys/6885-study-51-percent-of-millennial-women-buy-jewelry-for-themselves

16 Suzy Menkes, „Woman-to-Woman Jewellery", Vogue, 11. Februar 2019, https://www.vogue.co.uk/article/woman-to-woman-jewellery

17 Nicola Nice, E-Mail an den Autor, 22. Oktober 2019.

2. Alles weist nach Osten

1 Homi Kharas, „The Unprecedented Expansion of the Global Middle Class: An Update", Brookings, Global Economy and Development Working Paper 100, Februar 2017, https://www.brookings.edu/wp-content/uploads/2017/02/global_20170228_global-middle-class.pdf

2 Tania Branigan, „Xi Jinping Vows to Fight ‚Tigers' and ‚Flies' in Anti-Corruption Drive", Guardian, 22. Januar 2013, https://www.theguardian.com/world/2013/jan/22/xi-jinping-tigers-flies-corruption

3 Yuval Atsmon und Max Magni, „Meet the Chinese Consumer of 2020", McKinsey Quarterly, März 2012, https://www.mckinsey.com/featured-insights/asia-pacific/meet-the-chinese-consumer-of-2020

4 Lambert Bu et al., „Chinese Luxury Consumers: More Global, More Demanding, Still Spending", McKinsey & Company, August 2017, https://www.mckinsey.com/business-functions/marketing-and-sales/our-insights/chinese-luxury-consumers-more-global-more-demanding-still-spending

5 Bruno Lannes, „What's Powering China's Market for Luxury Goods?" Bain & Company, 18. März 2019, https://www.bain.com/insights/whats-powering-chinas-market-for-luxury-goods/

6 Marcus Fairs, „Coronavirus Offers ‚a Blank Page for a New Beginning' Says Li Edelkoort", Dezeen, 9. März 2020, https://www.dezeen.com/2020/03/09/li-edelkoort-coronavirus-reset/

7 „The Results Are In – Womenomics Is Working", Foreign Policy, o.D., https://foreignpolicy.com/sponsored/japanus/896258-2/

8 Cyrille Vigneron, in einem Gespräch mit dem Autor, 9. Juli 2019.

3. Die Macht von Jugend, Inklusion und Diversität

1 Laut Daten der Weltbank und der UN Population Division, die als „digital native" Personen definiert, die elf Jahre alt werden, wenn in einem Land mehr als 50 Prozent Internetzugang haben. Lineare Fortschreibung anhand der vorangegangenen zehn Jahre.

2 Katherine Schaeffer, „The Most Common Age among Whites in U.S. Is 58 – More Than Double That of Racial and Ethnic Minorities", Pew Research Center, Fact Tank, 30. Juli 2019, https://www.pewresearch.org/fact-tank/2019/07/30/most-common-age-among-us-racial-ethnic-groups/

3 Anthony Cilluffo und D'Vera Cohn, „6 Demographic Trends Shaping the U.S. and the World in 2019", Pew Research Center, Fact Tank, 11. April 2019, https://www.pewresearch.org/fact-tank/2019/04/11/6-demographic-trends-shaping-the-u-s-and-the-world-in-2019/

4 Matt Weeks, „Minority Markets See Economic Growth", UGA Today, 21. März 2019, https://news.uga.edu/multicultural-economy/

5 Rachel Tashjian, „How Jennifer Lopez's Versace Dress Created Google Images", GQ, 20. September 2019, https://www.gq.com/story/jennifer-lopez-versace-google-images

6 Claude Lévi-Strauss, A World on the Wane, Erstveröffentlichung 1955, Übersetzung von John Russell (Whitefish: Literary Licensing, LLC, 2013).

7 Imran Amed et al., „What Radical Transparency Could Mean for the Fashion Industry", McKinsey & Company, Februar 2019, https://www.mckinsey.com/industries/retail/our-insights/what-radical-transparency-could-mean-for-the-fashion-industry/

8 Imogen Calderwood, „88% of People Who Saw ‚Blue Planet II' Have Now Changed Their Lifestyle", Global Citizen, 1. November 2018, https://www.globalcitizen.org/en/content/88-blue-planet-2-changed-david-attenborough/

Anmerkungen

9   Robin Givhan, „‚I Was the Person Who Made the Mistake‘: How Gucci Is Trying to Recover from Its Blackface Sweater Controversy", Washington Post, 7. Mai 2019, https://www.washingtonpost.com/lifestyle/style/i-was-the-person-who-made-the-mistake-how-gucci-is-trying-to-recover-from-its-blackface-sweater-controversy/2019/05/06/04eccbb6-6f7d-11e9-8be0-ca575670e91c_story.html

10 Rob Picheta, „‚Suicide Isn't Fashion‘: Burberry Apologizes for Hoodie with Noose around the Neck", CNN, 19. Februar 2019, https://www.cnn.com/style/article/burberry-noose-hoodie-scli-gbr-intl/index.html

11 Remo Ruffini, E-Mail an den Autor, 10. September 2019.

4. Auf die Größe kommt es an

1   Diese Formulierung kommt in Pressemitteilungen und in Briefen an die Aktionäre häufig vor, in der jüngsten Vergangenheit in LVMH, „LVMH 2017 Record Results", Pressemitteilung, 25. Januar 2018, https://www.lvmh.com/news-documents/press-releases/2017-record-results/

2   George Anders, „Jeff Bezos's Top 10 Leadership Lessons", Forbes, 4. April 2012, https://www.forbes.com/sites/georgeanders/2012/04/04/bezos-tips/

3   Anaïs Lerévérend, „As SMCP Looks to New Horizons, an Acquisition Could Be on the Cards", FashionNetwork.com, 1. Februar 2019, https://us.fashionnetwork.com/news/As-smcp-looks-to-new-horizons-an-acquisition-could-be-on-thecards,1063299.html

5. Der stationäre Handel – nicht totzukriegen

1   Jordan Valinsky, „Macy's Is Closing 28 Stores and a Bloomingdale's Store", CNN Business, 8. Januar 2020, https://amp.cnn.com/cnn/2020/01/08/business/macys-store-closures/index.html

2   Clement Kwan, in einem Gespräch mit dem Autor, 3. Dezember 2019.

3   Steve Dennis, „Omnichannel Is Dead. The Future Is Harmonized Retail", Forbes, 3. Juni 2019, https://www.forbes.com/sites/stevendennis/2019/06/03/omnichannel-is-dead-the-future-is-harmonized-retail/

4 Farfetch, „Farfetch and JD.com Expand Strategic Partnership to Build the Premier Luxury Gateway to China", Pressemitteilung, 28. Februar 2019, https://www.farfetchinvestors.com/financial-news/news-details/2019/Farfetch-and-JDcom-Expand-Strategic-Partnership-to-Build-the-Premier-Luxury-Gateway-to-China/default.aspx

5 Carol Ryan, „Luxury Brands Follow the Money to Airports", Wall Street Journal, 27. März 2019, https://www.wsj.com/articles/luxury-brands-follow-the-money-to-airports-11553681663

6 Lan Luan, Aimee Kim und Daniel Zipser, „How Young Chinese Consumers Are Reshaping Global Luxury", McKinsey & Company, April 2019, https://www.mckinsey.com/featured-insights/china/how-young-chinese-consumers-are-reshaping-global-luxury

7 Jason Holland, „Louis Vuitton Duplex Store Plans at Hong Kong Airport on Track Despite Downtown Closure Reports", The Moodie Davitt Report, 6. Januar 2020, https://www.moodiedavittreport.com/louis-vuitton-duplex-store-plans-at-hong-kong-airport-on-track-despite-downtown-closure-reports/

8 Caitlin Jascewsky, „What I Learned about Customer Experience from The Retail Prophet", Storis, o.D., https://www.storis.com/retail-prophet/

9 Doug Stephens, „The Store Is Media and Media Is the Store", The Retail Prophet, April 2013, https://www.retailprophet.com/the-store-is-media-and-media-is-the-store/

10 Doug Stephens, „The Most Important Metric in Retail", Business of Fashion, 9. Juli 2019, https://www.businessoffashion.com/articles/opinion/measuring-the-store-of-the-future.

11 Katie Harris Storer, E-Mail an den Autor, 15. November 2019.

6. Demokratischer Luxus

1 Rakesh Kochhar, „Through an American Lens, Western Europe's Middle Classes Appear Smaller", Pew Research Center, Fact Tank, 5. Juni 2017, https://www.pewresearch.org/fact-tank/2017/06/05/through-an-american-lens-western-europes-middle-classes-appear-smaller/

2 „The Chinese Consumer in 2030", The Economist, Intelligence Unit, 2. November 2016, http://country.eiu.com/article.aspx?articleid=1584774142

3 Homi Kharas, „The Unprecedented Expansion of the Global Middle Class: An Update", Brookings, 28. Februar 2017, https://www.brookings.edu/research/the-unprecedented-expansion-of-the-global-middle-class-2/

Anmerkungen

4   „Beer Still Number One on Drinks List in Great Britain and United States, but the Challenge Is Engaging Younger Drinkers", CGA, 1. August 2019, https://www.cga.co.uk/2019/08/01/beer-still-number-one-on-drinks-list-in-great-britain-and-united-states-but-the-challenge-is-engaging-younger-drinkers/

5   Daniel Lalonde, E-Mail an den Autor, 8. September 2019.

7. Der Luxus der Gesundheit

1   Nicola Davison, „Rivers of Blood: The Dead Pigs Rotting in China's Water Supply", Guardian, 29. März 2013, https://www.theguardian.com/world/2013/mar/29/dead-pigs-china-water-supply

2   Gary Fuller, „Pollutionwatch: China Shows How Political Will Can Take on Air Pollution", Guardian, 14. März 2019, https://www.theguardian.com/environment/2019/mar/14/pollutionwatch-china-shows-how-political-will-can-take-on-air-pollution

3   United Nations Environment Programme, „Half the World to Face Severe Water Stress by 2030 Unless Water Use Is ‚Decoupled' from Economic Growth, Says International Resource Panel", Pressemitteilung, 21. März 2016, https://www.unenvironment.org/news-and-stories/press-release/half-world-face-severe-water-stress-2030-unless-water-use-decoupled

4   Lisa Friedman und Claire O'Neill, „Who Controls Trump's Environmental Policy?" New York Times, 14. Januar 2020, https://www.nytimes.com/interactive/2020/01/14/climate/fossil-fuel-industry-environmental-policy.html; Nadja Popovich, Livia Albeck-Ripka und Kendra Pierre-Louis, „95 Environmental Rules Being Rolled Back under Trump", New York Times, 21. Dezember 2019, https://www.nytimes.com/interactive/2019/climate/trump-environment-rollbacks.html

5   „Nielsen, Worldwide Consumers Choose Food Health Consciousness", Italianfood.net, 12. September 2016, https://news.italianfood.net/2016/09/12/nielsen-worldwide-consumers-choose-food-health-consciousness/

6   Xinhua, „China's ‚Marathon Fever' Continues with Running Industry Up by 7 Percent in 2018", en.people.cn, 12. März 2019, http://en.people.cn/n3/2019/0312/c90000-9555304.html

7   Ella Alexander, „Life Lessons from Dolly Parton: What Would Dolly Do?" Harper's Bazaar, 19. Januar 2018, https://www.harpersbazaar.com/uk/people-parties/people-and-parties/news/a26180/dolly-parton-quotes/

8 Jo Best, „Apple's Research App: What Does It Want Your Health Data For?" ZDNet, 18. November 2019, https://www.zdnet.com/article/apples-research-app-what-does-it-want-your-health-data-for/

9 Bjørn Gulden, in einem Gespräch mit dem Autor, 8. Oktober 2019.

8. Die „Premiumisierung" von allem

1 Nick Jones, zitiert nach Jeremy Wakeham, „With Us Magazine: The Growth Story of Soho House", withersworldwide, 4. Oktober 2016, https://www.withersworldwide.com/en-gb/insight/with-us-magazine-the-growth-story-of-soho-house

2 John Gapper, „How Millennials Became the World's Most Powerful Consumers", Financial Times, 6. Juni 2018, https://www.ft.com/content/194cd1c8-6583-11e8-a39d-4df188287fff

3 Andrew Daniller, „Two-Thirds of Americans Support Marijuana Legalization", Pew Research Center, Think Tank, 14. November 2019, https://www.pewresearch.org/fact-tank/2019/11/14/americans-support-marijuana-legalization/

4 Uday Sampath Kumar und Nichola Saminather, „Corona Owner Invests Another $4 Billion in Cannabis Producer Canopy", Reuters, 15. August 2016, https://www.reuters.com/article/us-canopy-growth-stake-constellation-idUSKBN1L0155

5 Francis Belin, in einem Gespräch mit dem Autor, 26. November 2019.

9. Verreisen – und ankommen

1 IATA, „IATA Forecast Predicts 8.2 Billion Air Travelers in 2037", Pressemitteilung Nr. 62, 24. Oktober 2018, https://www.iata.org/en/pressroom/pr/2018-10-24-02/

2 Richard Lung, „Travel Wanderlust: Age Is Not a Constraint, but Income Might Be", Visa Travel Insights, 22. Februar 2017, https://usa.visa.com/partner-with-us/visa-consulting-analytics/senior-travel-wanderlust.html

3 Dion Rabouin, „For Estée Lauder, Airports Are the New Malls", Axios, 18. Juni 2019, https://www.axios.com/estee-lauder-airport-retail-duty-free-650bf866-a32f-4abb-9e3b-e74d8a8be783.html

Anmerkungen

4 „China Focus: 70 Years on, Chinese Travel Abroad More Easily in Much Larger Number", Xinhuanet, 28. September 2019, http://www.xinhuanet.com/english/2019-09/28/c_138430646.htm; „Reports and Statistics", U.S. Department of State, o.D., https://travel.state.gov/content/travel/en/about-us/reports-and-statistics.html

5 Chelsea Ritschel, „Millennials When Booking Holidays Think of Instagram Photos above All Other Factors", Independent, 28. Dezember 2017, https://www.independent.co.uk/life-style/millennials-holiday-decision-instagram-photos-factors-think-first-social-media-a8131731.html

6 Paul Peeters et al., „Overtourism: Impact and Possible Policy Responses", ResearchGate, 2018, https://www.researchgate.net/publication/330502264_Overtourism_Impact_and_possible_policy_responses

7 Hiroko Tabuchi, „,Worse Than Anyone Expected': Air Travel Emissions Vastly Outpace Predictions", New York Times, 19. September 2019, https://www.nytimes.com/2019/09/19/climate/air-travel-emissions.html

8 Kyle Gendreau, E-Mail an den Autor, 11. Oktober 2019.

10. Luxus im Umbruch: Das kommende Jahrzehnt

1 Hannah Ritchie, „Food Production Is Responsible for One-Quarter of the World's Greenhouse Gas Emissions", Our World in Data, 6. November 2019, https://ourworldindata.org/food-ghg-emissions

2 „Cattle Ranching in the Amazon Region", Yale School of Forestry & Environmental Studies, Global Forest Atlas, o.D., https://globalforestatlas.yale.edu/amazon/land-use/cattle-ranching; Lorraine Chow, „WWF: 60% of Global Biodiversity Loss Due to Land Cleared for Meat-Based Diets", EcoWatch, 5. Oktober 2017, https://www.ecowatch.com/biodiversity-meat-wwf-2493305671.html

3 „Flexitarianism: Flexible or Part-Time Vegetarianism", United Nations, Sustainable Development Goals, 4. Mai 2012, https://sustainabledevelopment.un.org/partnership/?p=2252

4 Caroline Bushnell, „Newly Released Market Data Shows Soaring Demand for Plant-Based Food", Good Food Institute, 12. September 2018, https://www.gfi.org/newly-released-market-data-shows-soaring

5 Dee-Ann Durbin, „Beyond Meat's Shares More Than Double with a Monumental IPo", Inc., 3. Mai 2019, https://www.inc.com/associated-press/beyond-meat-ipo-shares-more-than-double.html

6 Tatiana Schlossberg, „How Fast Fashion Is Destroying the Planet", Rezension von *Fashionopolis: The Price of Fast Fashion and the Future of Clothes*, von Dana Thomas, New York Times, 13. September 2019, https://www.nytimes.com/2019/09/03/books/review/how-fast-fashion-is-destroying-the-planet.html

7 Nathalie Remy, Eveline Speelman und Steven Swartz, „Style That's Sustainable: A New Fast-Fashion Formula", McKinsey & Company, Oktober 2016, https://www.mckinsey.com/business-functions/sustainability/our-insights/style-thats-sustainable-a-new-fast-fashion-formula

8 Paul Zimnisky, E-Mail an den Autor, 9. März 2020

9 „MVI's Latest Lab-Grown Diamond Consumer Research", MVI Marketing, 30. Juli 2019, https://www.mvimarketing.com/reports.php

10 Jean Pigozzi, zitiert nach Osman Ahmed, „Can Lab-Grown Diamonds Become a Girl's Best Friend?" Vogue, 29. November 2018, https://www.vogue.in/content/how-diamonds-grown-in-a-lab-are-shaking-up-the-world-of-fine-jewellery

11 Marie-Claire Daveu, E-Mail an den Autor, 10. November 2019.

12 Miroslava Duma, in einem Gespräch mit dem Autor, 12. September 2019; E-Mail an den Autor, 23. Oktober 2019.

Fazit: Der neue Luxus

1 Yvon Chouinard, *Let My People Go Surfing: The Education of a Reluctant Businessman* (New York: Penguin, 2006), 3.

2 Chouinard, *Let My People Go Surfing*, 4.

3 „Don't Buy This Jacket, Black Friday and the New York Times", Patagonia, o.D., https://www.patagonia.com/stories/dont-buy-this-jacket-black-friday-and-the-new-york-times/story-18615.html

4 Tamison O'Connor, „Stella McCartney Announces UN Charter for Sustainable Fashion", Business of Fashion, 29. November 2018, https://www.businessoffashion.com/articles/news-analysis/stella-mccartney-announces-un-charter-for-sustainable-fashion

Vorstellung einiger Luxusartikel-Unternehmen

1 LVMH, „LVMH: Management Report of the Board of Directors", 31. Dezember 2019, https://r.lvmh-static.com/uploads/2020/03/rapport-de-gestion_lvmh_va.pdf

152 Seiten,
broschiert,
19,90 [D] / 20,50 [A]
ISBN: 978-3-86470-791-9

Oliver Hoffmann: Crashkurs Uhren

Sie denken über den Kauf einer hochwertigen Uhr nach? Welche Uhr passt zu Ihnen? Welches Modell bietet die gewünschten Funktionen? Was lohnt sich als Investment? Oliver Hoffmann, einer der Top-Experten der Uhrenbranche, erläutert alles Wissenswerte rund um die edlen Zeitmesser. Er gibt zahlreiche praktische Ratschläge zu Themen wie dem Kauf und Verkauf von Uhren, rechtlichen und geschäftlichen Stolpersteinen, Versicherung, Werterhalt, Pflege … Mit dem „Crashkurs" stellen Sie sicher, dass Sie viel Freude an Ihrer Uhr haben – sei es am Handgelenk oder als Investment.

PROF. DR. OLIVER HOFFMANN

VOM NÜTZLICHEN
LUXUS
UHREN ALS ALTERNATIVES INVESTMENT

320 Seiten,
gebunden mit SU,
49,90 [D] / 50,40 [A]
ISBN: 978-3-86470-687-5

Oliver Hoffmann:
Vom nützlichen Luxus

Oliver Hoffmann geht dem Phänomen „Uhr" technisch und ökonomisch auf den Grund. Er beantwortet Fragen wie: Wie hat sich die Uhrenindustrie in verschiedenen Ländern entwickelt? Welche Rolle spielt permanente Innovation für die Branche? Wie kann ich Uhren sinnvoll als Investmentvehikel nutzen? Welche Strategien kann ich verfolgen? Welche Marken sind besonders relevant? „Vom nützlichen Luxus" ist das erste deutschsprachige Buch, welches gerade diesen Investmentaspekt aufgreift, und hat das Zeug zum Standardwerk.